A
MESA DE
DEUS

A MESA DE DEUS
OS ALIMENTOS DA BÍBLIA

Maria Lecticia Monteiro Cavalcanti

Apresentação de Dom José Tolentino Mendonça

1ª edição

2022

CIP-BRASIL. CATALOGAÇÃO NA PUBLICAÇÃO
SINDICATO NACIONAL DOS EDITORES DE LIVROS, RJ

C366m

Cavalcanti, Maria Lecticia Monteiro
   A mesa de Deus : os alimentos da Bíblia / Maria Lecticia Monteiro Cavalcanti. - 1. ed. - Rio de Janeiro : Record, 2022.

   Inclui bibliografia
   ISBN 978-65-5587-559-1

   1. Nutrição - Aspectos religiosos - Cristianismo. 2. Alimentos na Bíblia. I. Título.

Gabriela Faray Ferreira Lopes - Bibliotecária - CRB-7/6643

Copyright © Maria Lecticia Monteiro Cavalcanti, 2022

Projeto gráfico de miolo: Francisco Assis

Imagens de miolo: p. 22, 23 e 24 (detalhe): Leonardo da Vinci, *A última ceia*, 1493 © Print Collector/Colaborador/Getty Imagens | p. 44, 45 e 46 (detalhe): Vincenzo Campi, *Christ in the House of Martha and Mary*, século 16 © Galleria e Museo Estense, Módena, Itália/Luisa Ricciarini/Bridgeman Images | p. 78, 79 e 80 (detalhe): *Kitchen scene with Christ at Emmaus*, 1615-20 © Heritage Images/Colaborador/Getty Images | p. 152, 153 e 154 (detalhe): Frans Snyders (atribuído a Cornelis de Vos), *The Larder*, c. 1620 © 2022. Photo Scala, Florence | p. 198, 199 e 200 (detalhe): Joachim Beuckelaer, *The vegetable seller*, c.1530-73 © Museu de Belas Artes de Valenciennes, França/Bridgeman Images | p. 254, 255 e 256 (detalhe): Vicenzo Campi, *The Kitchen*, c. 1590 © 2022. Photo Scala, Florence | p. 272, 273 e 274 (detalhe): Paolo Veronese, *As bodas de Caná*, 1563 © 2022. Photo Scala, Florence | p. 310, 311, 312 (detalhe): Duccio di Buoninsegna, *A última ceia*, c. 1308-11, © 2022. Photo Opera Metropolitana Siena/Scala, Florence | p. 344: Bíblia de Gutenberg, 1454 © Wikimedia commons/Fondo Antiguo da Biblioteca da Universidade de Sevilha

Todos os direitos reservados. Proibida a reprodução, armazenamento ou transmissão de partes deste livro, através de quaisquer meios, sem prévia autorização por escrito.

Texto revisado segundo o Acordo Ortográfico da Língua Portuguesa de 1990.

Direitos exclusivos desta edição reservados pela
EDITORA RECORD LTDA.
Rua Argentina, 171 – Rio de Janeiro, RJ – 20921-380 – Tel.: (21) 2585-2000.

Impresso no Brasil

ISBN 978-65-5587-559-1

Seja um leitor preferencial Record.
Cadastre-se em www.record.com.br
e receba informações sobre nossos
lançamentos e nossas promoções.

Atendimento e venda direta ao leitor:
sac@record.com.br

Para José Paulo

"O prazer de comer vem de Deus."

Papa Francisco

Sumário

Nota inicial 15
Apresentação 17

1. Introdução 25

2. Os alimentos da Bíblia 47
   2.1. Alimentos do corpo 56
      2.1.1. Os permitidos e os proibidos 56
         a) Carne e alimentos que contêm carne 57
         b) Leite e alimentos que contêm leite 59
         c) Alimentos neutros (que não contêm carne ou leite) ... 60
      2.1.2. Alimentos do *Pessach* 62
      2.1.3. Alimentos estranhos 65
   2.2. Alimentos da alma 73

3. Os principais alimentos 81
   3.1. Pão 82
   3.2. Vinho 93
   3.3. Vinagre 110
   3.4. Azeite 114
   3.5. Mel 124
   3.6. Sal 130
   3.7. Leite e derivados 134
   3.8. Água 139

4. Os animais 155
   4.1. Animais domesticados 159
      4.1.1. Animais domesticados para alimento 160

    Boi..160
    Cabrito e cordeiro 160
    Aves..162
        Codorniz 163
        Pomba e rola..164
        Pardal...165
        Perdiz...165
        Galinha e galo...166
    Peixes 167
    Insetos...174
4.1.2. Animais domesticados para o trabalho 176
    Boi..176
    Asno e mula..178
    Cavalo..178
    Camelo..179
4.2. Animais de caça..180
4.3. Animais para sacrifício..182
4.4. Animais selvagens...185
    Hiena...186
    Leão...186
    Lobo...187
    Pantera..188
    Raposa e chacal 188
    Urso 189
4.5. Animais mitológicos..189
    Beemot 190
    Leviatã 191
    Ziz ou sis...191
    Dragão 192
    Cavalos de fogo 192
    Gafanhotos de Abaddon...193

Bestas de Daniel 193
Primeira Besta do Apocalipse 194
Segunda Besta do Apocalipse 195

5. *As plantas* 201
  5.1. Ervas e especiarias 203
    Açafrão 205
    Alcaparra 205
    Alho e cebola 206
    Aloé 207
    Arruda 207
    Cálamo 208
    Canela ou cinamomo 208
    Cássia 209
    Cardo 209
    Coentro 209
    Cominho 210
    Endro 210
    Estoraque 210
    Gálbano 211
    Hissopo 211
    Hortelã 212
    Incenso 212
    Junco 213
    Linhaça e linho 214
    Louro 215
    Mirra 216
    Mostarda 216
    Murta ou mirto 217
    Nardo 217
    Nigela 218

Sarça	219
Urtiga	219
5.2. Cereais	220
Centeio	221
Cevada	221
Espelta e painço	224
Trigo	224
5.3. Leguminosas	229
Fava	229
Lentilha	230
5.4. Arbustos e árvores	231
Amendoeira	236
Amoreira	237
Carvalho	237
Cedro	238
Cipreste	242
Figueira	243
Macieira	246
Mandrágora	246
Meloeiro	247
Nogueira	248
Oliveira	248
Romãzeira	248
Salgueiro	249
Sicômoro	250
Tamareira	250
Tamargueira	252
Terebinto	253
Videira	253

6. Preparação dos alimentos 257
    6.1. Fogão 260
    6.2. Forno 261
    6.3. Utensílios 262
    6.4. Métodos de cozimento 265
    6.5. Cozinheiros 266

7. Refeição 275
    7.1. Regras de etiqueta 277
    7.2. Horário das refeições 281
    7.3. A mesa dos homens comuns 284
        Faca 285
        Colher 286
        Garfo 287
    7.4. A mesa dos nômades 288
    7.5. A mesa dos poderosos 290
    7.6. Banquetes 292
    7.7. Os banquetes da Bíblia 303
    7.8. O vinho nos banquetes 306

8. À mesa com Jesus 313
    8.1. O ministério de Jesus 319
    8.2. Em volta da mesa 327
    8.3. A última ceia 334

Notas 345
Bibliografia 351
Bibliografia de referência 365
Anexo I   Abreviaturas em ordem alfabética 367
Anexo II   Pesos e medidas 369
Anexo III   Versículos em cada capítulo 373

Nota inicial

> *"Não existe felicidade para o homem, debaixo do sol, a não ser o comer, o beber e o alegrar-se"* (Ecl 8, 15).

Este livro nasceu de uma conversa com o então padre, hoje cardeal, Dom José Tolentino Mendonça. Na Casa de Chá de Santa Isabel, antiga *Vicentinas*, junto ao largo do Rato (Lisboa) — provando os melhores *scones* do mundo, com manteiga e geleia. Falávamos sobre a importância da mesa para o povo de Deus. Desse encontro surgiu a ideia de uma pesquisa mais ampla sobre todos os alimentos da Bíblia. Sugestão de José Paulo, meu marido. Como sempre. O desafio foi aceito, por ambos. Sem me dar conta, naquele momento, da responsabilidade, da extensão do trabalho e do tempo (quase dez anos) que consumiria. Ler e reler a Bíblia, anotando todas as referências sobre o tema. Estudar os hábitos alimentares do povo hebreu, nos diversos momentos de sua trajetória. No Antigo e no Novo Testamento. O primeiro, uma antologia autobiográfica na luta constante para evitar seu fim, tantas vezes iminente pelas infidelidades ao Pacto da Aliança entre o povo e seu Deus. O segundo, uma pregação generosa baseada nos ensinamentos e na existência de Jesus Cristo. Dois tempos históricos bem distintos. Um alicerçando o outro. "O Novo Testamento está oculto no Antigo e o Antigo está patente no Novo", segundo Santo Agostinho.[1] Quase as mesmas palavras que estão na bula *Dei Verbum* (de Paulo VI, no Concílio Vaticano II), "o Novo Testamento está latente no Antigo e o Antigo está patente no Novo" (*Novum in Vetere latet et in Novo Vetus patet*). Todos, com mensagens destinadas a preservar a fé e fixar uma ética social própria. Os alimentos estão, ali, por toda parte.

Agradecimentos especiais aos religiosos irmão José Antero O.S.B. e padre Sergio Absalão, de Pernambuco (Brasil); e ao professor António de Abreu Freire da Universidade de Aveiro (Portugal). Por revisar o texto e dar sugestões preciosas.

Para melhor compreensão do leitor, a escolha foi transcrever os versículos por temas, permitindo que se tenha uma visão mais ampla da presença e da importância dos sabores na mesa de Deus.

Maria Lecticia Monteiro Cavalcanti

Apresentação

A cozinha é mais espiritual do que se pensa

Na arquitetura de muitas casas há duas portas: aquela principal, a mais utilizada, por onde circulam os hóspedes com quem fazemos cerimónia; e a porta de serviço que, normalmente, dá acesso direto à cozinha, por onde passam apenas aquelas pessoas que têm grande familiaridade com a casa. Num primeiro relance, poderá parecer estranho um livro que se ocupa dos alimentos e da cozinha da Bíblia: não é essa a entrada de acesso principal, diríamos todos. A verdade é que sendo, incontestavelmente, o livro mais conhecido e frequentado do mundo, uma parte significativa dos seus leitores ainda faz muita cerimónia. Isto é, ainda não se aventurou numa imersão total na Escritura como, aliás, a própria Bíblia reclama que façamos. O ingresso da cozinha está reservado para quem adquiriu uma familiaridade completa com a casa, e o mesmo exemplo podemos aplicar ao Livro dos Livros. Não é por acaso que, para construir este fascinante volume, Maria Lecticia Monteiro Cavalcanti precisou de mais de uma década. É que a cozinha requer um pacto estreito de relação que não se improvisa, que não se concretiza de imediato, mas reclama lentidão, frequência, disponibilidade, acompanhamento minucioso, escuta em profundidade, quotidiano partilhado. A leitura tem de se tornar recorrente, detalhada e íntima para que se confunda com a existência doméstica, para que respire dentro dela. O doméstico não é menos: é mais! É preciso colar-se à letra do livro, pele com pele, valorizá-lo com aquela atenção intransigente, humilde e interminável que nos dá o amor, fazer-se invisível, olhar para o livro em horas diferentes e de angulações diversas, quedar-se a olhar para ele no escuro, contemplá-lo de forma gratuita, silenciosa, enamorada, sem por quê. A cozinha não tem a pretensão de representar o mais importante e, ainda menos, a totalidade. A cozinha é um aspecto da casa. A sua grandeza vem de se colocar ao serviço, está na arte de secundar. Inesquecível e elegante arte, devemos dizer. Este livro não compete com os dicionários, as concordâncias, os comentários que fazem habitualmente a riqueza da biblioteca que suporta a hermenêutica bíblica. Junta-se a eles como mais um instrumento, como assessoria necessária, como mapa para o prazer de ler. A interpretação deve tornar-se sempre mais polifónica ou poliédrica para respeitar, para aceder à natureza polissêmica da vida espelhada no texto sacro. Este livro participa desse esforço coral de pesquisa.

Pensar uma casa a partir da cozinha em nada atenta contra a sua natureza sagrada. Pelo contrário: há uma compreensão que se abre para aquilo que uma casa significa, como se assim tocássemos o seu segredo. Declarar, por exemplo, que uma cozinha garante a vida material expressa pouco sobre a função real da cozinha, pois refere simplesmente (ou preguiçosamente) o óbvio. A cozinha é, numa casa, um motor da vida espiritual. Quem não descobriu isso não descobriu o significado antropológico da comida e o instrumento de humanização que a mesa representa. Sim, uma mesa não é só uma mesa. Também por isso, para os leitores da Bíblia, o livro de Maria Lecticia oferecerá estratos complementares de conhecimento: constitui uma espécie de micro-história da Bíblia; representa um útil mapeamento cultural dos mundos e dos atores bíblicos; permite-nos uma viagem pelas formas objetivas de vida e suas tradições; dá-nos uma ideia dos produtos acessíveis, do impacto do clima, do tipo de economia; enumera para nós os saberes que transparecem na fabricação;

abre-nos a janela para a sociologia das suas gentes; faz-nos participantes dos rituais religiosos, do conteúdo do espaço familiar, da hierarquia e da versatilidade das relações. Mas, ao mesmo tempo, é um livro de espiritualidade bíblica, um compêndio de exegese, uma refeição da Palavra. Não é apenas um ensaio exaustivo sobre a mesa bíblica: é um convite a entrar, um abrir da mesa, uma coreografia de odores, uma prática do saborear.

Lembro-me do conselho que repetia o teólogo e pedagogo Rubem Alves: que antes de iniciarem o itinerário de aprendizagem, alunos e professores deveriam passar por uma cozinha. Nesse lugar, compreendemos que os banquetes não têm início com a comida que se serve. Eles começam, sim, com a fome. O verdadeiro cozinheiro deve dominar, antes de tudo, a arte de produzir fome... Isto que o verso de Adélia Prado testemunha como um mantra exato: "Não quero faca nem queijo; quero é fome." Que é como quem diz: quero a tarefa primeira que é acender o desejo. A cozinha é uma máquina de suscitar desejo. Não nos devemos admirar que uma das últimas palavras de Jesus tenha sido: "Desejei ardentemente comer esta Páscoa convosco" (Lc 22, 15), associando sabiamente a refeição ao desejo. Se cada um de nós pensar na sua autobiografia alimentar, é precisamente isso que constata. E tal pode ser estendido ao desenvolvimento da espécie humana: a cozinha tornou-nos desiderantes, sonhadores, criativos. Segundo Richard Wrangham, primatologista da Universidade de Harvard, foi o aparecimento da cozinha a permitir aos nossos antepassados triplicar as dimensões do cérebro. Ele não hesita em dizer que, "abrindo estrada à expansão do cérebro humano, a cozinha tornou possíveis resultados cerebrais como a pintura nas cavernas, a composição das grandes sinfonias ou a invenção da internet". A cozinha e a mesa não reduzem o mundo: ampliam-no surpreendentemente.

Na emblemática obra intitulada *O cru e o cozido*, o antropólogo Claude Lévi-Strauss debruça-se sobre alguns mitos amazónicos que descrevem a origem da cozinha, e aí fica claro como esta é um motivo humano fundamental. O cru representa o estado natural, quando o homem recolector se alimentava apenas daquilo que encontrava acessível em torno a si. O cozido é um salto civilizacional extraordinário, representa uma das transições antropológicas vertiginosas, nada menos do que a passagem da natureza para a cultura. De facto, não se trata apenas de um passo grandioso na história da autonomização da nossa espécie. A mesa documenta, para lá da maturação do dado biológico, a emergência do simbólico. Há um conhecimento tipicamente humano que passa pela cozinha e só através dela se decifra.

Para quem quiser ver, a alimentação é um tema particularmente denso, onde avultam e se colhem alguns dos códigos mais intrínsecos das culturas. A mesa é um poderoso sistema simbólico, um observatório de práticas essenciais de sentido. Os antropólogos insistem que, se entendermos como se desenvolve uma refeição, ficamos na posse da estrutura interna, dos valores e hierarquias do grupo humano nela envolvido. Quando se chega a perceber o conteúdo e a lógica da alimentação, a ordem que regula a cozinha e a mesa (o que se come, como se come, com quem se come, o significado dos diversos lugares e funções à mesa...), alcança-se um saber antropológico determinante, dos outros e de nós próprios. Maria Lecticia escreveu este livro também para que nos pudéssemos ler.

Por outro lado, se atendermos à massa impressionante de prescrições culinárias presentes na Bíblia, não nos parecerá despropositado e excêntrico que se fale de uma autêntica teologia alimentar ou se identifique no texto sagrado judaico e cristão um esplêndido catálogo de receitas. De fato, a revelação bíblica também se apreende comendo. E a sua leitura constitui também uma maravilhosa iniciação aos sabores. As escolhas alimentares fundamentaram a sua identidade cultural e religiosa. Como hoje sedimentam a nossa.

De certeza que a escrita deste livro alterou a percepção que a sua autora tinha da Bíblia, e poderá alterar a dos leitores. Mas no melhor dos sentidos. Tornando de casa o leitor, ajudando-o a perceber a articulação entre saber e sabor, convocando-o para uma familiaridade com este texto inesgotável, desconstruindo o automatismo das leituras abstratas e gnósticas que olham para a Bíblia como um livro de verdades, onde a letra é relativizada e desconhecida. Tudo conta, afinal, no processo de revelação. Mesmo aquilo que parece circunstancial ou que considerámos de forma apressada um *décor* narrativo. Ainda bem que a narratologia contemporânea recorda que o relato tem uma economia coerente que se pode resumir assim: todos os elementos que surgem na narrativa são significativos para a construção do seu sentido. A torrente de passagens bíblicas referentes a alimentos e à mesa que Maria Lecticia Monteiro Cavalcanti, com mão informada, com mão pacientíssima e brilhante, aqui revisita não é, portanto, uma marginália destinada a ser etiquetada sob a categoria de "curiosidades ociosas". Entrar na Bíblia pela porta da cozinha é um argumento mais sério do que se possa supor. E também mais espiritual. O título escolhido para esta obra está certo. E o livro dá a provar o que promete. Maria Lecticia Monteiro Cavalcanti oferece-nos aqui uma daquelas experiências que não vamos querer esquecer.

Cardeal Dom José Tolentino Mendonça

1. Introdução

"A mesa está posta, os lugares estão dispostos; come-se e bebe-se" (Is 21, 5).

No princípio, a relação dos homens com os alimentos dizia respeito à própria sobrevivência. Usavam só o que a natureza lhes oferecia, em cada momento. Eram coletores de ervas, frutas, raízes, ovos, mel. Aos poucos, aprenderam a transformar pedra em armas e outros utensílios. Começaram a caçar, inclusive animais de grande porte. Deles, aproveitavam a carne crua, como alimento; e o couro, para proteção contra as durezas do clima. Passaram a caçar juntos e a dividir, entre eles, os animais abatidos. Assim nasceram as primeiras atividades coletivas. Tudo bem antes da invenção da escrita. Os primeiros registros foram pinturas nas paredes das cavernas usando argila, carvão, extrato de plantas, sangue de animais. Em desenhos que são narrativas das experiências desse tempo. E, também, testemunhas do grau de civilização em cada cultura. "A palavra, então, era silêncio, palavra recolhida e quieta", disse o padre Daniel Lima em *Ode à palavra*.[1]

Nessa dieta carnívora, começaram a apreciar o sabor do sal, encontrado na natureza ou impregnado na própria carne dos animais abatidos. E dominaram o fogo — "provavelmente a maior conquista já feita pelo homem", segundo Charles Darwin.[2] Um processo lento que, no início, todos tinham receio desse fogo. Não sabiam como acendê-lo, nem era fácil mantê-lo aceso, requerendo vigilância constante. Usado como luz, fonte de calor, instrumento de defesa e para assar carnes. A preferência por queimados era, então, comum. Depois de incêndios, ainda hoje é assim, animais procuram por outros animais mortos. Com o domínio da técnica de fazer fogo, passaram a cozinhar, tornando as carnes mais saborosas e fáceis de mastigar. No início, apenas jogadas sobre a brasa. Em seguida, com espetos postos diretamente no fogo. E, mais tarde, com esses espetos, paralelos, apoiados em assadores dentados. Dessa forma, os homens primitivos foram começando a se diferenciar dos outros animais. "O homem, e apenas ele, é capaz de acender e usar o fogo", lembra Montanari.[3] Tão importante é esse processo de preparação dos alimentos que, a partir dele, Lévi-Strauss[4] definiu, com seu método estruturalista, a evolução de cada povo, que passa do estado "natural", quando usa o alimento cru, ao "cultural", quando começa a transformar esse alimento.

Aos poucos, foram compreendendo a enorme conveniência de ter sempre à mão seus alimentos. Passaram, então, a plantar e a domesticar (do latim *domus*, "casa") animais. Dos que conhecemos hoje, o primeiro terá sido o cão e, em seguida, carneiro, bode, boi, cavalo, camelo, porco. O leite das fêmeas logo passou a ter grande importância: ele em si ou transformado em rudimentares queijos — à época, pouco mais que apenas leite coalhado. Animais de grande porte começaram a ser usados para locomoção e tração, emprestando sua força aos trabalhos pesados. Tudo ia ligando os homens à terra. Tendas e cabanas de pastores nômades foram substituídas por moradias mais sólidas e seguras dos agricultores. Surgiram as primeiras aldeias. Nasceram silos e arcas para armazenar produtos; móveis, para se sentar e deitar; instrumentos para preparar e servir alimentos. Desenvolveu-se a arte da cerâmica. Tachos de barro (duros, indeformáveis, impermeáveis), primitivos ainda, acomodavam carnes, cereais, folhas, raízes, permitindo cozinhar sem contato direto com o fogo. Daí nasceram os caldos, por muito tempo base de quase toda alimentação. A preparação do alimento e a distribuição desse alimento preparado tornaram-se um ritual, conformando as primeiras refeições propriamente ditas. Mais um passo na evolução cultural e na memória coletiva dos povos.

Naquele início, os homens acreditavam que fenômenos naturais — calor, frio, chuva, fogo, colheita, vida, morte — eram controlados por deuses. E temiam esses deuses. *Primus in orbe deos fecit timor* ("o temor primitivo criou os deuses da terra"), como na frase atribuída a Petrônio (27-66 d.C.). Todas as civilizações tiveram deuses feitos à sua imagem e semelhança. "Cada nação fabricou para si seus próprios deuses e os colocou nos templos dos lugares altos" (2 Rs 17, 29). Os deuses fenícios lutavam contra tudo e contra todos. Os gregos não sabiam perdoar. Os egípcios se vingavam de quem não lhes obedecia. Eram deuses "monstruosos" e "de um panteísmo de sangue", palavras de Fernando Pessoa[5] ("Ode marítima", Álvaro de Campos). Aos poucos, tudo foi mudando. Os muitos deuses (ao menos para o judaísmo, o cristianismo e o islamismo) acabaram um só — onisciente, onipresente, onipotente, sendo, no cristianismo, unitrinitário: "Um é o Pai, um é o Unigênito e um é o Espírito Santo", segundo São Basílio de Cesareia.[6] Com a violência dos primeiros tempos convertida em justiça, compaixão, misericórdia, perdão, amor. A Bíblia dá testemunho dessa devoção pelo Deus em que hoje acreditamos. No Antigo Testamento, seguimos a caminhada religiosa do povo hebreu na opção por um

Deus único. E, no Novo Testamento, encontramos a promessa de redenção para todos, a partir da misericórdia do Criador.

Bíblia vem do grego *biblíon* (diminutivo de *biblos*, "livro"). "É a Palavra de Deus (*Dei Verbum*) dirigida aos homens, seus filhos", para Sánchez Caro.[7] São 73 livros produzidos, ao longo de muitos séculos, por diferentes autores. Do Antigo Testamento, 46, redigidos originalmente em hebraico (a língua de Canaã), aramaico e alguns trechos em grego, anteriores ao nascimento de Jesus Cristo. Do Novo Testamento, 27, posteriores à sua morte. Desses, 21 são Epístolas (*epistolæ*) e Cartas (*litteræ*), 4 são Evangelhos, mais o livro dos Atos dos Apóstolos e o Apocalipse. Todos redigidos em grego, a partir de meados do século I d.C. "Deus fez muito bem em escolher a língua grega para divulgação de sua mensagem. Nenhuma outra torna essa mensagem mais clara, mais bela, mais rica de sentidos e de cores", diz Frederico Lourenço.[8] No início, usando rolos de couro curtido, de pergaminho (feito a partir da pele de cabra ou de ovelha) ou de papiro. Lembrando que os gregos chamaram de Byblos (atual Jbeil) a cidade portuária fenícia, na costa mediterrânea do Líbano, de onde importavam o papiro que vinha do Egito. Depois, passaram a apresentar a Bíblia em *códice* — conjunto de folhas de papel dobradas e costuradas, numa das laterais, em forma de livro, algumas vezes, com capa de madeira e dobradiças em um dos lados.

No reinado de Ptolomeu II (282-246 a.C.), e por sua iniciativa, criou-se a Biblioteca de Alexandria — importante centro de cultura frequentado por estudiosos de diversas áreas. Ali, um grupo de sábios judeus (seriam 72, segundo a tradição) iniciou a tradução, para o grego, dos livros da Bíblia hebraica. Esse texto ficou conhecido como a *Bíblia dos Setenta* (ou *Septuaginta*), base da tradução para outras línguas, a começar pelo aramaico (a língua do Talmud) e, em seguida, para o latim (a *Vetus Latina*), sendo mais completa a denominada *Vulgata* ("a divulgada"), obra de São Jerônimo, no século IV, a pedido do papa Dâmaso (305-384). "Quanta fadiga isso me custou; quantas dificuldades enfrentei; quantos desânimos precisei dominar; quantas vezes abandonei o trabalho para retomá-lo em seguida, estimulado pela minha paixão de saber", confessou São Jerônimo (Epístola 125).[9] Durante mais de mil anos, foi esse o único texto oficial disponível para os cristãos. A primeira tradução para a língua inglesa (em 1382) foi a de John Wycliffe, que acabou conhecida como *Bíblia de Wycliffe*. E o primeiro exemplar impresso, a *Bíblia de 42 linhas* — referência ao número de linhas em cada página da impressão tipográfica feita, entre 1450 e 1455, na Mogúncia (Alemanha) —, mais conhecida como *Bíblia de Gutenberg*. A divisão em capítulos foi obra de Stephen Langton (em 1227), arcebispo de Cantuária. E a subdivisão em versículos se deve primeiro ao judeu convertido, depois monge dominicano, Pagnino de Lucca (em 1541), aperfeiçoada mais tarde pelo impressor francês Robert Estienne. Até que o papa Clemente VIII, em 1592, fez publicar uma versão em latim, já com divisão em capítulos e versículos (*Vulgata Clementina*).

A Bíblia se ocupa de quase tudo. Da origem do universo e do homem, de Noé e dos patriarcas (*Gêneses*); da fuga dos hebreus e de como vagaram pelo deserto (*Êxodo*); da organização dos cultos (*Levítico*); da lista de habitantes e das leis de Israel (*Números*); da fidelidade aos mandamentos (*Deuteronômio*); da história de Israel desde a entrada na Terra Prometida (*Livros históricos*); de cantos, hinos, provérbios, poesias, orações, reflexões (*Livros sapienciais*); da vida e do ministério de alguns profetas

(*Livros Proféticos*); e, finalmente, da vida de Jesus e sua doutrina (*Evangelhos*). Em cada passagem, revelando hábitos do povo de Deus, inclusive alimentares. Os sabores estão ali, por toda parte. Do fruto proibido à Última Ceia, do maná no deserto do Sinai aos pães de cevada da Galileia, dos peixes secos do lago Tiberíades (esquecidos no alforje de uma criança) ao vinho que jorrava das talhas de uma casa em Caná. "Eles comerão e se saciarão" (Dt 14, 29). Alimentos para o corpo, "o estômago recebe todo tipo de alimento, mas um alimento é melhor do que outro" (Eclo 36, 23). E, sobretudo, para a alma: "Jesus lhes disse: 'Meu alimento é fazer a vontade daquele que me enviou e consumar a sua obra'" (Jo 4, 34).

A história do povo hebreu (do hebraico *Éber*, "do outro lado do rio") começou com Abraão. Guiado pela fé nas promessas de Deus, migrou de Ur (porta de entrada para a Mesopotâmia, no atual Iraque) para Canaã (habitada por cananeus, descendentes de Cam) — pequena faixa de terra ao longo do vale do rio Jordão, ponto de encontro entre África, Ásia e Europa, passagem de quem vinha do Oriente para o Ocidente. Com Abraão estavam sua família, seus servos, rebanhos e manadas. Seminômades, vagaram até chegar à *Terra Prometida*, "a mais bela entre todas as nações" (Ez 20, 6). Uma "terra onde corre leite [alimento básico dos nômades] e mel [importante numa civilização que desconhecia o açúcar]" (Jr 11, 5). Mas nada era mais importante, naquele deserto, do que água, sem a qual não haveria leite nem mel. "A terra para a qual vós ides, a fim de tomardes posse dela, é uma terra de montes e vales, que bebe água da chuva do céu!" (Dt 11, 11). Era, também, lugar de muitas carências: "A fome dominou na cidade e não havia pão para o povo da terra" (Jr 52, 6). Alternando períodos de fartura, jejum e escassez. Em Canaã, nasceram os descendentes de Abraão. Ele, junto com Isaac (seu filho com Sara) e seu neto Jacó (filho de Isaac e Rebeca), cujo nome passou a ser Israel (em hebraico, "Deus luta"), são considerados patriarcas (do grego *patriarkhes*, "pai de família") daquele povo. "Não te chamarás mais Jacó, mas Israel, porque foste forte contra Deus e contra os homens, e tu prevaleceste" (Gn 32, 29). Dez dos filhos de Jacó e dois de seus netos dariam origem às doze tribos que compõem e definem a *Terra* e o *Povo de Israel*.

Os descendentes de Abraão, mais tarde, foram para o Egito. E, lá, formaram uma nação. "A estada dos israelitas no Egito durou quatrocentos e trinta anos" (Ex 12, 40). Bom lembrar que os números na Bíblia, mesmo simbólicos, devem ser levados em conta. Como assegurou Santo Isidoro de Sevilha,[10] "não se deve desprezar os números. Pois em muitas passagens da Sagrada Escritura se manifesta o grande mistério que encerram", em livro que é considerado a primeira enciclopédia escrita na cultura ocidental.

Ao longo de várias gerações, hebreus contribuíram para transformar o Egito num lugar próspero. Foi Moisés (século XII a.C.), "o mais humilde dos homens que havia na terra" (Nm 12, 3), quem libertou o povo hebreu da escravidão e o levou pelo deserto (*Êxodo*), de volta a Canaã, não sem enfrentar dificuldades. "Ao chegar às margens do mar Vermelho, os hebreus viram-se rodeados de todos os lados pelo exército dos egípcios, composto de seiscentos carros de guerra, cinquenta mil cavaleiros e duzentos mil homens de infantaria bem-armados, não lhes sendo possível escapar porque o mar os cercava de um lado, e uma montanha inacessível, com rochedos que se estendiam pela praia, de outro. Eles tampouco podiam combater, porque não tinham armas. Nem resistir a um cerco, porque haviam consumido todos os víveres", descreveu Flávio Josefo (37 ou 38-100),[11] um historiador que nasceu, em Jerusalém, logo depois da morte de Jesus. Foi quando Moisés, depois de uma noite de orações, "estendeu a mão sobre o mar. E Iahweh, por um forte vento oriental que soprou toda aquela noite, fez o mar se retirar. Este se tornou terra seca, e as águas foram divididas. Os israelitas entraram pelo meio do mar em seco; e as águas formaram como um muro à direita e à esquerda" (Ex 14, 21-22). Com essas águas, depois, cobrindo o exército que perseguia o povo de Deus. Canaã foi avistada, por Moisés, quarenta anos mais tarde, do alto do monte Nebo. Mas a morte o impediu de consumar a missão que lhe foi confiada. Seu sucessor, Josué, acabou sendo responsável por completar a caminhada.

Segundo a Bíblia, Moisés seria o fundador da religião de Israel. Ele desejou ver Deus mas ouviu como resposta: "Não poderás ver a minha face, porque o homem não pode ver-me e continuar vivendo" (Ex 33, 20). O padre António Vieira, no Sermão do Santíssimo Sacramento (pregado, em Roma, a 9 de fevereiro de 1673, na igreja de San Lorenzo, em Dâmaso), pergunta: "E que vos parece que faria Moisés com este desengano?" E ele mesmo responde: "Foi tal a sua fineza, que fazia não o vendo o que havia de fazer se o vira" (*Invisibilem tanquam videns sustinuit*). A ele o Senhor entregou, no monte Sinai (ou monte Horebe), os Dez Mandamentos gravados em "tábuas de pedra escritas pelo dedo de Deus" (Ex 31, 18). E ensinou o ritual dos sacrifícios, em holocaustos e oblações. Nos holocaustos, usavam animais — aves, boi, cabra, carneiro. "Imolará o novilho diante de Iahweh, e os filhos de Aarão, os sacerdotes, oferecerão o sangue. Eles o derramarão por todos os lados, sobre o altar, que se encontra à entrada da Tenda da Reunião. Em seguida, esfolará a vítima e a dividirá em quartos, e os filhos de Aarão, os sacerdotes, porão fogo sobre o altar e colocarão a lenha em ordem sobre o fogo. Depois os filhos de Aarão, os sacerdotes, colocarão os quartos, a cabeça e a gordura em cima da lenha que está sobre o fogo do altar. O homem lavará com água as entranhas e as patas, e o sacerdote queimará tudo sobre o altar" (Lv 1, 5-9). Nas oblações, por sua vez, basicamente eram oferecidos vegetais: "Sua oferenda consistirá em flor de farinha, sobre a qual derramará azeite e colocará incenso [...] e o sacerdote os queimará sobre o altar" (Lv 2, 1-2). Também deixavam ali massa sovada, cozida no forno, "preparada em bolos ázimos, amassados com azeite, ou em fogaças ázimas untadas com azeite" (Lv 2, 4). Não se pode esquecer do sal, presente em quase todas as oferendas, como sinal da Aliança com Deus: "A toda oferenda juntarás uma oferenda de sal a teu Deus" (Lv 2, 13). Por essa razão, para Michael Asheri,[12] "o pão, simbolizando todos os alimentos, é sempre comido com sal pelos judeus".

Essas informações foram, por séculos, transmitidas oralmente. Isso ocorreu não só com a Bíblia, mas também com a *Ilíada* e a *Odisseia* gregas, o *Mahabharata* hindu, o *Tipitaka* budista. É que, no início, todos os povos cantavam suas histórias em versos. A poesia precedeu a prosa. Até que se criou a escrita, em torno de 3000 a.C., uma das grandes conquistas de Canaã. "Antes do fim do terceiro milênio os canaanitas desenvolveram uma escrita silábica moldada na escrita egípcia", segundo John Bright.[13] Passaram também, por esse mesmo tempo, a usar o dinheiro. Grãos de cevada, o primeiro cereal cultivado (na Mesopotâmia e no Egito), antes mesmo do trigo-vermelho (espelta) e do trigo comum, serviam até como moeda de troca. Oseias pagou "quinze siclos* de prata e um ômer** e meio de cevada"

---
* Ver Anexo II.
** Ver Anexo II.

(Os 3, 2) para comprar de volta a adúltera Gômer, esposa e mãe de três dos seus filhos.

Na Bíblia, estão os alimentos destinados aos rituais do sacrifício — que deveriam ser sempre perfeitos: "Maldito o embusteiro que tem em seu rebanho um animal macho, mas consagra e sacrifica ao Senhor um animal defeituoso" (Ml 1, 14). E, também, aqueles usados como remédio: "Os seus frutos servirão de alimento e as suas folhas de remédio" (Ez 47, 12). Com distinção entre os permitidos e os proibidos. Adão e Eva, no jardim do Éden, podiam comer "todas as ervas que dão semente, que estão sobre toda a superfície da terra, e todas as árvores que dão frutos que dão semente: isso será vosso alimento" (Gn 1, 29). Segundo Norman Wirzba,[14] "O jardim do Éden, literalmente o *Jardim das Delícias*, é o lar original e perpetuamente originador da humanidade, lugar de nossa nutrição, nossa inspiração, nossa instrução e nossa esperança coletiva". Só que "da árvore do conhecimento do bem e do mal não comerás, porque no dia em que dela comeres terás que morrer" (Gn 2, 17). Mas Eva (em hebraico, "mãe de todos os vivos") não resistiu. "A mulher viu que a árvore era boa ao apetite e formosa à vista, e que essa árvore era desejável para adquirir discernimento. Tomou-lhe do fruto e comeu. Deu-o também a seu marido, que com ela estava, e ele comeu" (Gn 3, 6). Segundo São Justino,[15] ela "deu à luz a desobediência". Por isso tiveram, ela e Adão ("aquele que veio da terra"), severo castigo. "Com sofrimentos dele [do solo] te nutrirás todos os dias de tua vida. Ele produzirá para ti espinhos e cardos, e comerás a erva dos campos. Com o suor de teu rosto comerás teu pão até que retornes ao solo, pois dele foste tirado. Pois tu és pó e ao pó tornarás" (Gn 3, 17-19). Era uma tarefa difícil. "O seu constante e desesperado esforço foi sobreviver no meio de uma Natureza que, sem cessar e furiosamente, tramava a sua destruição", segundo Eça de Queiroz.[16] Nessa "transgressão, a criatura humana não perdeu a imagem de Deus (*imago Dei*). Perdeu a semelhança (*similitude*), isto é, a capacidade de pensar, de sentir, de agir conforme Aquele que o criou", palavras do padre Sergio Absalão numa de suas homilias dominicais.

O Senhor ainda recomendou, aos filhos de Israel, outras carnes. As de quadrúpedes "de casco fendido, partido em duas unhas, e que rumina" (Lv 11, 3). E algumas aves — codorna, galinha, ganso, pato, perdiz, pombo, bem como seus ovos. Insetos, só "aqueles que têm patas além dos pés, para saltarem sobre a terra. Dentre eles podereis comer os seguintes: as diferentes espécies de locustídeos, de gafanhotos, de acrídios e de grilos" (Lv 11, 21-22). Quanto a peixe, apenas "o que tem barbatanas e escamas e vive na água dos mares e dos rios" (Lv 11, 9). Mas Jesus, o filho de Deus, tinha outro entendimento sobre essas exigências. Mesmo não tendo sido enviado pelo Pai para "revogar a Lei ou os Profetas" (Mt 5, 17), declarou puros todos os alimentos. "Não entendeis que tudo o que vem de fora, entrando no homem, não pode torná-lo impuro, porque nada disso entra no coração, mas no ventre, e sai para a fossa?" (Mc 7, 18-19). E acrescentou "O que sai do homem, é isso que o torna impuro. Com efeito, é de dentro, do coração dos homens que saem as intenções malignas: prostituições, roubos, assassínios, adultérios, ambições desmedidas, maldades, malícia, devassidão, inveja, difamação, arrogância, insensatez. Todas essas coisas más saem de dentro do homem e o tornam impuro" (Mc 7, 20-23). Essas restrições alimentares, impostas por lei, não decorriam de "considerações nutritivas, nem medicinais ou gastronômicas", segundo Jean Soler.[17] Eram apenas "éticas ou religiosas", para

Michael Asheri.[18] "Quando a comida que nós judeus comemos é preparada e ingerida da maneira que o próprio Deus nos prescreveu, em sua Torá, estamos servindo-o através da satisfação de nossa fome." E explica: "Não há mais Templo em Jerusalém e não se oferecem mais sacrifícios a Deus naquele altar. Assim, na ausência de um Templo, é nos ensinado que a mesa de cada judeu assume o lugar do altar; e o alimento nela comido, o dos sacrifícios." Essas restrições da lei conferiram, sobretudo, uma identidade ao povo hebreu. "Eis um povo que habita à parte, e não é classificado entre as nações" (Nm 23, 9). Assim, "os judeus conservam a sua personalidade de nação, flutuante no espaço, mas sólida através do tempo, guardando os pratos, os doces e os pastéis que lhes recordam as palmeiras e as oliveiras dos seus primeiros dias de povo e cujo preparo apresenta tanta coisa de ritual ou de litúrgico", acrescenta Gilberto Freyre.[19]

A cozinha da Bíblia se fazia com grande quantidade de ervas, especiarias, cereais e leguminosas, usados na preparação de pratos ou na fabricação de pão e cerveja, trazidos, em caravanas, da Índia e da península Arábica. Produtos, às vezes, secos, por serem mais fáceis de conservar. Utilizavam azeite de oliva. Da uva, faziam vinho e vinagre. Do leite de cabra, ovelha e vaca, preparavam queijos frescos ou secos (conservados no sal). Adoçavam os alimentos com mel de abelha que, à época, nada era tão doce. "Todos os que forem deixados na terra se alimentarão de coalhada e de mel" (Is 7, 22).

Dos alimentos do povo de Deus, o mais importante foi sempre o pão. Belém (Bet'lehem), cidade da Palestina onde teria nascido Jesus, segundo Mateus e Lucas, significa precisamente *Casa do Pão*. Aquele com quem partilhamos o pão é *cum* (com) *panis* (pão), daí vindo a palavra *companheiro*. "Para viver, as primeiras coisas são água, pão, vestuário e casa para abrigar a própria nudez" (Eclo 29, 21). No início, preparado com farinha (de cevada ou de trigo) e legumes secos. Fermento, não. Descoberto e utilizado pelos egípcios, era proibido nos rituais de Oferenda e na festa dos Ázimos, pela Páscoa. "Todo o que comer algo fermentado, desde o primeiro dia até o sétimo, essa pessoa será eliminada de Israel" (Ex 12, 15). O pão era presença obrigatória em todas as refeições. E servia, também, para levar comida à boca. Jacó deu, a Esaú, "pão e o cozido de lentilhas; ele comeu e bebeu, levantou-se e partiu. Assim desprezou, Esaú, seu direito de primogenitura [*bekorah*]" (Gn 25, 34). É que, no tempo dos Patriarcas, os primeiros filhos respondiam pela descendência das famílias e tinham direito a uma porção dobrada na herança paterna. O velho patriarca Abraão, desejando servir refeição majestosa a três anjos, disse a Sara: "Toma depressa três medidas de farinha, de flor de farinha, amassa-as e faze pães cozidos" (Gn 18, 6). Preparados em fornos que eram grandes, e pesados, vasos de pedra. Como recompensa, Deus concedeu aos dois "velhos, de idade avançada" (Gn 18, 11) o prêmio de um filho, Isaac (pai de Esaú e de Jacó). Algumas vezes, o pão era molhado no vinagre. "Vem cá, come deste pão e molha teu bocado no vinagre" (Rt 2, 14).

Depois de escaparem do cativeiro egípcio, vagaram os hebreus pelo deserto, durante quarenta anos, em distância que, normalmente, demandaria um mês de caminhada. Ou ainda menos: duas semanas, no dorso de um camelo. É que foram necessárias duas gerações inteiras, peregrinando pela hostil península do Sinai, como preparação para os embates que os esperavam na conquista daquela *Terra Prometida*. Cansados e famintos, certa vez lamentaram: "Certamente nos trouxestes a este deserto para fazer toda esta multidão morrer de fome" (Ex 16, 3). A queixa foi ouvida pelo Senhor, que disse a Moisés: "Eis que vos farei chover pão do céu" (Ex 16, 4). E dos céus lhes mandou, naquele deserto, codornas e maná (*man-hu*, substância leve e quebradiça como pequenos flocos de gelo). Valendo lembrar que um dos milagres de Jesus foi, precisamente, o da multiplicação dos pães. Com os discípulos que o acompanhavam, restavam apenas cinco. "E os que comeram dos pães eram cinco mil homens" (Mc 6, 44).

Junto com o pão, esteve sempre o vinho. "Vinho novo, amigo novo; deixa-o envelhecer, e o beberás com prazer" (Eclo 9, 10). Depois do dilúvio, Noé, "o cultivador, começou a plantar a vinha. Bebendo vinho, embriagou-se e ficou nu dentro de sua tenda" (Gn 9, 20-21). Por isso, era recomendado cuidado com o vinho, que "morde como a cobra e fere como a víbora. Teus olhos verão coisas estranhas, e teu coração dirá disparates" (Pr 23, 32-33). Tanto que "o excesso de bebida aumenta o furor do insensato [...] diminui a sua força e provoca feridas" (Eclo 31, 30), isso sem contar muitos outros perigos. "Vinho e mulheres desencaminham os homens sensatos" (Eclo 19, 2). Ao vinho, destinou Jesus outro dos seus milagres, a pedido da mãe, nas bodas realizadas em Caná da Galileia. "Enchei as talhas de água" (Jo 2, 7) e "o mestre-sala provou a água transformada em vinho" (Jo 2, 9). Sem esquecer o pão e o vinho da Santa Ceia: "Jesus tomou um pão e, tendo-o abençoado, partiu-o e, distribuindo-o aos discípulos, disse: 'Tomai e comei, isto é o meu corpo.' Depois, tomou um cálice e, dando graças, deu-o a eles, dizendo: 'Bebei dele todos, pois isto é o meu sangue, o sangue da Aliança, que é derramado por muitos para remissão dos pecados'" (Mt 26, 26-28).

Quanto às carnes, a preferência era pela de cordeiro. Deus chegou a ditar, para Moisés, o ritual do cordeiro da Páscoa: "Falai a toda a comunidade de Israel, dizendo: Aos dez deste mês, cada um tomará para si um cordeiro por família, um cordeiro para cada casa [...] O cordeiro será macho, sem defeito e de um ano. Vós o escolhereis entre os cordeiros ou entre os cabritos, e o guardareis até o décimo quarto dia desse mês; e toda a assembleia da comunidade de Israel o imolará ao crepúsculo. Tomarão do seu sangue e pô-lo-ão sobre os dois marcos e a travessa da porta, nas casas em que o comerem. Naquela noite, comerão a carne assada no fogo; com pães ázimos e ervas amargas a comerão" (Ex 12, 3-8). Depois dessa carne de cordeiro vinham, em sequência, as de cabrito, boi e vitelo. Abraão "correu ao rebanho e tomou um vitelo tenro e bom; deu-o ao servo que se apressou em prepará-lo. Tomou também coalhada, leite e o vitelo que preparara e colocou tudo diante deles" (Gn 18, 7-8). Na parábola do Filho Pródigo, ao mais novo é dada sua herança. Depois de desperdiçar tal fortuna, volta ele à casa do pai e esse regresso é comemorado. O pai disse aos servos: "Trazei o novilho cevado e matai-o; comamos e festejemos, pois este meu filho estava morto, e tornou a viver; estava perdido e foi reencontrado! E começaram a festejar" (Lc 15, 23-24).

A Bíblia não ensina como preparar os pratos. "Lendo os Evangelhos, não conseguiremos fazer um jantar, mas somos capazes de organizar um banquete: quem devemos prioritariamente convidar, onde devemos sentar, qual deve ser a nossa atitude", lembra Dom José Tolentino Mendonça.[20] Na Palestina, como em quase todas as civilizações, o ato de cozinhar, no cotidiano das famílias, era tarefa de mulheres. Muitas delas até recebiam nomes que remetem aos alimentos. Lia (em hebraico *Lēhā*), primeira mulher de Jacó, significa *vaca*. Raquel (em hebraico *Rāhēl*), irmã de Lia e esposa preferida de Isaac, pode ser traduzido por *ovelha*. Apenas em certos momentos especiais as refeições eram preparadas por homens. "Agora, toma tuas armas, tua aljava e teu arco, sai ao campo e apanha-me uma caça. Faze-me um bom prato, como eu gosto e traze-mo, a fim de que eu coma e minha alma te abençoe antes que eu morra" (Gn 27, 3-4). Bom lembrar que, desde os primeiros tempos, quem preparava os alimentos merecia reconhecimento. Na Grécia Antiga, eram valorizados por quase todos os grandes pensadores. Os heróis de Homero — em Corfu, Ítaca ou Troia — preparavam suas próprias refeições. Quem cozinhava era chamado *mageiro*, a mesma palavra que também usavam para designar *sacerdote*, não por acaso, com a mesma raiz etimológica de *mago*. Platão chegou a equiparar a arte da oratória à da culinária. "Em um dos seus diálogos magníficos envolve nos mesmos louvores os que guisam e apresentam bem as ideias e os alimentos", comenta Eça de Queiroz.[21] Já Sócrates (segundo o mesmo Platão), que se opunha a qualquer exagero à mesa, dizia que "os maus vivem para comer e beber, enquanto os bons comem e bebem para viver". Plutarco observou, e isso é fundamental para compreender o sentido social da alimentação, que os gregos "não se convidam uns aos outros para comer e beber, simplesmente, mas para comer e beber juntos".[22] Por ser, a refeição, um momento de confraternização e interação, importante para a formação das sociedades.

Na Bíblia, são mencionados até utensílios de cozinha. "Cozeram as comidas sagradas em panelas, caldeirões e frigideiras" (2 Cr 35, 13). Também, assadeiras e grelhas, usadas para assar pão. Mas não só esses. "Toma a mó e mói a farinha" (Is 47, 2).

Pratos e copos comuns eram de barro ou ferro, além de galhetas, pratos, taças e mesmo "recipientes de ouro puro" (Ex 25, 29). Variavam conforme as posses dos donos das casas. Festas de casamento, circuncisão, assim como assinaturas de tratados, eram comemoradas com banquetes. É que, naquele tempo, razões para isso importavam pouco. Os da Bíblia, a princípio inspirados nos orientais (sumérios, egípcios, fenícios, assírios, babilônios, persas) e depois nos da Grécia e de Roma, obedeciam a regras definidas em capítulo especial do Eclesiástico. "Como homem bem-educado, come o que te é apresentado e não sejas voraz" (Eclo 31, 16). Servido, primeiro, em esteiras estendidas no chão. E, aos poucos, em mesas baixas de madeira. Algumas grandes, outras menores, "com dois côvados* de comprimento, um côvado de largura e um côvado e meio de altura" (Ex 25, 23). Todos se acomodavam, reclinados, em volta dessas mesas baixas. "Eles estão deitados em leitos de marfim, estendidos em seus divãs, comem cordeiros do rebanho e novilhos do curral" (Am 6, 4). As refeições começavam com a lavagem das mãos: "Está aqui Eliseu, filho de Safat, que derramava água nas mãos de Elias" (2 Rs 3, 11). E dos pés: "Traga-se um pouco de água, e vos lavareis os pés" (Gn 18, 4). Tudo acontecia em salas especiais e ricamente decoradas. "Para construir seu palácio, Salomão levou treze anos, até seu completo acabamento" (1 Rs 7, 1). Nele, havia fartura de tudo e grandes exageros, porque exibir riqueza, variedade e abundância de alimentos e bebidas era sinal de prestígio.

Jesus explicitou "seu projeto, colocando os que não podiam estar juntos à volta da mesma mesa, preparando uma refeição igualitária para a multidão díspar de homens e mulhe-

---
* Ver Anexo II.

res", comenta Dom José Tolentino Mendonça.[23] Uma grande novidade: "Não apenas gesto de ruptura, mas de afirmação de uma nova experiência de Deus." Em sua mesa, ficaram juntos fariseus, publicanos e pecadores: "Um fariseu convidou-o para almoçar em sua casa. Entrou e pôs-se à mesa" (Lc 11, 37). E "estando ele à mesa, vieram muitos publicanos e pecadores e se assentaram à mesa com Jesus e seus discípulos" (Mt 9, 10). Por vezes, também doentes compareciam. "Em Betânia, quando Jesus estava à mesa em casa de Simão, o leproso, aproximou-se dele uma mulher, trazendo um frasco de alabastro cheio de perfume de nardo puro" (Mc 14, 3). A mesa foi, a partir de Jesus, "uma espécie de fronteira simbólica que testemunha, para lá das diferenças, uma possibilidade radical de comunhão", ensina Dom José Tolentino Mendonça.[24] Seis dias antes da Páscoa, "Jesus foi a Betânia, onde estava Lázaro, que ele ressuscitara dos mortos. Ofereceram-lhe aí um jantar" (Jo 12, 1-2) preparado por Marta, uma das irmãs de Lázaro. Por conta desse episódio, tornou-se Marta padroeira universal dos cozinheiros, hoteleiros e donas de casa, com festa comemorada em 29 de julho. Nas imagens que a representam ela aparece, quase sempre, rodeada de utensílios de cozinha. Só recentemente começou a ser venerada no Brasil, onde havia já um protetor dos cozinheiros, São Lourenço (festejado em 10 de agosto). Mas a devoção não se dá na Bahia — onde o santo de prestígio, nessa matéria, continua sendo São Benedito (4 de abril): *São Benedito na cozinha garante fartura*, diz a crença popular.

"A Bíblia pode ser lida de muitas maneiras", lembra Frederico Lourenço.[25] Independentemente de se ter ou não fé, trata-se do "mais fascinante livro alguma vez escrito; um texto que, no seu melhor, é de riqueza inesgotável, de ímpar magnificência expressiva, e onde encontramos do mais arrebatador e do mais comovente que a mente humana alguma vez terá conseguido imaginar". Até o final dos tempos, assim será. Como ensina o Eclesiastes, "uma geração vai, uma geração vem, e a terra sempre permanece. O sol se levanta, o sol se deita, apressando-se a voltar ao seu lugar e é lá que ele se levanta. O vento sopra em direção ao sul, gira para o norte, e girando e girando vai o vento em suas voltas. Todos os rios correm para o mar e, contudo, o mar nunca se enche: embora chegando ao fim do seu percurso, os rios continuam a correr [...] O que foi, será, o que se fez, se tornará a fazer: nada há de novo debaixo do sol!" (Ecl 1, 4-9).

2. Os alimentos da Bíblia

"Os alimentos são para o ventre e o ventre para os alimentos, e Deus destruirá aqueles e este" (1Cor 6, 13).

Cada grupo escolhe seus alimentos a partir do ambiente em que vive e das muitas heranças que recebe. Essa escolha começa pela seleção das plantas mais produtivas e nutritivas.

Cada região do mundo elegeu seu cereal preferido: no Mediterrâneo, trigo; na África, sorgo; na Ásia, arroz; nas Américas, milho. Em torno dessas *plantas de civilização*, como as definiu o historiador Fernand Braudel,[1] organizou-se a vida naquelas sociedades. Pelo uso do fogo, e de outras técnicas, os homens passaram a transformar esses alimentos. Assim, aos poucos, os sabores dos povos foram se formando. Primeiro, aproveitando ingredientes e jeitos de fazer da própria terra. Depois, também de lugares distantes.

Até que, um dia, tudo ganhou uma forma própria. "O alimento se torna familiar", ensina Roberto DaMatta, e passa a ser "definidor de caráter, de identidade social, de coletividade".[2] É nesse momento que se converte em linguagem, revelando hábitos, estruturando tradições, transmitindo valores. É a "voz da comida" (*food voice*), na expressão de Hauck-Lawson,[3] que nos ajuda a compreender o passado, o presente e o futuro das civilizações. Toda cozinha tem, por conta de sua própria formação, as marcas da história do povo à qual pertence. "Cozinhar é uma ação cultural que nos liga sempre ao que fomos, somos e seremos e, também ao que produzimos, cremos, projetamos e sonhamos", comenta Maria Leonor de Macedo Soares.[4]

O mesmo aconteceu entre o povo de Deus. Com sabores e hábitos alimentares, registrados na Bíblia, revelando a prodigiosa trajetória dos hebreus. A começar pela expulsão de Adão e Eva, do Paraíso, que se deu por comerem o fruto proibido. Segundo Disse a serpente: "No dia em que dele comerdes, vossos olhos se abrirão e vós sereis como deuses, versados no bem e no mal" (Gn 3, 5). Uma narrativa "mítica [de significado simbólico] sobre as origens que pretende justificar o sofrimento, a mortalidade, o trabalho e a sucessão das gerações", para Paula Barata Dias.[5] Mais tarde, logo depois do dilúvio, Noé plantou uma vinha. Com os frutos colhidos, produziu vinho e se embriagou, "num relato cuja sequência termina por explicar não só a formação de vários povos do Médio-Oriente, mas também a rivalidade histórica e os conflitos entre eles, fundamentados na maldição que Noé lançou ao seu filho mais novo Cam, o pai de Canaã, por este o ter surpreendido embriagado e despido na tenda".[6] Por um prato de lentilhas se alterou a ordem de progenitura entre Esaú e Jacó, filhos de Isaac e netos de Abraão. "Jacó repetiu o engodo quando, instigado pela mãe, preparou e serviu ao pai um prato de deliciosos cabritos, fazendo-se passar pelo primogênito Esaú, o que levou Isaac a abençoar apenas Jacó."[7] A busca por alimentos explica, também, algumas migrações relatadas na Bíblia. Abraão abandonou Canaã quando "houve uma fome na terra e Abraão desceu ao Egito para aí ficar, pois a fome assolava a terra" (Gn 12, 10). Isaac fez o mesmo e "foi a Gerara, junto a Abimelec, rei dos filisteus" (Gn 26, 1). José era escravo no Egito. Graças a seu dom de interpretar sonhos, previu uma grande fome, aconselhou o faraó a armazenar cereais e ascendeu na sociedade. "De toda a terra se veio ao Egito para comprar mantimento com José, pois a fome se agravou por toda a terra" (Gn 41, 57). No Novo Testamento, Cristo exorta seu povo a uma vida simples por meio de exemplos da natureza: "Olhai as aves do céu: não semeiam, nem colhem, nem ajuntam em celeiros [...] Observai os lírios do campo, como crescem, e não trabalham e nem fiam" (Mt 6, 26-28). Ensinando a querer apenas o necessário, "pedi e vos será dado; buscai e achareis" (Lc 11, 9).

Os hábitos alimentares dos hebreus estiveram sempre ligados ao clima, às características físicas do lugar onde viviam, à sua formação étnica, às crenças religiosas e políticas. Mas, sobretudo, às influências dos povos vizinhos, inclusive nos tempos de guerras. Tais sociedades, como a deles, se desenvolveram ao redor do Mediterrâneo — sumérios, egípcios, fenícios, assírios, babilônios, persas, gregos, romanos — a partir de costumes que mudaram pouco, ao longo do tempo, por obedecer aos preceitos da *Torá* (os cinco primeiros livros do Antigo Testamento). São ensinamentos transmitidos por Deus aos homens para regular suas condutas — em 613 mandamentos (*mitzvot*), com leis dietéticas rigorosas (*kashrut*) que determinavam quais os alimentos apropriados (*kosher* ou *kasher*) e até aqueles que não deveriam ser consumidos (*tref* ou *trefa*).

Jesus "dá início à sua missão tomando sobre si a condição de faminto e de sedento. Posto à prova como Israel no deserto", diz o jesuíta francês Xavier Léon-Dufour.[8] "De manhã, ao voltar para a cidade, [Jesus] teve fome" (Mt 21, 18) numa terra em que havia carências que decorriam de vários fatores "por causa do solo ressequido, pois não há chuva na terra" (Jr 14, 4), ou pela torrente vir fora de hora. "Eu também vos privei da chuva, quando ainda faltavam três meses para a colheita; fiz chover sobre uma cidade, e sobre a outra cidade eu não fiz chover; um campo era regado pela chuva, e o outro campo, sobre o qual não chovia, secava" (Am 4, 7). Mesmo tendo em conta promessas do que deveria ocorrer quando fosse preciso, "darei chuva para a vossa terra no tempo certo: chuvas de outono e de primavera. Poderás assim recolher teu trigo, teu vinho novo e teu óleo" (Dt 11, 14). Além disso, havia o granizo, que destruía plantações. "A chuva de pedras feriu, em toda a terra do Egito, tudo o que estava nos campos" (Ex 9, 25) e "feriu suas vinhas e figueiras e quebrou as árvores do seu território" (Sl 105, 33). As carências também surgiam quando vinham as pragas de gafanhotos, "inumeráveis saltadores que comeram toda a erva de sua terra e devoraram o fruto do seu solo" (Sl 105, 34-35).

Mas a carestia, sobretudo, ficava evidente em períodos de disputas por território ou guerras, quando "se levantará nação contra nação e reino contra reino. E haverá fome e terremotos em todos os lugares. Tudo isso será o princípio das dores" (Mt 24, 7-8). A estratégia desses conflitos consistia em sitiar as cidades, interditando a entrada de alimentos e controlando o abastecimento de água. Assim ocorreu, por exemplo, em 597 a.C., quando o rei da Babilônia (em hebraico *Bibul*, "confusão"), Nabucodonosor, cercou Jerusalém (em hebraico *Yrusaláyin* — que vem de *Yir'á*, "temor a Deus" e *Shalem*, "perfeição" — um "perfeito temor a Deus"). Também quando Ben-Adad II, rei de Aram, cercou Samaria (em hebraico *Smron*, por antes pertencer a Somer), em 841 a.C., localizada no centro da Palestina, região conhecida como "montanhas da Samaria" (Jr 31, 5). Guerra e fome eram compreendidas como castigos do céu: "Ele chamou a fome sobre a terra" (Sl 105, 16). Mas as consequências atingiam só aqueles que diziam "tolices e seu coração pratica a iniquidade, agindo impiedosamente e proferindo disparates contra Deus, deixando o faminto sem comer e privando de bebida o sedento" (Is 32, 6). Tal sofrimento, pois, não era destino de todos, já que "Iahweh conhece os dias dos íntegros e sua herança permanecerá para sempre; não se envergonharão nos dias maus, nos dias de fome eles ficarão saciados" (Sl 37, 18-19). Passada a provação, "o justo come e se farta, o ventre dos ímpios passa fome" (Pr 13, 25).

Jejum e abstinência consistem em se privar, durante determinado tempo, de qualquer alimento ou bebida, bem como de práticas sexuais. "Ficareis puros de todos os vossos pecados, diante de Iahweh. Será para vós um repouso sabático e jejuareis. É uma lei perpétua" (Lv 16, 30-31). Eram invocados por várias razões. Arrependimento pelos pecados cometidos, "Jejuaram naquele dia e disseram: 'Pecamos contra Iahweh!'" (1 Sm 7, 6); diante de grandes perigos, "Josafá ficou com medo [...] recorreu a ele [Iahweh] e proclamou um jejum para todo o Judá" (2 Cr 20, 3); ou ainda os praticados por devoção pessoal, "Uma profetisa chamada Ana, de idade muito avançada [...], não deixava o Templo, servindo a Deus dia e noite com jejuns e orações" (Lc 2, 36-37). Mas "em todos os casos se trata de pôr-se com fé numa atitude de humildade para aceitar a ação de Deus e de se pôr em sua presença", segundo Léon-Dufour.[9] Jejuns coletivos eram requisitos obrigatórios para fazer parte do povo de Deus. Como no Dia da Expiação, quando "jejuareis e apresentareis oferenda queimada a Iahweh" (Lv 23, 27). Moisés jejuou no monte Sinai. "Esteve ali com Iahweh quarenta dias e quarenta noites, sem comer pão nem beber água" (Ex 34, 28). E também Jesus "por quarenta dias e quarenta noites esteve jejuando" (Mt 4, 2).

Tertuliano, autor cristão do início do século III, defendia jejuns prolongados que dariam, à alma, uma visão mais clara, porque "toda a habitação da pessoa interna fica saturada de alimento" (*De Ieiunio — Corpus Christianorum* 2). O mesmo pensava Santo Agostinho, para quem só jejuando se teria o coração limpo e livre. "O vazio precisa ficar cheio. Você conseguirá se encher de bens se se esvaziar do mal. Suponha que Deus queira enchê-lo de mel. Se você estiver cheio de vinagre, onde ficará o mel? É preciso jogar fora o conteúdo do jarro e limpá-lo, ainda com esforço, esfregando-o, para que possa servir a outro fim. Pode ser mel, ouro, vinho, tudo o que dissermos e quisermos, mas, no fundo há sempre uma realidade indizível, que se chama Deus" (*Epistulam Iohannis ad Parthos Tractatus*). Já para São Pedro Crisólogo, esse jejum deve estar sempre associado à oração e à caridade. "O jejum é a alma da oração, e a misericórdia dá vida ao jejum. Ninguém queira separar estas três coisas, pois são inseparáveis" (*Homiliæ* 43). Por essa razão, terá dito São João Crisóstomo que "a honra do jejum consiste não na abstinência da comida, mas em evitar as razões pecaminosas; quem limita o seu jejum apenas à abstinência de carnes, o desonra. Praticas o jejum? Prova-me por tuas obras" (*Homiliæ* 3).

O contrário dessas restrições — fome, jejum, abstinência — é a gula, própria daqueles cujo "Deus é o ventre" (Fl 3, 19). Apenas para lembrar, trata-se de um dos sete pecados capitais — junto com avareza, inveja, ira, luxúria, preguiça e soberba. Tudo por determinação do papa Gregório I, em 590, nos tempos de um catecismo que se inspirava na doutrina do monge Evágrio Pôntico (345-399),[10] um padre do deserto que vivia numa comunidade ascética do Baixo Egito e pertencia ao grupo dos Grandes Capadócios, com pensamento que marcou profundamente a teologia medieval. Dois séculos antes do papa Gregório, o Grande, já o monge falava dos oito males do corpo — gula (ou *gastrimargia*, "estômago arrebatado por uma violência furiosa"), impureza, avareza, tristeza, ira, acídia, vaidade, orgulho. "O pensamento da gula sugere ao monge o fracasso rápido de sua ascese: ele lhe apresenta seu estômago, seu fígado, sua vesícula, a hidropisia, uma longa enfermidade, a falta do necessário, a ausência de médico." Para ele, o único remédio, "quando nossa alma cobiça comidas variadas, é que ela reduza então sua ração de pão e água, a fim de ficar reconhecida mesmo com um simples bocado. Pois a saciedade deseja pratos de toda espécie, enquanto a fome considera a saciedade de pão como a beatitude". (Vale lembrar que a dieta desses padres do deserto era só pão, azeite e água.)

Muitos outros seguidores da doutrina de Jesus Cristo também condenaram essa gula. Santo Agostinho (354-430) dizia: "Não receio a impureza dos alimentos, mas a impureza do prazer."[11] São Francisco de Assis (1181-1226) chegava ao exagero de temperar com cinzas sua própria comida, para eliminar qualquer sabor agradável que pudesse ter. Nada a estranhar, partindo de quem sentia prazer, apesar do frio, em dormir sem roupas num chão de pedras. Assim como depois fez outro santo seráfico, companheiro do místico de Assis, Santo Antônio (1195-1231). Já as santas Catarina, Clara e Verônica tanto sofreram em jejuns prolongados, segundo Weinberg,[12] que chegaram a ser severamente advertidas pela Igreja, por incidirem em outro pecado capital, o da soberba — que decorria do sentido de heroísmo que pretendiam dar a essa penitência. São Tomás de Aquino[13] (1225-1274), considerado o mais sábio dos santos e o mais santo dos sábios, foi mais longe e enumerou cinco formas distintas de se cometer essa gula: *praepropere* (comer antes da hora), *laute* (gastar muito para comer), *nimis* (comer demais), *ardenter* (comer com ansiedade) e *studiosus* (comer com excesso de refinamento). Para ele, "entre todas as paixões, a coisa mais difícil de ordenar é o prazer, segundo a razão, e principalmente os prazeres naturais, que são companheiros de nossa vida". Sem se dar o trabalho de explicar, ditos religiosos, como pode ser pecado uma tão inspirada criação de Deus.

Sorte é que, na prática, essas recomendações eclesiásticas nem sempre foram cumpridas. Tornando-se os mosteiros, de onde vieram muitos desses santos e santas que hoje ornam os altares das igrejas, verdadeiros laboratórios gastronômicos e berço de receitas requintadas que chegaram até nós. Naqueles mosteiros havia fartura de tudo, em razão de heranças deixadas por famílias ricas e da generosidade de pecadores interessados na redenção de suas almas. Dada tanta opulência, ou pela origem nobre de algumas freiras (educadas nos requintes da corte e de casas senhoriais), havia banquetes que em nada lembravam o rigor das regras monásticas. O mesmo ocorria no Vaticano, sendo bem sabido que os hábitos alimentares dos papas nem sempre foram austeros. Clemente V (1264-1314) morreu comendo esmeraldas em pó, para tentar curar tormentos estomacais. Clemente VI (1291-1352) esbanjou fortunas à mesa com louças finas, talheres de prata ou ouro, comida farta e muita bebida. Para o banquete de sua coroação, foram convocados cozinheiros de todos os cardeais, para colaborar com os quatorze que já trabalhavam para ele. Do cardápio dessa festa pontifícia constaram "118 bois, 1.023 carneiros, 101 terneiros (bezerros), 914 cabritos, 60 porcos, 68 quintais de banha de porco e carne salgada, 15 esturjões, 300 lúcios, 1.500 galos capões, 3.043 galinhas, 7.048 frangos e 1.146 gansos. Prepararam-se 50.000 bolos, para o que foram necessárias 3.250 dúzias de ovos, 36.100 maçãs e milhares de quilos de amêndoas", segundo Eva Celada.[14]

Na Bíblia estão alimentos para o corpo, necessários a todos os seres vivos. "O animal se alimenta da erva que encontra ou da presa que persegue; o homem se alimenta dos frutos e das plantas que cultiva, dos animais que lhe pertencem e que ele cria; alimenta-se do produto de sua cultura, de seu trabalho", palavras do Léon-Dufour.[15] O psicólogo norte-americano Abraham Maslow (1908-1970), na sua teoria da hierarquia das necessidades (ou pirâmide de Maslow), refere a importância de suprir as necessidades básicas (comida, água, abrigo, sono) para alcançar a plena satisfação. Os livros sapienciais da Bíblia confirmam: "Eis que a felicidade do homem é comer e beber, desfrutando do produto do seu trabalho" (Ecl 2, 24). Não só isso, também viver "conforme a Lei de Iahweh" (Sl 119, 1) e "não parar no caminho dos pecadores" (Sl 1, 1). Pois "feliz [é] o homem que se ocupa da sabedoria e que raciocina com inteligência" (Eclo 14, 20), ainda compreendendo a importância de cuidar dos que precisam: "Feliz quem pensa no fraco e no indigente" (Sl 41, 2). Mas na Bíblia estão, com destaque, também os alimentos da alma. "Meu alimento é fazer a vontade daquele que me enviou e consumar a sua obra" (Jo 4, 34), porque o homem "vive de tudo aquilo que procede da boca de Iahweh" (Dt 8, 3). O maná, por exemplo, foi enviado para alimentar o corpo e "alimentar a fé, para ensinar Israel a esperar sua subsistência e sua sobrevivência da palavra", segundo Léon-Dufour.[16]

2.1. Alimentos do corpo

> *"Coma muito ou coma pouco, o sono do operário é gostoso; mas o rico saciado nem consegue adormecer"* (Ecl 5, 11).

2.1.1. Os permitidos e os proibidos

A rigorosa dieta hebraica foi importante para manter a identidade do povo de Deus, sobretudo nos momentos de maior opressão, quando estiveram sob o domínio de outros povos, em sua própria terra ou dispersos por terras estranhas e hostis. "Como poderíamos cantar um canto de Iahweh numa terra estrangeira? Se eu me esquecer de ti, Jerusalém [...] que me cole a língua ao paladar" (Sl 137, 4-6). Um povo que nunca deveria se misturar com outros: "Eis um povo que habita à parte, e não é classificado entre as nações" (Nm 23, 9).

Essas restrições alimentares não decorriam apenas de preocupações nutritivas ou medicinais, mas sobretudo religiosas, obedecendo à Torá. Havia regras específicas para cada grupo de alimento: carnes e os que continham carne (*fleishig*); leite e os que continham leite (*milchig*); e os neutros (*pareveh*), que não continham carne nem leite. "Os *fleishig* e os *milchig* não podem ser ingeridos juntos; os *pareveh* podem ser comidos com qualquer um deles", segundo Michael Asheri.[17] Era preciso ter atenção, também, com os permitidos só em ocasiões especiais, como no *Pessach*.

a) Carne e alimentos que contêm carne

Para ser considerados puros, os animais deveriam ser capazes de se locomover respeitando as regras da criação de cada espécie: os aquáticos, nadando; os pássaros, voando; e os terrestres, andando. Assim, apenas é permitido consumir o peixe "que tem barbatanas e escamas e vive na água dos mares e dos rios" (Lv 11, 9), sendo proibido consumir animais do mar que não se locomovem ou se fixem no fundo das águas e nas pedras (mariscos) e os que se desloquem sobre patas (crustáceos). Proibidos também são aves que passem mais tempo na terra ou na água que no ar (avestruz, cisne, gaivota). Todos "os insetos alados que caminham sobre quatro pés serão para vós imundos. De todos os insetos alados que caminham sobre quatro pés, não podereis comer a não ser os seguintes: aqueles que têm patas além dos pés, para saltarem sobre a terra. Dentre eles, podereis comer os seguintes: as diferentes espécies de locustídeos, de gafanhotos, de acrídios e de grilos" (Lv 11, 20-22). Proibidos, também, animais que, tendo patas, arrastem-se pelo chão. "Todo réptil que anda de rasto sobre a terra é imundo; não se comerá. Tudo o que se arrasta sobre o ventre, tudo o que caminha sobre quatro ou mais patas, enfim, todos os répteis que se arrastam sobre a terra, não comereis deles, pois são imundos" (Lv 11, 41-42).

Entre os quadrúpedes, "todo animal que tem o casco fendido, partido em duas unhas, e que rumina, podereis comê-lo. São as seguintes as espécies que não podereis comer, dentre aqueles que ruminam ou que têm o casco fendido: Tereis como impuro o camelo porque, embora sendo ruminante, não tem o casco fendido; tereis como impuro o coelho porque, embora sendo ruminante, não tem o casco fendido; tereis como impura a lebre porque, embora sendo ruminante, não tem o casco fendido; tereis como impuro o porco porque, apesar de ter o casco fendido, partido em duas unhas, não rumina. Não comereis da carne deles nem tocareis o seu cadáver, e vós os tereis como impuros" (Lv 11, 3-8). Estudiosos defendem que essa proibição se dava por conta da triquinose — uma infecção parasitária, causada pela *Trichinella spiralis*, presente na carne crua ou malcozida do porco. "No entanto, essa hipótese não se sustenta, pois ela pressupõe que os hebreus fossem dotados de um saber que, na realidade, não tinham e que fossem mais perspicazes que os seus vizinhos contemporâneos: egípcios, mesopotâmios ou gregos, que criavam porcos", explica Jean Soler.[18] Entre as aves permitidas estavam codorna, galinha, ganso, pato, perdiz e pombo, bem como seus ovos. Enquanto as proibidas estão "o abutre, o gipaeto, o xofrango, o milhafre-negro, as diferentes espécies de milhafre-vermelho, todas as espécies de corvo, o avestruz, a coruja, a gaivota e as diferentes espécies de gavião, o mocho, o alcatraz, o íbis, o grão-duque, o pelicano, o abutre branco, a cegonha e as diferentes espécies de garça, a poupa e o morcego" (Lv 11, 13-19).

O abate (*sh'chita*) de animais merecia cuidados especiais. Era autorizado por rabino local e precedido por prece denominada *beracha*, sempre praticado por profissionais treinados (*shochet*) que usavam facas (*chalaf*) de quase meio metro de comprimento, tendo lâminas afiadas para degolar o animal com um golpe único e certeiro (cortando a traqueia e a jugular), sem sofrimentos desnecessários. Depois, lhe retiravam garras e pele, deixando escorrer todo o sangue. "Não comereis a carne com sua alma, isto é, o sangue" (Gn 9, 4). Até o ovo, se tivesse mancha de sangue, era proibido. Em seguida, lavavam a carne, cobriam-na com sal *kosher* e a deixavam drenar, um processo chamado *kashering*. É que o sal era considerado um elemento purificador. Depois, lavavam e escorriam novamente a carne, repetindo tudo três vezes. Só então o animal se tornava próprio para ser ingerido. Mas tinha que ser perfeito, sem anomalias. "Não comereis a carne de um animal dilacerado por uma fera no campo; deitá-la-eis aos cães" (Ex 22, 30) ou a de "nenhum animal que tenha morrido por si" (Dt 14, 21). Nem "a gordura do animal do qual se faz uma oferenda queimada a Iahweh; tal pessoa será eliminada do meio do seu povo" (Lv 7, 25). No entanto, deveria ser poupada do abate a mãe que pariu a sua cria: "Após o nascimento, o bezerro, o cordeiro ou o cabrito ficará sete dias junto da sua mãe. Do oitavo dia em diante poderá ser apresentado como oferenda queimada a Iahweh... não imolareis no mesmo dia o animal e sua cria" (Lv 22, 27-28).

b) Leite e alimentos que contêm leite

O consumo de leite (de cabra, ovelha, vaca) e derivados (coalhada, manteiga, queijo) obedecia, também, a regras rígidas. Só podiam ser consumidos aqueles que provinham de animais *kosher*, com vacas ordenhadas por judeus e leite processado sob supervisão religiosa judaica, chamada *hashgachá*. Recentemente, até passaram a receber o certificado *Chalev Yisrael* (Leite Judaico). Tanto o leite como seus derivados não deveriam ser preparados, servidos nem consumidos ao mesmo tempo que as carnes. "Não cozerás o cabrito no leite de sua mãe" (Ex 23, 19), uma combinação que não podia acontecer "nem no mesmo caldeirão, nem no mesmo estômago", segundo Jean Soler.[19] Um intervalo mínimo de seis horas entre o consumo de um e do outro deve ser observado. A preparação exigia, igualmente, utensílios (inclusive fornos) separados para bolos, massas e pães que contivessem leite ou manteiga. Essas normas reproduziam velho costume cananeu, referido em textos religiosos e mitológicos, encontrados nas ruínas da cidade de Ugarit, na costa da Síria (atual Ras Shamra), totalmente destruída por um terremoto em 1365 a.C. Isso ocorria por conta do entendimento de que esse costume contrariava a ordem natural. Se Deus proveu o leite da mãe com o objetivo de nutrir seu filhote, então usá-lo para cozinhar esse filhote, na preparação para ser comido, seria o oposto do que Deus pensou ao fazer a provisão do leite.

c) **Alimentos neutros (que não contêm carne ou leite)**

Entre os alimentos neutros estão ovos (de animais *kosher*), vegetais, frutas e cereais (para alguns, também peixes, desde que observadas as já referidas restrições). Entre as bebidas, café, chá, refrigerantes e bebidas alcoólicas. O vinho "que alegra o coração do homem" (Sl 104, 15), e outros produtos à base de uva, ainda assim, para ser *kosher*, teriam de ser fabricados inteiramente por judeus, sem a participação de qualquer gentio. Mesmo assim não eram permitidos aos sacerdotes, nem antes, nem durante o culto. "Quando vierdes à Tenda da Reunião [local do culto até a construção do primeiro templo], tu e os teus filhos contigo não bebais vinho nem bebida fermentada" (Lv 10, 9). Todas as outras bebidas (alcoólicas e não alcoólicas) são consideradas *kosher*, por natureza. Mel e fermento (*chametz*) não deveriam ser oferecidos como oblação ao Senhor. "Jamais queimareis fermento ou mel como oferta queimada a Iahweh" (Lv 2, 11).

Havia instruções até para arar, plantar e colher. "Não semearás no teu campo duas espécies diferentes de sementes" (Lv 19, 19). Considerava-se o vegetal tanto mais puro quanto mais próximo estivesse do seu estado original. Os cuidados com a preservação da terra, que hoje chamaríamos de uma agricultura sustentável, estão já previstos no Pentateuco. "Durante seis anos semearás a tua terra e recolherás os seus frutos. No sétimo ano, porém, a deixarás descansar e não a cultivarás, para que os pobres do teu povo achem o que comer, e os animais do campo comam o que restar" (Ex 23, 10-11). Era o *Shemitá*, ou Ano Sabático da terra arada. Havia, também, o Ano do Jubileu (ao fim de sete ciclos de anos sabáticos). "O quinquagésimo ano será para vós um ano jubilar: não semeareis, nem ceifareis as espigas que nasceram após a ceifa e não vindimareis as cepas que tiverem brotado livremente" (Lv 25, 11). O som de uma trombeta (*šôpār* ou *shoh.fár*), feita de preferência com chifre curvo de carneiro, marcava o início desse ano: "Fareis soar a trombeta em todo o país" (Lv 25, 9), instrumento usado, também, em outras ocasiões especiais (ano-novo, coroações, batalhas). "Declarareis santo o quinquagésimo ano e proclamareis a libertação de todos os moradores da terra" (Lv 25, 10). Ao longo desse ano, todos os escravos eram libertados. "Sairá da tua casa, ele e seus filhos, e voltará ao seu clã e à propriedade de seus pais" (Lv 25, 41). Todas as terras deveriam, então, voltar para os donos originais, que recuperavam a posse de seus antigos patrimônios. "Neste ano do Jubileu, tornará cada um à sua possessão" (Lv 25, 13). As regras de lavrar e semear eram completadas por instruções rigorosas para a proteção de grãos e vegetais, evitando que fossem contaminados por vermes ou insetos.

2.1.2. Alimentos do *Pessach*

O *Pessach* (Páscoa, *passagem*) "celebra o mais importante evento da história do povo judeu, a redenção de sua escravidão no Egito e a sua saída dessa terra", segundo Michael Asheri.[20] "Eu sou Iahweh teu Deus que te fez sair da terra do Egito, da casa da escravidão" (Ex 20, 2). É festa maior ainda que o *Rosh Hashaná* (ano-novo judaico), também uma comemoração da criação do mundo. Festejada com tâmaras, romãs, grão-de-bico, nogados e maçãs com mel, representando o desejo de partilhar um *ano doce*. Ou o *Yom Kipur* (Dia do Perdão), tempo de jejum e penitência que festeja o perdão de Deus aos pecadores.

Com pratos leves e sem bebidas alcoólicas, tudo no *Pessach* merece atenção especial. Começando por não se comer, beber ou mesmo ter dentro de casa qualquer alimento levedado ou fermentado (*chemetz*). "Desde o primeiro dia tirareis o fermento das vossas casas" (Ex 12, 15). Ainda hoje é assim — nem condimentos (glutamato monossódico, *ketchup*, mostarda, vinagre de malte), comidas (bolos, massas, pães) ou bebidas (gim, uísque, vodca, licores) preparadas com um dos cinco cereais — aveia, centeio, cevada, espelta e trigo. Faz-se exceção apenas ao *matzá*, espécie de pão duro feito com água e um trigo especial cuidadosamente controlado. São permitidos carnes, frutas, vegetais frescos, bebidas alcoólicas feitas com frutas (cachaça, conhaque, rum, *slivovitz*), água com gás, café, chá e refrigerantes. Mas todos estes alimentos, para ser consumidos, devem ter o selo *Pesadik* ou *kasher l'Pessach*. Esses cuidados se estendem até aos recipientes, panelas e utensílios que devem ser novos ou limpos, com vapor, antes de ser usados, e longe de pratos (de argila, cerâmica, plástico, porcelana ou vidro), copos e talheres usados ao longo do ano.

O ponto alto do *Pessach* é o *seder*, jantar nas casas judias. Assim que escurece, todos se sentam e recebem comidas anteriormente preparadas, com mesa bem-cuidada sempre, "toalha especial e o mais belo serviço de talheres que a família possua", diz Michael Asheri,[21] além de flores, frutos e velas. Os alimentos simbólicos são colocados na mesa e o chefe da família, durante a cerimônia, vai explicando seu significado. *Beitzá* — ovo cozido e assado no forno; simbolizando os peregrinos que iam, até o Templo de Jerusalém, para o dia santo; *Zero'a* — osso assado com um pouco de carne, que representa o cordeiro pascal sacrificado no Êxodo; *Maror* — vegetal amargo (alface-romana, rabanete, raiz-forte), lembrando a vida sofrida que tinham, como escravos, no Egito; *Charoset* — pasta feita com frutas secas ou frescas, amassadas ou picadas, com especiarias (canela e cravo), mel ou açúcar, umedecidas no vinho, como a argamassa com que os antepassados faziam tijolos no Egito; e, por fim, *Kaspas* — qualquer vegetal verde (aipo, salsa).

Depois vêm os pratos, propriamente ditos: ovo cozido em água salgada, *gefilte fish* (bolinho de peixe processado, cozido em caldo temperado), sopa com bolas de *matzá* e carne assada no forno. Durante o ritual cantam, recitam e leem, para as crianças, trechos da história do povo judeu. "Naquele dia, assim falarás a teu filho: 'Eis o que Iahweh fez por mim, quando saí do Egito'" (Ex 13, 8) — sempre renovando a obediência ao Talmud, um registro escrito das tradições orais, para que não se perdessem com o tempo, especialmente depois da destruição do Segundo Templo e da dispersão do povo judeu pela Diáspora.

Nos primórdios do cristianismo, havia dúvidas sobre se os gentios convertidos deveriam ou não seguir esses costumes dietéticos. "Se tomo alimento dando graças, por que seria eu censurado por causa de alguma coisa pela qual dou graças?" (1Cor 10, 30). Os Atos dos Apóstolos nos contam que Pedro, quando ainda vivia na Palestina, teve uma visão sobre animais, puros e impuros, que juntos desciam do céu. Ele "viu o céu aberto e um objeto que descia, semelhante a um grande lençol, baixado à terra pelas quatro pontas. Dentro havia todos os quadrúpedes e répteis da terra, e aves do céu. Uma voz lhe falou: 'Levanta-te, Pedro, imola e come!' Pedro, porém, replicou: 'De modo nenhum, Senhor, pois jamais comi coisa alguma profana e impura!' De novo, pela segunda vez, a voz lhe falou: 'Ao que Deus purificou, não chames tu de profano.' Sucedeu isto por três vezes e logo o objeto foi recolhido ao céu" (At 10, 11-16).

Também Paulo reconheceu dificuldades em impor, aos convertidos, as rigorosas regras alimentares da lei. Por isso foram, então, simplificadas. O próprio Paulo, que "no início se chamava Saulo, [e] foi um perseguidor implacável da nova religião, mas batizado com o nome de Paulo, tornou-se um evangelista incansável, exercendo papel importante na consolidação do cristianismo", segundo Kerrigan.[22] Quando enviado com outros membros da comunidade cristã de Jerusalém para junto dos gentios recém-convertidos de Antioquia (hoje Antakya, na Turquia), transmitiu-lhes aquilo que havia sido decidido, numa reunião, com discípulos e anciãos. Não se deveria "impor nenhum outro peso além destas coisas necessárias: que vos abstenhais das carnes imoladas aos ídolos, do sangue, das carnes sufocadas e das uniões ilegítimas" (At 15, 28-29). Foi nessa cidade que os aderentes à nova doutrina começaram a ser chamados *cristãos*. Escrevendo aos colossenses (de Colossas — atual província de Denizli, na Turquia), o "apóstolo dos gentios" propôs a eles uma nova forma de vida. "Ninguém vos julgue por questões de comida e de bebida, ou a respeito de festas anuais ou de lua nova ou de sábados, que são apenas sombra de coisas que haviam de vir, mas a realidade é o corpo de Cristo" (Cl 2, 16-17). E foi mais longe: "Por que vos sujeitais [...] a proibições como 'não pegues, não proves, não toques'?! Tudo isso está fadado ao desaparecimento por desgaste como preceitos e ensinamentos dos homens. Têm na verdade aparência de sabedoria pela religiosidade afetada, pela humildade e mortificação do corpo, mas não têm valor algum senão para satisfação da carne" (Cl 2, 20-23). Por fim, nos seus ensinamentos, o próprio Jesus disse a seus discípulos: "Não vos preocupeis com a vida, quanto ao que haveis de comer, nem com o corpo, quanto ao que haveis de vestir. Pois a vida é mais do que o alimento e o corpo mais do que a roupa. Olhai os corvos: eles não semeiam nem colhem, não têm celeiro nem depósito, mas Deus os alimenta" (Lc 12, 22-24).

2.1.3. Alimentos estranhos

Em períodos de grande escassez, o Senhor alimentou e deu de beber aos que tinham fome e sede, por vezes, com alimentos estranhos ou desconhecidos. "Tenho para comer um alimento que não conheceis" (Jo 4, 32), disse Jesus aos seus discípulos, explicando que consistia em fazer a vontade do Pai. O povo de Israel, guiado por Moisés (no Êxodo), vagou pelo deserto do Sinai até alcançar a Terra Prometida. Foram tempos difíceis, desde o início da caminhada. Em Baal-Zefon, à beira do mar Vermelho, "misturaram farinha [que haviam levado] com água, amassaram como puderam e puseram ao fogo, alimentando-se assim durante trinta dias", segundo Flávio Josefo.[23] Mas logo acabaram as reservas e começaram a ficar desesperados. "Antes fôssemos mortos pela mão de Iahweh na terra do Egito, quando estávamos sentados junto à panela de carne e comíamos pão com fartura!" (Ex 16, 3). Também sentiam falta "do peixe que comiam por um nada no Egito, dos pepinos, dos melões, das verduras, das cebolas e dos alhos!" (Nm 11, 5). Pior que tudo, faltava água. "Dá-nos água para beber" (Ex 17, 2). Então o Senhor "da pedra, fez brotar torrentes e as águas desceram como rios" (Sl 78, 16). Só que precisavam de mais e continuaram "pedindo comida conforme seu gosto" (Sl 78, 18), mesmo sem acreditar que a receberiam. "Acaso Deus poderia preparar uma mesa no deserto?" (Sl 78, 19).

Iahweh, então, "ordenou às nuvens do alto e abriu as portas do céu; para os alimentar [...] deu para eles o trigo do céu" (Sl 78, 23-24). "Eis que vos farei chover pão do céu" (Ex 16, 4), um "alimento de anjos" (Sb 16, 20). E "A casa de Israel deu-lhe o nome de maná [em hebraico *man hû*, etimologia popular de maná]. Era como a semente de coentro branco" (Ex 16, 31), com "aparência do bdélio [goma-resina aromática, de forma esférica]" (Nm 11, 7). Pela manhã, "havia uma camada de orvalho ao redor do acampamento. Quando se evaporou a camada de orvalho que caíra, apareceu na superfície do deserto uma coisa miúda, granulosa, fina como a geada sobre a terra. Tendo visto isso, os israelitas disseram, entre si, 'Que é isso?', pois não sabiam o que era. Disse-lhes Moisés: 'Isto é o pão que Iahweh vos deu para vosso alimento [...] Cada um colha dele quanto baste para comer, um gomor* por pessoa'" (Ex 16, 13-16). O povo "espalhava-se para recolhê-lo; e o moía em moinho ou o pisava num pilão; cozia-o em panelas e fazia bolos. O seu sabor era de bolo amassado com azeite" (Nm 11, 8), um "bolo de mel" (Ex 16, 31), tenro e doce. "Um pão de mil sabores, ao gosto de todos" (Sb 16, 20), que "servia ao desejo de quem o tomava e se convertia naquilo que cada qual queria" (Sb 16, 21) obedecendo, sempre, a regras rígidas. "No sexto dia colheram pão em dobro, dois gomores por pessoa" (Ex 16, 22). No sétimo, não poderiam colher aquele pão nem cozinhá-lo, porque "é repouso completo, um santo sábado para Iahweh" (Ex 16, 23). E todos se alimentaram daquela "espécie de manjar divino!" (Sb 19, 21).

Comeram "maná durante quarenta anos, até chegarem à terra habitada; comeram maná até chegarem aos confins do país de Canaã" (Ex 16, 35). Quarenta é um número que aparece 170 vezes na Bíblia. "Há uma frequente relação entre esse número e períodos de preparação, expectativa e mudança", segundo homilia de padre Sergio Absalão. Para frei Betto,[24] "nas escrituras sagradas, 40 significa o tempo de Deus". O dilúvio durou "quarenta dias e quarenta noites" (Gn 7, 4). A travessia dos hebreus pelo deserto, no êxodo, teria durado quarenta anos. Moisés, no monte Sinai, quando recebeu de Deus as Tábuas da Lei, passou "quarenta dias e quarenta noites, sem comer pão nem beber água" (Ex 34, 28). Os que foram mandados a Canaã para conhecer melhor a região, "ao cabo de quarenta dias voltaram da exploração da terra" (Nm 13, 25). O gigante filisteu

---
* Ver Anexo II.

Golias desafiou o povo de Israel até que Davi avançou contra ele. "O filisteu se aproximava pela manhã e à tarde, e assim se apresentou durante quarenta dias" (1 Sm 17, 16). Elias "caminhou quarenta dias e quarenta noites até a montanha de Deus, o Horeb" (1 Rs 19, 8). Jonas profetizou a destruição de Nínive: "Ainda quarenta dias e Nínive será destruída" (Jn 3, 4). Jesus, no deserto, "por quarenta dias e quarenta noites esteve jejuando" (Mt 4, 2). Após a ressurreição, "durante quarenta dias apareceu-lhes [aos apóstolos] e lhes falou do que concerne ao Reino de Deus" (At 1, 3). E hoje, no ano litúrgico da Igreja católica, a Quaresma estende-se pelos quarenta dias que precedem o domingo de Páscoa.

Ocorre que apenas o maná, como alimento, não seria suficiente naquele deserto. "Agora estamos definhando, privados de tudo; nossos olhos nada veem senão este maná!" (Nm 11, 6). Foi quando Moisés disse "Iahweh vos dará esta tarde carne para comer" (Ex 16, 8). E o Senhor "fez soprar no céu o vento leste, e com seu poder trouxe o vento sul; sobre eles fez chover carne como pó, aves numerosas como areia do mar, fazendo-as cair no meio do seu acampamento, ao redor das suas tendas" (Sl 78, 26-28). Eram codornizes (*Coturnix coturnix*); aves migratórias que, na primavera, partem do interior da África para o Norte, passando por Arábia e Palestina. Ao Egito, chegam por volta de março e retornam quando vem o inverno. Deslocam-se em bandos, quase sempre à noite. "Não comereis um dia apenas, ou dois ou cinco ou dez ou vinte, mas, pelo contrário, um mês inteiro, até que saia pelas vossas narinas e vos provoque náuseas" (Nm 11, 19-20). Eram muitas. "Delas havia numa extensão de um dia de marcha, de um lado e do outro do acampamento, e numa espessura de dois côvados acima do solo" (Nm 11, 31).

Todo o povo armazenou codornizes. "Aquele que recolheu menos recolheu dez almudes;* depois as estenderam ao redor do acampamento" (Nm 11, 32), provavelmente com sal, para secar ao sol — um dos mais antigos métodos de conservação de alimentos de origem animal já praticados no Antigo Egito e na Mesopotâmia desde bem antes.

É difícil fazer uma estimativa da população hebraica no Êxodo. "O povo no meio do qual estou conta seiscentos mil homens a pé" (Nm 11, 21), disse Moisés. "Se se matassem para eles rebanhos de pequenos e grandes animais, ser-lhes-iam suficientes? Se se ajuntassem para eles todos os peixes do mar, ser-lhes-iam suficientes?" (Nm 11, 22). A chegada de tantas codornizes, satisfazendo as necessidades daquela gente, foi compreendida como forte demonstração do poder divino — aquele deserto não está na rota de migração daquelas aves. Nem tantas caem, num mesmo espaço, ao mesmo tempo.

No deserto, até chegaram a beber pó de ouro dissolvido com água. Quando "o povo viu que Moisés tardava em descer da montanha" (Ex 32, 1), Aarão juntou o ouro dos brincos das mulheres e fundiu "em um molde e fabricou com ele uma estátua de bezerro" (Ex 32, 4). Ao povo, disse "este é o teu Deus, ó Israel" (Ex 32, 8). Moisés, ao descer da montanha, "pegou o bezerro que haviam feito, queimou-o e triturou-o até reduzi-lo a pó miúdo, que espalhou na água e fez os israelitas beberem" (Ex 32, 20). Já o rei Nabucodonosor comeu ervas como bois, um castigo por ter dito que tudo foi por ele construído. "Pela força do meu poder e para a majestade da minha glória" (Dn 4, 27). Essas "palavras estavam ainda na boca do rei, quando

---
* Ver Anexo II.

uma voz caiu do céu [...] 'A realeza foi tirada de ti; serás expulso da convivência dos homens e com as feras do campo será a tua morada. De erva, como os bois, te nutrirás, e sete tempos passarão sobre ti até que reconheças que o Altíssimo domina sobre o reino dos homens e ele o dá a quem lhe apraz'" (Dn 4, 28-29). Também Elias foi alimentado, no deserto, por um anjo que o tocou e disse "'Levanta-te e come'. Abriu os olhos e eis que, à sua cabeceira, havia um pão cozido sobre pedras quentes e um cantil de água. Comeu, bebeu e depois tornou a deitar-se. Mas o anjo de Iahweh veio pela segunda vez, tocou-o e disse: 'Levanta-te e come, pois do contrário o caminho te será longo demais.' Levantou-se, comeu e bebeu e, depois, sustentado por aquela comida, caminhou quarenta dias e quarenta noites até a montanha de Deus" (1 Rs 19, 5-8).

Excrementos de gente e de animal também serviram de alimento. No tempo da resistência de Ezequias aos soldados de Babilônia, o copeiro-mor de Nabucodonosor ameaçava o povo "que está sentado sobre as muralhas e que está condenado, como vós, a comer seus excrementos e a beber a própria urina" (2Rs 18, 27). Em muitas passagens se lê que "este alimento tu o comerás sob a forma de pães de cevada, assados à vista deles com excrementos humanos secos" (Ez 4, 12). Mais usado, para esse fim, foi o excremento de boi. "Dar-te-ei excremento de boi em lugar de excremento humano e cozerás os teus pães com eles" (Ez 4, 15). Nos acampamentos, fezes eram cuidadosamente armazenadas. "Deverás prover um lugar fora do acampamento para as tuas necessidades. Junto com teu equipamento tenhas também uma pá. Quando saíres para fazer as tuas necessidades, cava com ela, e ao terminar cobre as fezes" (Dt 23, 13-14). Fezes humanas e de animais foram usadas, também, como combustível. A prática, ancestral nas caravanas, era deixar essas fezes protegidas para, depois de secas, servirem de combustível para a caravana seguinte. E fezes foram sempre usadas como fertilizante. Todos aqueles que "foram aniquilados em Endor, tornaram-se esterco para a terra" (Sl 83, 10). Em uma profecia, gente foi comparada a excrementos de animais: "Os cadáveres dos homens caem como esterco sobre o campo" (Jr 9, 21).

Para sobreviver, também se alimentavam do que, em princípio, era destinado apenas aos animais. Na parábola do filho pródigo, depois de gastar toda a herança, esse filho foi tomar conta de porcos para sobreviver. E desejou "matar a fome com as bolotas que os porcos comiam, mas ninguém lhas dava" (Lc 15, 16). Era possível, ainda, alimentar-se de cinzas. "Como cinza em vez de pão" (Sl 102, 10). Mais estranho era se alimentar do próprio vômito: "Estou para te vomitar de minha boca" (Ap 3, 16). Assim acontecia, de fato, com animais: "Como o cão que torna ao seu vômito" (Pr 26, 11). A mesma comparação se tem na Segunda Carta de São Pedro: "Cumpriu-se neles a verdade do provérbio: o cão voltou a seu próprio vômito, e a porca lavada tornou a revolver-se na lama" (2 Pd 2, 22). Tanto o cão volta para o vômito quanto a porca volta para a lama, porque essa é sua natureza.

Até o canibalismo é referido na Bíblia: "Comereis a carne de vossos filhos e comereis a carne das vossas filhas" (Lv 26, 29). Ou, ainda, "todos comem até a carne do seu braço" (Is 9, 19). Na Lei de Moisés está escrito "não matarás" (Ex 20, 13), razão pela qual o canibalismo nunca foi incentivado; e, mesmo assim, aconteceu, por necessidade ou punição. "Eis que trarei uma desgraça sobre este lugar [Jerusalém] [...] Eu farei desta cidade um objeto de pavor e de burla; cada um que passar por ela ficará estupefato e assobiará, por causa de todos os seus ferimentos. Farei que eles devorem a carne de seus filhos e a carne de suas filhas" (Jr 19, 3-9). Sob lamentos da população: "Vê Iahweh, e considera: a quem trataste assim? Irão as mulheres comer o seu fruto, os filhinhos que elas mimam?" (Lm 2, 20). Em alguns momentos, como no da queda de Jerusalém, pela voz dos profetas o povo se lamentava: "Mais felizes foram as vítimas da espada do que as da fome, que sucumbem, esgotadas, por falta dos frutos do campo. As mãos de mulheres compassivas fazem cozer seus filhos; eles serviram-lhes de alimento na ruína da filha de meu povo" (Lm 4, 9-10). Passando o rei pela muralha da cidade, "uma mulher lhe gritou: 'Socorre-me, senhor meu rei!' Respondeu ele: 'Se Iahweh não te socorre, donde posso tirar auxílio para ti? Da eira ou do lagar?' Depois o rei perguntou: 'Que te aconteceu?' E ela: 'Esta mulher me disse: 'Entrega teu filho, para que o comamos hoje, que amanhã comeremos o meu.' Cozinhamos, pois, o meu filho e o comemos; no dia seguinte, eu lhe disse: 'Entrega teu filho para o comermos', mas ela ocultou seu filho. Quando o rei ouviu o que dissera a mulher, rasgou suas vestes" (2 Rs 6, 26-30).

A Bíblia nos fala, também, de um *livrinho engolido*, quando Deus mostrou o que iria se dar. "A voz do céu que eu ouvira tornou então a falar-me: 'Vai, toma o livrinho aberto da mão do Anjo que está em pé sobre o mar e sobre a terra.' Fui, pois, ao Anjo e lhe pedi que me entregasse o livrinho. Então ele me disse: 'Toma-o e devora-o; ele te amargará o estômago, mas em tua boca será doce como mel.' Tomei o livrinho da mão do Anjo e o devorei: na boca era doce como mel [a mensagem anuncia o triunfo da Igreja]; quando o engoli, porém, meu estômago se tornou amargo [porque profetizava também seus sofrimentos]" (Ap 10, 8-10). E refere, ainda, um rolo de papel como alimento. "'Abre a boca e come o que te entrego.' Olhei e eis uma mão que se estendia para mim e nela um volume enrolado. Ele abriu-o na minha presença. Estava escrito no verso e no reverso. Nele estava escrito: *Lamentações, gemidos e prantos*" (Ez 2, 8-10). Depois, "disse-me: 'Filho do homem, come o que tens diante de ti, come este rolo e vai falar com a casa de Israel. Abri a boca e ele me deu o rolo para comer. Em seguida, disse-me: 'Filho do Homem, ingere este rolo que te estou dando e sacia-te com ele.' Eu o comi. Na boca parecia-me doce como o mel" (Ez 3, 1-3). Que a palavra de Deus é "lâmpada para os meus pés" (Sl 119, 105), "luz para o meu caminho" (Sl 119, 105), "mais do que o mel em minha boca!" (Sl 119, 103).

2.2. Alimentos da alma

> "*Não só de pão vive o homem, mas de toda palavra que sai da boca de Deus*" (Mt 4, 4).

Dizia Paulo que só o cristão "nutrido com as palavras da fé" (1Tm 4, 6) pode alcançar "o pleno conhecimento do Filho de Deus, o estado de Homem Perfeito" (Ef 4, 13). Só assim não serão "mais crianças, joguetes das ondas, agitados por todo vento de doutrina, presos pela artimanha dos homens e da sua astúcia que nos induz ao erro" (Ef 4, 14). Para ele, os conceitos elementares da doutrina cristã seriam *leite* [primeiro alimento do homem] e os mais profundos o *alimento sólido*. "Necessitais novamente que se vos ensinem os primeiros rudimentos dos oráculos de Deus, e precisais de leite, e não de alimento sólido"

(Hb 5, 12). Também Pedro referiu a importância desse primeiro alimento "Rejeitando toda maldade, toda mentira, todas as formas de hipocrisia e de inveja e toda maledicência, desejai, como crianças recém-nascidas, o leite não adulterado da palavra, a fim de que por ele cresçais para a salvação" (1 Pe 2, 1-2).

Desde aqueles primeiros tempos, Iahweh incentivou seu povo a buscar o alimento espiritual. "Ouvi-me com toda atenção e comei o que é bom; deleitar-vos-ei com manjares revigorantes" (Is 55, 2). E advertiu: "Eis que virão dias [...] em que enviarei fome à terra, não fome de pão, nem sede de água, mas de ouvir a palavra de Iahweh" (Am 8, 11). Depois, com os ensinamentos de Jesus, tudo ficou mais claro. "Trabalhai, não pelo alimento que se perde, mas pelo alimento que permanece até a vida eterna, alimento que o Filho do Homem vos dará" (Jo 6, 27). Era ele próprio esse alimento. "Eu sou o pão da vida. Quem vem a mim, nunca mais terá fome, e o que crê em mim nunca mais terá sede" (Jo 6, 35). E nada lhes acontecerá, porque Ele "enviou sua palavra para curá-los" (Sl 107, 20). Jesus prometeu que a oração dos servos fiéis, na busca pelo pão, seria atendida. "O pão nosso de cada dia dá-nos hoje" (Mt 6, 11) e esses "nunca mais terão fome, nem sede, o Sol nunca mais os afligirá, nem qualquer calor ardente; pois o Cordeiro que está no meio do trono os apascentará, conduzindo-os até às fontes de água da vida" (Ap 7, 16-17). Nas parábolas, falava sobre o alimento da alma, lamentando ser poucos os que pregavam a Palavra de Deus. "A colheita é grande, mas os operários são poucos. Pedi, pois, ao Senhor da colheita que envie operários para sua colheita. Ide! Eis que vos envio como cordeiros entre lobos" (Lc 10, 2-3). Lembrou também que um operário da palavra teria que ser alguém "hospitaleiro, bondoso, ponderado, justo, piedoso, disciplinado, de tal modo fiel na exposição da palavra que seja capaz de ensinar a sã doutrina como também de refutar os que a contradizem" (Tt 1, 8-9). E assim foi entendido pelos apóstolos, que fundaram as primeiras comunidades cristãs.

Na parábola do semeador, está como cada cristão deveria compreender o que Ele dizia. "Eis que o semeador saiu para semear. E ao semear, uma parte da semente caiu à beira do caminho e as aves vieram e a comeram. Outra parte caiu em lugares pedregosos, onde não havia muita terra. Logo brotou, porque a terra era pouco profunda. Mas, ao surgir o Sol, queimou-se e, por não ter raiz, secou. Outra ainda caiu entre os espinhos. Os espinhos cresceram e a abafaram. Outra parte, finalmente, caiu em terra boa e produziu fruto" (Mt 13, 3-8). A semente, caída à beira do caminho, representa "alguém [que] ouve a Palavra do Reino e não a entende; vem o Maligno e arrebata o que foi semeado no seu coração" (Mt 13, 19). A que caiu em lugares pedregosos é como "aquele que ouve a Palavra e a recebe imediatamente com alegria, mas não tem raiz em si mesmo, é de momento: quando surge uma tribulação ou uma perseguição por causa da Palavra, logo sucumbe" (Mt 13, 20-21). Já "o que foi semeado entre espinhos, é aquele que ouve a Palavra, mas os cuidados do mundo e a sedução da riqueza sufocam a Palavra e ela se torna infrutífera" (Mt 13, 22), enquanto a que caiu em terra boa representa "aquele que ouve a Palavra e a entende. Esse dá fruto" (Mt 13, 23), um fruto que "não consiste em comida e bebida, mas é justiça, paz e alegria no Espírito Santo" (Rm 14, 17). Essa "Parábola do semeador" inspirou o padre António Vieira[25] a pregar (em 31 de janeiro de 1655, na Capela Real de Lisboa) talvez o mais extraordinário sermão de toda a sua carreira, um dos mais belos textos de toda a literatura portuguesa, o

Sermão da sexagésima: "Assim fez o semeador do nosso Evangelho. Não o desanimou nem a primeira, nem a segunda, nem a terceira perda. Continuou por diante no semear, e foi com tanta felicidade que nesta quarta e última parte do trigo se restauraram com vantagem as perdas dos demais: nasceu, cresceu, espigou, amadureceu, colheu-se, mediu-se, achou-se que por um grão multiplicara cento: *Et fecit fructum centuplum*." E inspirou também São João Crisóstomo: "Na parábola do semeador, Cristo nos ensina que sua palavra se dirige a todos indistintamente. Com efeito, do mesmo modo que o semeador da parábola não faz distinção entre os terrenos, mas semeia aos quatro ventos, assim o Senhor não distingue entre o rico e o pobre, o sábio e o néscio, o negligente e o aplicado, o valente e o covarde, mas se dirige a todos e, embora conheça o futuro, de sua parte faz tudo o que pode, de maneira que se pode dizer: *Que me restava ainda fazer à minha vinha que não tenha feito?* (Is 5, 4)" (*Homilias sobre São Mateus*, 44).

3. Os principais alimentos

> *"Fazes brotar relva para o rebanho e plantas úteis ao homem, para que da terra ele tire o pão e o vinho, que alegra o coração do homem; para que ele faça o rosto brilhar com o óleo, e o pão fortaleça o coração do homem"* (Sl 104, 14-15).

"Eis que vos envio trigo, vinho e óleo. Saciar-vos-eis deles" (Jl 2, 19). Eram os "bens de Iahweh" (Jr 31, 12), os principais alimentos do povo de Deus. Mas esse povo tinha outras necessidades. "Para a vida do homem as coisas mais necessárias são a água, o fogo, o ferro e o sal, a farinha de trigo, o leite e o mel, o suco da uva, o óleo e a veste" (Eclo 39, 26), todos, produtos básicos na economia dos antigos hebreus. Sem eles, não seria possível viver na Terra Prometida. "Terra boa: terra cheia de ribeiros de água e de fontes profundas que jorram no vale e na montanha; terra de trigo e cevada, de vinhas, figueiras e romãzeiras, terra de oliveiras, de azeite e de mel; terra onde vais comer pão sem escassez — nada nela te faltará! —, terra cujas pedras são de ferro e de cujas montanhas extrairás o cobre. Comerás e ficarás saciado, e bendirás a Iahweh teu Deus na terra que ele te dará" (Dt 8, 7-10). Mas só mereceriam essas dádivas se as normas do Senhor fossem obedecidas. E "teu Deus manterá a Aliança e o amor que Ele jurou aos teus pais; Ele te amará, te abençoará e te multiplicará; abençoará também o fruto do teu ventre e o fruto do teu solo, teu trigo, teu vinho novo, teu óleo, a cria das tuas vacas e a prole das tuas ovelhas" (Dt 7, 12-13). Em troca, esse povo ofereceria ao Senhor "todo o melhor do azeite, todo o melhor do vinho novo e do trigo" (Nm 18, 12). Para as ofertas ao Templo, o rei Artaxerxes ordenou a seus tesoureiros que entregassem, a Esdras, "cem coros* de trigo, cem batos** de vinho, cem batos de azeite e sal à vontade" (Esd 7, 22). Também "ser-lhes-á dado para os holocaustos do Deus do Céu: touros jovens, carneiros e cordeiros" (Esd 6, 9). É que Esdras reorganizou o culto no templo de Jerusalém, após seu regresso definitivo da Babilônia (em 457 a.C.), confiando aos levitas a tarefa de cuidar dos cerimoniais e das oferendas no altar dos sacrifícios.

3.1. Pão

"Trarei um pedaço de pão, e vos reconfortareis o coração antes de irdes mais longe" (Gn 18, 5).

O pão esteve presente, sempre, em todas as culturas. Mas só depois de algumas conquistas: o domínio do fogo, o início da agricultura, o desenvolvimento da cerâmica. Em potes de barro eram postos, no fogo, água e grãos. Em seguida, também azeite. Para que durassem por mais tempo, aquelas papas, começaram a ressecá-las, diretamente no fogo ou sobre pedras naturalmente aquecidas pelo sol. Nasciam, assim, os primeiros pães, ainda rudimentares.

Foram encontrados registros nas mais antigas placas de argila em ruínas da cidade suméria de Uruk (atual Warka, perto de Bagdá). Ali estão pictogramas reproduzindo ações e objetos,

---
* Ver Anexo II.
** Ver Anexo II.

entre eles, o próprio ato de comer, representado por uma cabeça junto a um pão. A *Epopeia de Gilgámesh*[1] (segundo milênio a.C.), na Mesopotâmia, considerado o primeiro texto escrito, narra a trajetória desse herói, protetor de Uruk, na sua busca pela imortalidade. O piloto da barca dos deuses lhe prepara sete pães celestiais que deveriam mantê-lo em vigília, para que conseguisse a tal imortalidade. Eram os *pães da vida*. Nessa epopeia, Enkídu personificava o homem primitivo que "comer pão não aprendera, / beber cerveja não sabia" (Tábua 2, verso 47-48), por serem, já então, marcas da vida civilizada. Na Grécia, a *ambrosia*, como chamavam esse pão, concedia imortalidade aos deuses do Olimpo.

Homero,[2] na *Odisseia* (Canto IX), apresenta os homens como *comedores de pão*. Segundo ele, "um monstro medonho não se assemelha a quem se alimente de pão". Nas suas aventuras pelo mar, Ulisses esteve em três espaços distintos: no dos homens comedores de pão (os civilizados); no dos que desconheciam o pão (não civilizados); e no espaço inumano, onde viviam monstros e seres divinos. "Desde o início, todos aprenderam seguindo Homero", reconheceu Xenófanes.[3] Platão[4] até dizia que "Homero foi o educador da Grécia". É "nosso texto educativo fundamental", para Harold Bloom.[5] Segundo Fernando Pessoa,[6] deveria "haver, no pequeno poema de um poeta, qualquer coisa por onde se note que existiu Homero". Um autor grego que influenciou muitas gerações de escritores. Da Antiguidade até os dias atuais. Virgílio (*Eneida*), Camões (Os *lusíadas*), James Joyce (*Ulisses*) e, mais recentemente, o poeta caribenho Derek Walcott e seu *Omeros*, com o qual ganhou o Nobel de Literatura, em 1992. É dele a frase "Homero é um eco na garganta". Sem esquecer Sophia de Mello Breyner Andressen que, quando recebeu prêmio na Sociedade de Escritores (em 1964), confessou: "Em Homero reconheci a felicidade nua e inteira, o esplendor da presença das coisas."

Na Roma Antiga, dividir pão com outros era sinal de amizade. Até se dizia, daqueles com quem se repartia esse pão, serem *cum* (com) *panis* (pão) — daí vindo palavras como *companhia* e *companheiro*. Segundo Heinrich Eduard Jacob,[7] "assírios e babilônios referem-se ao pão em inscrições encontradas nas ruínas de Tello", antiga Girsu, uma das mais antigas cidades sumérias. Nas pirâmides do Egito, foram achadas espigas de trigo e grãos ressecados. Por "toda a Antiguidade, a civilização mediterrânea é o mundo do pão ou, pelo menos, dos cereais e dos alimentos que servem para preparar as papas", segundo Cristiano Grottanelli.[8]

A Bíblia testemunha sua forte presença nas mesas do povo de Deus. Desde os livros mais antigos (Pentateuco), até os posteriores (Novo Testamento). Do primeiro (Gênesis), até o último (Apocalipse). A referência inicial está no Paraíso. Adão provou do fruto proibido e como castigo, a partir daquele momento, apenas "com o suor de teu rosto comerás teu pão" (Gn 3, 19). E nós, ainda hoje, "nem recebemos de graça o pão que comemos" (2 Ts 3, 8). Abraão, ao separar-se de Agar (a escrava egípcia) e do seu filho Ismael, "levantou-se cedo, tomou pão e um odre de água que deu a Agar; colocou-lhe a criança sobre os ombros e depois a mandou embora" (Gn 21, 14). Oferecê-lo era gesto de hospitalidade. Abraão recebeu anjos que o visitaram dizendo a Sara, sua esposa: "Toma depressa três medidas de farinha, de flor de farinha, amassa-as e faze pães cozidos" (Gn 18, 6). Ló, sobrinho de Abraão, quando visitado por dois anjos em Sodoma, "preparou-lhes uma refeição, fez cozer pães ázimos e eles comeram" (Gn 19, 3). No Apocalipse, há referências ao pão do céu que caiu no deserto. "Ao vencedor darei do maná escondido" (Ap 2, 17). É que uma amostra ficou guardada, "para as vossas gerações, para que vejam o pão com que vos alimentei no deserto, quando vos fiz sair do país do Egito. Moisés disse a Aarão: 'Toma um vaso, põe nele um gomor cheio de maná e coloca-o diante de Iahweh, a fim de conservá-lo para as vossas gerações'" (Ex 16, 32-33). Assim foi feito. Ficou na "Arca da Aliança toda recoberta de ouro e, nesta, o vaso de ouro com o maná, o bastão de Aarão que florescera e as tábuas da Aliança" (Hb 9, 4). A Arca era também chamada de Arca do Senhor (Js 4, 11), Arca de Deus (1 Sm 3, 3), Arca do Testemunho (Ex 25, 22), Arca da tua Força (Sl 132, 8) — a principal representação da presença de Deus no meio de seu povo. A última referência ao pão, no Apocalipse, menciona o valor dos ingredientes necessários ao pão: "Um litro de trigo por um denário e três litros de cevada por um denário!" (Ap 6, 6).

Em Jerusalém, para fazer pão, usavam cereais diversos. "Toma, pois, trigo, cevada, favas, lentilhas, painço e espelta [trigo-vermelho ou trigo-selvagem, mais rústico que o comum]: põe-nos todos em uma mesma vasilha e faze-te pães com eles" (Ez 4, 9). Os mais comuns eram os de cevada, principal alimentação dos mais pobres. "Foi assim o sonho que sonhei: um pão de cevada rolava no acampamento" (Jz 7,13). Enquanto os mais nobres eram os de trigo. "Veio um homem de Baal-Salisa e trouxe para o homem de Deus pão das primícias, vinte pães de cevada e trigo novo em seu alforje" (2 Rs 4, 42). O trigo era o mais importante e valioso dos grãos. Quando faltou em Canaã, os filhos de Jacó "desceram, pois, ao Egito para comprar trigo" (Gn 42, 3); por haver, lá, fartura dele. José "armazenou o trigo como a areia do mar, em tal quantidade que se renunciou a medi-lo, pois isso ultrapassava toda a medida" (Gn 41, 49). Na primeira etapa de preparação, trituravam os grãos entre duas pedras redondas (mó), sobrepostas, movida essa pedra superior pelo esforço do próprio braço. Em Roma, já usavam moendas (mós de grandes dimensões) que giravam pela força da água, de animais ou de escravos. Do trigo, obtinha-se uma farinha cuidadosamente peneirada (a *kemach soleth*), usada em sacrifícios ou para fabricar pães especiais. Depois, misturavam farinha com água e secavam em pedras aquecidas no fogo. "Abriu os olhos e eis que, à sua cabeceira, havia um pão cozido sobre pedras quentes" (1Rs 19, 6). Usavam também "panela de ferro" (Ez 4, 3), ou de barro, postas diretamente sobre o fogo. Ou cozinhavam sobre cinzas quentes. Só que, então, queimava o pão apenas de um lado e, assim, ficava mal cozido. O segundo filho de José e da egípcia Asenet, por sua cor, foi comparado a um desses pães: "Efraim é uma fogaça que não foi virada" (Os 7, 8).

Havia fornos, conhecidos como *tannûr*, escavados na terra e rodeados de argila, em forma de ânforas parcialmente enterradas. Vistos de longe, mais pareciam "uma fogueira fumegante" (Gn 15, 17). Pães achatados eram colocados diretamente nas paredes desse forno, previamente aquecido e fechado (durante o cozimento), com tampa de madeira vedada por uma camada de barro. Geralmente construídos no pátio interno das casas, acabavam partilhados por várias famílias. "Dez mulheres poderão cozer o vosso pão num só forno" (Lv 26, 26). Esse forno serve de metáfora para referir adúlteros que são, segundo Oseias, "semelhantes a um fogo aceso, que o padeiro deixa de atiçar desde que amassou até que fermente a massa" (Os 7, 4). Cada casa tinha sua amassadeira e seu cesto. "Bendito será o teu cesto e a tua amassadeira!"

(Dt 28, 5). É que, depois de assados, eram guardados em cestos. O padeiro-mor disse a José: "Eu também tive um sonho: havia três cestas de bolos sobre a minha cabeça" (Gn 40, 16). Nas viagens, eram transportados em alforjes. E Jesus, após escolher seus apóstolos para proclamar o Reino de Deus, disse-lhes que viajassem apenas com a roupa do corpo. "Não leveis para a viagem, nem bastão, nem alforje, nem pão, nem dinheiro" (Lc 9, 3).

Todos os dias, pães eram preparados antes das principais refeições, quase sempre, tarefa de mulheres. "Ele tomará as vossas filhas para perfumistas, cozinheiras e padeiras" (1 Sm 8, 13). Escravos faziam seu próprio pão e também o do seu senhor. "Para o servo pão, correção e trabalho" (Eclo 33, 25). Todos os escravos tinham direitos determinados por lei: "Quando comprares um escravo hebreu, seis anos ele servirá; mas no sétimo sairá livre, sem nada pagar" (Ex 21, 2).

Havia padeiros profissionais e até, em Jerusalém, uma rua dos padeiros. É que, nas antigas cidades, cada tipo de negócio tinha sua própria rua. Sedecias (ou Zedecias), último rei de Judá (597-586 a.C.), ordenou que dessem a Jeremias "uma broa de pão, vinda da rua dos padeiros" (Jr 37, 21). O profeta Neemias, quando voltou da Pérsia (em 440 a.C.) para reconstruir a cidade de Jerusalém e suas muralhas, encontrou uma Torre dos Fornos, a sudoeste do Templo. "Eu o segui, com a outra metade dos chefes do povo, pelo alto da muralha, passando por cima da Torre dos Fornos, até a muralha larga" (Ne 12, 38), provavelmente na proximidade da tal rua dos padeiros.

Cada cidade na Palestina tinha seus próprios padeiros, conta Flávio Josefo.[9] O mais importante deles era o padeiro real.

Narra o livro do Gênesis que um deles caiu em desgraça por ter ofendido seu senhor, o faraó, que "mandou detê-lo na casa do comandante dos guardas" (Gn 40, 3). O pão desse tempo era, quase sempre, redondo e achatado, com a forma da palma da mão. "Tomarás também um pão [...] Porás tudo isso nas palmas das mãos de Aarão e dos seus filhos, e farás o gesto de apresentação diante de Iahweh" (Ex 29, 23-24). Um pão que não era cortado, mas partido em pedaços com as próprias mãos: "As criancinhas pedem pão: ninguém que lho parta!" (Lm 4, 4). Jesus, na última ceia, também seguiu esse costume: "Partindo os pães, deu-os aos discípulos" (Mt 14, 19).

Nos primeiros tempos, o pão era ázimo (sem fermento). Só mais tarde, provavelmente entre 2000 e 1600 a.C., é que começaram no Egito a fermentar a massa. Esse povo, do qual Heródoto dizia fazer tudo diferentemente dos restantes mortais, passou a usar farinha e água de um jeito novo. Enquanto outros não aceitavam o apodrecimento da massa, os egípcios incentivavam o processo. Era o início do processo de fermentação. Passaram, também, a assar essa massa em fornos de tijolos feitos da lama do Nilo. Foi um grande avanço na história do pão.

O povo de Deus só conheceu pão fermentado, acredita-se, no longo período em que esteve em terras egípcias. "A estada dos israelitas no Egito durou quatrocentos e trinta anos" (Ex 12, 40). Quando libertados, Moisés avisou: "Lembrai-vos deste dia, em que saístes do Egito, da casa da escravidão [...] e, por isso, não comereis pão fermentado" (Ex 13, 3). A partida precipitada não permitiu que houvesse tempo necessário para a fermentação da massa. Nos primeiros dias, "cozeram pães ázimos com a farinha que haviam levado do Egito, pois a massa não estava levedada:

expulsos do Egito, não puderam deter-se nem preparar provisões para o caminho" (Ex 12, 39). E assim foi. "O povo levou, pois, a farinha amassada, antes que se levedasse, e as suas amassadeiras atadas em trouxas com seus mantos, sobre os ombros" (Ex 12, 34). Heinrich Eduard Jacob[10] explica que "podia-se comer durante todo o ano e em todas as circunstâncias o pão profano, cozinhado no forno dos egípcios e com o fermento dos egípcios, mas na presença de Deus ou dos seus enviados era obrigatório comer pão sagrado, cozido na cinza e sem fermento".

O pão das primícias (sem fermento) era oferecido ao Senhor em festas que celebravam "as primícias da colheita do trigo" (Ex 34, 22). Para uma "oblação de massa cozida no forno, a flor de farinha será preparada em bolos ázimos amassados com azeite, ou em fogaças ázimas untadas com azeite" (Lv 2, 4). Essa festa (em hebraico *hag*, "coro de dança") conhecida como *da Colheita* ou *das Semanas*, a partir do domínio grego, recebeu o nome de *Pentecostes*, por ocorrer cinquenta dias depois da Páscoa. Na origem, era só uma festa de pastores para agradecer a fertilidade do rebanho. "Naquela noite, comerão a carne assada no fogo; com pães ázimos" (Ex 12, 8). Depois do Êxodo, a Páscoa passou a celebrar também a saída do Egito; e, no Novo Testamento, a morte e a ressurreição de Cristo. Na manhã seguinte à Páscoa, acontecia a Festa dos Ázimos (início da colheita da cevada). "Dessa festa, o uso dos ázimos introduziu-se no ritual da Páscoa. No Deuteronômio já se constata a fusão", segundo Jean Daniélou.[11] As duas festas (Páscoa e Ázimos), juntas, duravam uma semana. "Durante sete dias, comereis pães ázimos" (Ex 12, 15) e "não se achará fermento em vossas casas" (Ex 12, 19) para não cair em tentação, já que "um pouco de fermento leveda toda a massa" (Gl 5, 9). Segundo Jacob,[12] "para os judeus, fermentação ou apodrecimento eram a mesma coisa. Como se poderia oferecer a Deus uma coisa que estava em estado de apodrecimento, de fermentação, de degradação química?" A proibição de usar levedura e tudo que levasse fermento, no culto, veio de antiga crença que considerava, essa fermentação, um fenômeno de alteração das substâncias. O levedo foi usado como símbolo da má influência. Jesus, ao dizer "acautelai-vos do fermento do pão", comparou esse processo com o "ensinamento dos fariseus e dos saduceus" (Mt 16, 12). E também, em sentido contrário, na "Parábola do fermento": "O Reino dos Céus é semelhante ao fermento que uma mulher tomou e pôs em três medidas de farinha, até que tudo ficasse fermentado" (Mt 13, 33). Havia, portanto, dois tipos de pão: um sagrado (ázimo) e outro profano (fermentado).

O pão é o mais simbólico dos alimentos. Não por acaso Belém (Bet'lehen), cidade da Palestina onde Jesus terá nascido (segundo Mateus e Lucas), significa *casa do pão*. Jesus, Ele próprio, era "o pão da vida" (Jo 6, 35), presente, na Consagração da celebração eucarística, pela hóstia. "Jesus tomou um pão e, tendo-o abençoado, partiu-o e, distribuindo-o aos discípulos, disse: 'Tomai e comei, isto é o meu corpo'" (Mt 26, 26) "que é dado por vós" (Lc 22, 19), ou "que é para vós" (1 Cor 11, 23). Ele "mesmo se tornou pão para nós, e esta multiplicação dos pães dura inesgotavelmente até o fim dos tempos", segundo Joseph Ratzinger.[13] Reafirmou-se, assim, a doutrina do Concílio de Trento. "Pela consagração do pão e do vinho, opera-se a conversão de toda a substância do pão na substância do corpo de Cristo nosso Senhor, e de toda a substância do vinho na substância do sangue; a esta mudança, a Igreja católica chama, de modo conveniente e apropriado, transubstanciação", segundo

João Paulo II (na Carta Encíclica *Ecclesia de Eucharistia* n. 15). Sendo pão da vida, é alimento que sacia plenamente, "quem vem a mim, nunca mais terá fome" (Jo 6, 35) e símbolo da comunhão com Cristo. "Já que há um único pão, nós, embora muitos, somos um só corpo, visto que todos participamos desse único pão" (1 Cor 10, 17). Entre os milagres iniciais, não por acaso, estavam os da multiplicação dos pães. No primeiro deles, Jesus, "tomando os cinco pães [...] elevou Ele os olhos ao céu, abençoou, partiu os pães e deu-os aos discípulos para que lhos distribuíssem" (Mc 6, 41). No segundo, "tomou os sete pães [...] e depois de dar graças, partiu-os e dava-os aos discípulos, e os discípulos à multidão" (Mt 15, 36). Entre seus seguidores, logo nas primeiras comunidades cristãs, praticava-se, como ritual, "a fração do pão" (At 2, 42), um pão que representava todos os outros alimentos. Deus conceda essa graça "para que da terra ele tire o pão" (Sl 104, 14), porque a maior infelicidade seria faltar esse pão. "Não me dês nem riqueza e nem pobreza, concede-me o meu pedaço de pão" (Pr 30, 8). Ao ensinar a oração do Pai Nosso aos discípulos Jesus pede, ao Pai, "o pão nosso cotidiano dá-nos a cada dia" (Lc 11, 3).

São muitas referências à importância de "repartir o teu pão com o faminto" (Is 58, 7). Uma dádiva divina para que se "fortaleça o coração do homem" (Sl 104, 15). Lembrando ainda que "comer do meu pão e beber do vinho que misturei" (Pr 9, 5) é condição para alcançar a sabedoria. É provar o "pão da prudência" (Eclo 15, 3). Assim, a partilha do pão é um bom sinal contra "aqueles que comiam teu pão [e] armam-te ciladas: não há neles inteligência!" (Ab 1, 7). Seria maldito aquele "em quem eu confiava, que comia do meu pão, [e] se levanta contra mim" (Sl 41, 10). Mais tarde, o pão chegou a ser até pagamento. "A prostituta procura um pedaço de pão" (Pr 6, 26) — conselho de um pai para seu filho, indicando que a amante adúltera não se contenta com pão. E quando Jesus "foi levado pelo Espírito ao deserto, para ser tentado pelo diabo [...] então, aproximando-se o tentador, disse-lhe: 'Se és filho de Deus, manda que estas pedras se transformem em pães'" (Mt 4, 1-3).

Na Bíblia, foi também usado em sentido figurado. Josué e Caleb, antes de entrarem em Canaã, disseram aos israelitas: "Não tenhais medo do povo daquela terra, pois os devoraremos como um bocado de pão" (Nm 14, 9). Quando hebreus enfrentaram dificuldades e pediram socorro a Deus, durante a fuga do Egito, "deste-lhe a comer um *pão de lágrimas*" (Sl 80, 6). *Pão de luto* era o preparado na casa de um morto. A presença do cadáver tornava os alimentos impuros: "Será para eles como o *pão de luto*, todos os que o comerem se tornarão impuros" (Os 9, 4). "*Pão da angústia* e água racionada" (Is 30, 20) representavam dificuldades de entender a mensagem profética. *Pão da maldade* era o que se dividia pelos maus: "Não vás pela senda dos ímpios, não avances pelo caminho dos maus [...] [eles] comem o *pão da maldade*" (Pr 4, 14-17). Já o *pão da fraude* "parece doce, mas depois a boca fica cheia de areia" (Pr 20, 17). E havia, também, um "*pão do invejoso* [...], vomitarás o bocado que comeste" (Pr 23, 6-8). Provar do *pão do ócio* era um grande defeito, tanto que a perfeita dona de casa "vale muito mais do que pérolas" (Pr 31, 10) porque "não come pão no ócio" (Pr 31, 27).

Guerra Junqueiro dedicou, a esse pão, longo poema (*Oração ao pão*) que começa assim: "Num grão de trigo habita / Alma infinita. / Alma latente, incerta, obscura / Mas que geme, que ri, que sonha, que murmura"... E termina: "Dá-nos ao corpo tudo isto, / Dá-nos a alma tudo isto, / E faremos de nós o pão do Cristo, / O pão de Deus, o pão do Bem, / o pão da eterna Glória, o pão dos pães, Amém!"

3.2. Vinho

"O vinho que alegra o coração do homem" (Sl 104, 15).

Não se sabe exatamente quando, nem onde, foram produzidos os primeiros vinhos. Apenas se presume que terá sido resultado "de experiências e de técnicas transmitidas de geração a geração", segundo a *Larousse gastronomique*.[14] "Entre o norte das montanhas Zagros, até as montanhas do Cáucaso", sugere James L. Newman.[15] Arqueólogos consideram o "acúmulo de sementes de uva", descobertas em escavações, como "evidência da elaboração do vinho", palavras do historiador inglês Hugh Johnson.[16] As mais antigas sementes, datadas por marcação de carbono entre 7000 e 5000 a.C., foram encontradas em Byblos (Líbano), Catal Hüyük (Turquia), Damasco (Síria), Geórgia (Rússia) e Jordânia. Remontam ao período em que os homens passaram de nômades para uma vida sedentária e começaram a plantar. Com o tempo, esse vinho foi ganhando importância em todas as culturas, inclusive no Egito, como registram pinturas em tumbas dos faraós. Algumas até revelaram as várias etapas da sua preparação: colheita da uva, prensagem, fermentação. Na de Tutankamon (1371-1352 a.C.), faraó da décima oitava dinastia, foram encontradas 36 ânforas, "algumas com inscrições da região, safra, nome do comerciante e até a inscrição *Muito boa qualidade*", ainda segundo Johnson.[17] No Georgian National Museum, em Tbilisi (Geórgia), há um jarro de argila (o *Kwervri*) anterior a esse período. No poema épico babilônico *Gilgámesh*[18] o herói, quando entra no Pomar dos Deuses em busca da imortalidade, encontra videiras "carregadas, pura visão [...] a ver-se com delícia" (Tábua IX, verso 173-175). Para celebrar, narra: "Matei um boi, / Degolei ovelhas cada dia, / Cerveja, áraque, azeite, vinho. / Aos artesãos fiz beber, como água de rio" (Tábua XI, versos 71-74). Nessa busca, Gilgámesh foi também ao encontro de Utnapishtim — herói que sobreviveu ao dilúvio construindo, por recomendação dos deuses, uma grande arca. Essa história é contada em muitas culturas. "Versões nativas de uma enchente épica podem ser encontradas no Egito, Babilônia, Grécia, Índia, Ásia Oriental. Os motivos da inundação diferem, dependendo de quem conta a história. Há diferentes configurações, diferentes deuses, diferentes finalidades", segundo Reza Aslan.[19] E até "os deuses tinham medo do dilúvio"[20] (Tábua XI, verso 114).

Quase mil anos depois, Homero, na *Ilíada*[21] (Canto VII), também fala de vinhos. Durante a guerra de Troia (em grego Ilion), o poeta refere-se àquele tomado pelas tropas que sitiaram a cidade, "mil medidas* de vinho", e na *Odisseia*[22] (Canto IX), quando Ulisses foi aprisionado, na costa da Sicília, pelo ciclope Polifemo. O herói ofereceu-lhe um vinho tão forte que fez cair o gigante em sono profundo. "Três vezes lhe dei de beber; três vezes esvaziou a tigela, na sua estupidez." Assim, conseguiu perfurar o único olho do carcereiro, permitindo sua fuga. Muitos outros, em diferentes culturas e épocas, também falaram de vinho. Horácio (65-8 a.C.) até dizia que "nenhum poema escrito por quem bebe água pode durar para sempre", segundo Michael Pollan.[23] E celebrou a vitória de Otávio contra Cleópatra e Marco Antônio, na batalha naval de *Actium*, com a célebre ode

---
* Ver Anexo II.

(poema 37 do primeiro livro das *Odes*),²⁴ *Nunc est bibendum...* (Agora bebamos...). Já para Plutarco²⁵ (46-120), vinho é muito mais agradável de se beber "porque nem inflama o cérebro nem infesta a mente ou as paixões".

Na Bíblia, há 230 menções ao vinho. A primeira ocorre logo no livro do Gênesis, após o dilúvio, "quando a terra foi restaurada ao seu estado primitivo", segundo Flávio Josefo.²⁶ "Noé, o cultivador, começou a plantar a vinha" (Gn 9, 20), só que "bebeu vinho e, como não estava acostumado a uma bebida tão forte e ao mesmo tempo tão deliciosa, bebeu demais", segundo esse cronista judeu. "Embriagou-se e ficou nu dentro de sua tenda" (Gn 9, 21). Camões,²⁷ no Canto VII de *Os lusíadas*, fala do "licor que Noé mostrara à gente". Na época dos patriarcas, esse vinho já era muito consumido. "Melquisedec, rei [e sacerdote] de Salém, trouxe pão e vinho" para Abraão (Gn 14, 18). Jacó ofereceu a seu pai, Isaac, "vinho, e ele bebeu" (Gn 27, 25). Por isso, abençoou o filho, "que Deus te dê o orvalho do céu e as gorduras da terra, trigo e vinho em abundância!" (Gn 27, 28). A videira foi, sempre, um bem precioso. Herança de gerações. Jacó juntou seus filhos e os aconselhou: "Liga à vinha seu jumentinho, à cepa o filhote de sua jumenta" (Gn 49, 11). A Terra Prometida "era uma terra boa [...] de vinhas" (Dt 8, 7-8). Moisés enviou alguns homens a Canaã para conferir como era essa terra. "Fértil ou estéril, se tem matas ou não. Sede corajosos. Trazei produtos da terra" (Nm 13, 20). Então eles "cortaram um ramo de videira com um cacho de uvas que levaram sobre uma vara, transportada por dois homens" (Nm 13, 23). E "Chamou-se a este lugar de vale de Escol [uva, em hebraico, é *Eshkol*] por causa do cacho que lá cortaram os israelitas" (Nm 13, 24). Como era costume no seu tempo, Jesus bebia vinho às refeições. "Veio o Filho do Homem, que come e bebe, e dizem: 'Eis aí um glutão e beberrão, amigo de publicanos e pecadores'" (Mt 11, 19).

Para produzir bom vinho, era necessário ter plantas de qualidade, "uma vinha excelente, toda de cepas legítimas" (Jr 2, 21), e também manter a terra limpa e os montes "lavrados à enxada" (Is 7, 25). Isaías escreveu um "Cântico da vinha" em que dizia: "Meu amado tinha uma vinha numa encosta fértil. Ele cavou-a, removeu as pedras e plantou nela uma vinha de uvas vermelhas" (Is 5, 1-2). Quando o campo era cuidado por preguiçosos, "tudo estava cheio de urtigas, sua superfície coberta de espinhos, e seu muro de pedras em ruínas" (Pr 24, 31). Uma vez plantado, esse vinhedo era cercado. "O anjo de Iahweh se pôs então em um caminho estreito, no meio das vinhas, com um muro à direita e outro muro à esquerda" (Nm 22, 24). As cercas o protegiam de animais selvagens e dos passantes que roubavam uvas. "Por que lhe derrubaste as cercas, para que os viandantes a vindimem, e os javalis da floresta a devastem, e as feras do campo a devorem?" (Sl 80, 13-14). Entre esses animais, havia raposas — que quebravam, na primavera, os sarmentos produtivos. "Agarrai-nos as raposas, as raposas pequeninas que devastam nossa vinha, nossa vinha já florida!" (Ct 2, 15). (Havia também uma erva daninha chamada "raposinha", que crescia junto da videira e impedia o crescimento sadio da vinha, levando-a à morte.) No mesmo "Cântico da vinha", Isaías menciona o castigo que poderia sofrer em suas vinhas. "Derrubarei o muro para que seja pisada; reduzi-la-ei a matagal: não será mais podada nem cavada, espinheiros e ervas daninhas nela crescerão. Quanto às nuvens, ordenar-lhes--ei que não derramem a sua chuva sobre ela" (Is 5, 5-6). Para proteção, construíam torres de guarda. "No meio dela [da vinha] construiu uma torre" (Is 5, 2). No Evangelho de Mateus, é elogiado o "proprietário que plantou uma vinha, cercou-a com uma sebe, abriu nela um lagar e construiu uma torre" (Mt 21, 33). A construção de torres remonta ao período que segue o dilúvio. Homens, na planície de Senaar [Babilônia], disseram: "Vinde! Construamos uma cidade e uma torre cujo ápice penetre os céus!" (Gn 11, 4). *Em hebraico, magh-dál* significa "torre" — *magdol-Gad* (Js 15, 37), "torre da Boa Sorte"; e *Magdal-El* (Js 19, 38), "torre de Deus". A torre também é usada em sentido figurado: "O nome de Iahweh é torre-forte: aí acorre o justo, e está protegido" (Pr 18, 10). Ou "És [Deus] abrigo para mim, torre-forte à frente do inimigo" (Sl 61, 4).

Para garantir uma boa produção, as vinhas exigiam boa irrigação. "Eu, Iahweh, sou o seu guarda, rego-a continuamente" (Is 27, 3), com ramos amarrados a estacas ou que se sustentavam nos braços das figueiras. "Judá e Israel viveram em segurança, cada qual debaixo de sua vinha e de sua figueira" (1 Rs 5, 5) — daí a expressão, corrente naquele tempo, *morar debaixo de sua vinha e de sua figueira*. As vinhas deveriam ser plantadas "numa encosta fértil" (Is 5, 1), nos declives ensolarados das colinas, ou em terrenos menos adequados à plantação de cereais — por exemplo, "sobre as montanhas da Samaria" (Jr 31, 5); ou nos "terraços cultivados de Hesebon" (Is 16, 8); "em Engadi" (Ct 1, 14), um oásis fértil na margem oeste do mar Morto; em Silo (a norte de Betel), onde ocorre "a festa de Iahweh que se celebra anualmente" (Jz 21, 19); em "Eleale" (Is 16, 9); em Sábama, "cujas uvas vermelhas subjugavam os príncipes das nações" (Is 16, 8); e em Siquém, onde "saíram ao campo para vindimar as suas vinhas, pisaram as suas uvas, promoveram festas" (Jz 9, 27).

Para plantar videiras era preciso cumprir algumas regras. "Guardareis os meus estatutos e as minhas normas; guardá-los-eis, pondo-os em prática, e desse modo habitareis na terra em segurança" (Lv 25, 18). Nos campos, era proibido semear uma casta de vinha junto com outras, diferentes. "Não semearás em tua vinha duas espécies de semente, para evitar que a vinha inteira se torne consagrada, tanto a semente que semeaste como o fruto da vinha" (Dt 22, 9). Mas, entre as fileiras de cepas, cresciam ervas e plantas que serviam de alimento aos animais. Quando alguém deixasse o seu animal pastar na vinha do outro, ele "restituirá a parte comida desse campo, conforme o que ajustar" (Ex 22, 4). Se o animal comer o campo inteiro, "pagará com o melhor do seu próprio campo e o melhor de sua própria vinha" (Ex 22, 4). A plantação de vinha era tão importante quanto a construção de uma casa. Por isso, quem plantasse vinha e dela ainda não tivesse colhido o fruto estaria isento do serviço militar, mesmo em tempo de guerra: "Que se retire e volte para casa, para que não morra na batalha e um outro colha os primeiros frutos" (Dt 20, 6). A ninguém se devia recusar o fruto de uma vinha, sempre, contudo, respeitando normas. "Quando entrares na vinha do teu próximo poderás comer à vontade, até ficar saciado, mas nada carregues em teu cesto" (Dt 23, 25). Depois da vindima, "não rebuscarás a tua vinha nem recolherás os frutos caídos no teu pomar. Tu os deixarás para o pobre e para o estrangeiro" (Lv 19, 10) e, também, para as necessidades "do órfão e da viúva" (Dt 24, 21), obedecendo, sempre, às leis sabáticas e ao ano jubilar, quando "Não vindimareis as cepas que tiverem brotado livremente" (Lv 25, 11).

Os ramos não produtivos deveriam ser regularmente podados. "Antes da vindima, ao chegar o fim da florada, quando a flor se transforma em uva que vai amadurecendo, aparam-se os sarmentos com a podadeira, removem-se os ramos luxuriantes, desbasta-se" (Is 18, 5). Na colheita, seus cachos eram cortados com uma espécie de foice. "Lança a foice afiada e vindima os cachos da videira da terra, pois suas uvas amadureceram" (Ap 14, 18). Na Palestina, eram colhidas entre final de agosto e princípio de outubro, período marcado por festas. Guardarás "a festa da colheita, no fim do ano, quando recolheres dos campos o fruto dos teus trabalhos" (Ex 23, 16). Celebravam "durante sete dias, após ter recolhido o produto de tua eira e do teu lagar. E ficarás alegre com a tua festa" (Dt 16, 13-14), inebriado "com o melhor vinho" (Sb 2, 7). Vinhedos que produzissem uvas em abundância eram tidos como bênção do Pai. "A semeadura será em paz, a vinha dará o seu fruto, a terra dará os seus produtos, o céu dará o seu orvalho. Eu darei tudo isto em herança ao resto deste povo" (Zc 8, 12). E, quando não havia uma boa colheita, desapareciam "a alegria e o contentamento das vinhas e da terra" (Jr 48, 33), o que se tinha como sinal do desagrado de Deus. "Plantarás vinhas e as cultivarás, porém não beberás vinho e nada vindimarás, pois o verme as devorará" (Dt 28, 39).

Tão importante era a videira, para o povo de Deus, que ela decorava o Templo de Jerusalém. Ali estavam "ramos de videira de ouro com seus cachos e suas folhas tão bem trabalhados que nessas obras, tão ricas, a arte nada ficava a dever à natureza", segundo Flávio Josefo.[28] Videiras também estavam em algumas moedas cunhadas em Israel, com desenho de folha da parreira, cacho de uvas, ou as duas juntas. Havia, em sentido figurado, três tipos de videiras nas Escrituras: a *videira do passado* (refere-se a Israel como nação); a *do futuro* (aos pagãos amadurecendo para o julgamento de Deus); e a *do presente* (que é Jesus Cristo, a verdadeira videira).

Na videira, o mais importante era seu fruto. "Filho do homem, por que a parreira seria mais preciosa do que todas as plantas sarmentosas que se encontram entre as árvores do bosque? Por acaso se tira dela madeira para fazer alguma coisa? Ou tira-se dela uma estaca que possa servir para pendurar alguma coisa? Ei-la lançada no fogo para ser consumida. O fogo consome-lhe as duas extremidades. A parte média fica queimada; porventura servirá ainda para alguma coisa? Já quando estava intacta, nada se podia fazer com ela; quanto mais agora que o fogo a consumiu e ela ficou queimada, que se pode fazer ainda com ela?" (Ez 15, 2-5). Esse fruto produz vinho que "alegra os deuses e os homens" (Jz 9, 13). Uvas podiam, também, ser consumidas ao natural; ou transformadas em passas, depois de secas ao sol. Abigail, quando foi a Davi pedir clemência para seu esposo Nabal (fazendeiro rico, beberrão, impiedoso e inconsequente), levou sobre um jumento alguns alimentos, inclusive "cem cachos de passas" (1 Sm 25, 18). O mesmo fez "Siba, o doméstico de Meribaal [filho de Jônatas], [que] veio ao seu encontro [de Davi] com um par de jumentos albardados, levando uma carga de duzentos pães, cem cachos de passas, cem frutas da estação e um odre de vinho" (2 Sm 16, 1). Na campanha contra os amalecitas [da tribo de Amalec], Davi deu a um egípcio, escravo da tribo, "dois cachos de passas" (1 Sm 30, 12). Para celebrar traziam, da vizinhança, "provisões de farinha, figos e uvas secas, vinho e azeite, bois e ovelhas em abundância, pois havia alegria em Israel" (1 Cr 12, 40). E bolos, também, preparados para ocasiões especiais. "Iahweh ama os israelitas, embora estes se voltem para os deuses estrangeiros e gostem dos bolos de passa" (Os 3, 1). Seriam, provavelmente, os bolos consumidos nas festas em honra dos deuses rivais.

Mas uvas eram, quase todas, transformadas em vinho: "O sangue da uva, que bebes fermentado" (Dt 32, 14). Logo depois de colhidas, iam para o lagar que havia no próprio vinhedo. Nele, "construiu uma torre e cavou um lagar" (Is 5, 2). Talhado na pedra, esse lagar era dividido em duas partes, uma alta, outra baixa. Na alta, as uvas eram esmagadas com pés descalços e roupas arregaçadas que ficavam manchadas pelo "sangue das uvas" (Gn 49, 11) — por ser semelhante, na cor. "As tuas vestes se parecem com as de alguém que tenha pisado a uva no lagar?" (Is 63, 2). Enquanto trabalhavam, todos cantavam. "Entoa um hurra como os dos que pisam a uva" (Jr 25, 30). Será grande bênção quando "os teus lagares transbordarão de vinho novo" (Pr 3, 10), e imensa tristeza quando não havia uva nos lagares. "O pisoeiro não pisa mais, não ressoa mais o grito de alegria" (Jr 48, 33). O suco da uva pisada então escorria, da parte alta do lagar, para a baixa. E, depois de seis horas, começava o processo de fermentação, quando o açúcar se transformava em álcool. Bom lembrar que "vinhos tintos são feitos de uvas escuras e com casca; os brancos, de uvas sem casca", segundo Marcia Algranti.[29] É que o líquido do vinho se origina da polpa da uva. A cor, assim como aromas e sabores, vem da casca. Então vinho branco pode ser feito com uvas brancas ou escuras, por que as polpas das uvas, geralmente, são claras, sem pigmentos de cor. Mas se for feito com uvas escuras, o líquido não pode ter nenhum contato com as cascas. Em algumas regiões da França e da Itália, usam pequena quantidade de uva branca na produção de vinho tinto, para ajudar a fixar a cor.

"O vinho é resultado de inúmeros fenômenos químicos e um processo complexo de elaboração", segundo Maria Lucia Gomenroso.[30] "Durante milhares de anos, homens têm tentado aperfeiçoar esse processo que ocorreu naturalmente", explica

James L. Newman.[31] Depois de fermentado por três a cinco dias, no lagar, o vinho era armazenado em bilhas e ânforas de cerâmica, em tinas de madeira ou de pedra, assim como em odres de pele. "Todo odre pode ser enchido de vinho!" (Jr 13, 12). Mas nunca se deveria pôr "vinho novo em odres velhos; caso contrário, estouram os odres, o vinho se entorna e os odres ficam inutilizados. Antes, vinho novo se põe em odres novos; assim ambos se conservam" (Mt 9, 17). Porque odres, com o tempo, ficam sem elasticidade e se rompem com a pressão acumulada pela fermentação — que continua, mesmo depois de ter sido esse vinho retirado do lagar. E, quanto mais velho, melhor, isso todo mundo sabe. "Ninguém, após ter bebido vinho velho, quer do novo. Pois diz 'O velho é que é bom!'" (Lc 5, 39). "Iahweh dos Exércitos prepara para todos os povos, sobre esta montanha, um banquete de carnes gordas, um banquete de vinhos finos, de carnes suculentas, de vinhos depurados" (Is 25, 6). Escavações revelam ter sido Gabaon, à época, a maior produtora de vinho de Israel. Era "uma cidade tão grande como as cidades reais" (Js 10, 2). Ficava a mais de 10 quilômetros ao norte de Jerusalém. Lá foram encontradas, em escavações, várias tinas de armazenamento de vinho. "As tinas transbordarão de vinho" (Jl 2, 24). Outras regiões produtoras abasteciam, também, a Palestina: "Ela te fornecia vinho de Helbon" (Ez 27, 18). Ou "sua lembrança será como a do vinho do Líbano" (Os 14, 8). Tinas e ânforas, onde se armazenava o vinho, eram fechadas com tampa de barro, envolvida num pano e colada com *pez louro* — uma resina também usada para revestir o interior daquelas tinas. E tão eficiente era esse revestimento que o cesto em que puseram Moisés foi isolado com ele. "Tomou um cesto de papiro, calafetou-o com betume e pez, colocou dentro a criança e a depôs nos juncos, à beira do rio" (Ex 2, 3).

Vinhos estavam presentes em quase todas as refeições. E mesmo nas viagens. "Temos palha e forragem para os nossos animais, e eu tenho também pão e vinho para mim, para a tua serva e para o jovem que acompanha o teu servo. Não precisamos de nada" (Jz 19, 19). Eles eram transportados em odres, no lombo dos animais. "Carregaram os seus jumentos com sacos velhos e velhos odres de vinho, rotos e recosidos" (Js 9, 4). Submetidos aos rigores das caminhadas, os odres rapidamente se deterioravam. "Estes odres de vinho eram inteiramente novos quando os enchemos, e eis que estão rotos" (Js 9, 13), uma bebida apreciada por todos. Desde guerreiros, "reforçou essas fortalezas e colocou nelas comandantes, bem como reservas de víveres, azeite e vinho" (2 Cr 11, 11); até gente comum: "Os filhos e filhas de Jó comiam e bebiam vinho na casa do irmão mais velho" (Jó 1, 13). Quando "Jesus foi convidado para o casamento e os seus discípulos, também [...] não havia mais vinho, pois o vinho do casamento havia acabado" (Jo 2, 2-3). Eram seis talhas de pedra vazias (com capacidade para cem litros cada). Jesus, então, mandou enchê-las de água e fez o milagre. "Quando o mestre-sala provou a água transformada em vinho — ele não sabia de onde vinha, mas o sabiam os serventes que haviam retirado a água — chamou o noivo e lhe disse: 'Todo homem serve primeiro o vinho bom e quando os convidados já estão embriagados serve o inferior'" (Jo 2, 9-10).

O vinho era, também, bebida de reis, servida nos palácios. "Para rir faz-se um banquete, o vinho alegra a vida" (Ecl 10, 19). Os convidados se serviam com fartura em "copos de ouro, todos diferentes, e abundância de vinho real, segundo a liberalidade do rei. Bebia-se, segundo a regra, sem constrangimento, pois o rei ordenara a todos os intendentes de sua casa que se fizesse segundo a vontade de cada um" (Est 1, 7-8). Quando proclamaram Davi rei de Israel, "durante três dias ficaram lá, comendo e bebendo em companhia de Davi" (1 Cr 12, 40). Ali, Absalão [terceiro filho do rei Davi] planejou a morte do irmão Amnon e disse, aos servos: "prestai atenção: quando o coração de Amnon estiver alegre por causa do vinho e eu vos disser: 'Feri Amnon!', então o matareis" (2 Sm 13, 28). Coélet (em grego *ekklēsiastēs*, "mestre da assembleia"), a quem é atribuído o livro do Eclesiastes, disse a si mesmo: "Eu te farei experimentar a alegria e conhecer a felicidade! [...] Ponderei seriamente entregar meu corpo ao vinho, mantendo meu coração sob a influência da sabedoria, e render-me à insensatez, para averiguar o que convém ao homem fazer debaixo do céu durante os dias contados da sua vida" (Ecl 2, 1-3). No palácio do rei Artaxerxes I (rei da Pérsia até 424 a.C.), havia "odres de vinho em quantidade" (Ne 5, 18). E Nabucodonosor II (século VI a.C.), rei da Babilônia, destinou, aos jovens hebreus que acolhera, "uma parte diária das iguarias reais e do vinho de sua mesa" (Dn 1, 5).

Vinho nem sempre foi consumido com moderação. A Bíblia faz várias referências a exageros. Eles "beberam e se embriagaram" (Gn 43, 34). Quando Abigail voltou para Nabal, ele "estava alegre e completamente embriagado" (1 Sm 25, 36). Davi traiu Urias, general do seu exército, tendo relações com sua esposa. Convidou Urias, depois, "a comer e beber em sua presença, e o embriagou" (2 Sm 11, 13). Elá, filho de Baasa, tornou-se rei de Israel em Tersa. E Zambri conspirou contra ele "Bebendo e embriagando-se, em casa de Arsa, mordomo do palácio em Tersa, Zambri entrou, feriu-o e matou-o [...] depois reinou no lugar dele" (1 Rs 16, 9-10). Isaías fala dos "bêbados de Efraim" (Is 28, 1) e descreve o banquete em que se deu uma bebedeira. "Também estes se puseram a cambalear por efeito do vinho, andam a divagar sob a influência da bebida. Sacerdote e profeta ficaram confusos pela bebida, ficaram tomados pelo vinho, divagaram sob o efeito da bebida, ficaram confusos nas suas visões, divagaram nas suas sentenças. Com efeito, todas as suas mesas estão cheias de vômito e de imundície: já não há um lugar limpo" (Is 28, 7-8).

A Bíblia aconselha evitar essa embriaguez. "Não faças a ninguém o que não queres que te façam. Não bebas vinho até à embriaguez, e não faças da embriaguez a tua companheira pela estrada" (Tb 4, 15). Ainda recomendando se abster "de vinho e de tudo o que seja causa de tropeço, de queda ou de enfraquecimento para teu irmão" (Rm 14, 21). Por ser perigoso, "não olhes o vinho: como é vermelho, como brilha na taça, como escorre suave! No fim ele morde como a cobra e fere como a víbora" (Pr 23, 31-32), podendo mesmo levar à pobreza: "Quem ama vinho e boa carne jamais ficará rico" (Pr 21, 17); à violência: "O vinho arruinou a muita gente" (Eclo 31, 25); à devassidão: "Vinho e mulheres desencaminham os homens sensatos" (Eclo 19, 2). E a ofensas: "Teu coração dirá disparates" (Pr 23, 33).

Daniel se preveniu. Teve uma visão e, por três semanas, não comeu "nenhum alimento saboroso, carne e vinho não entraram em minha boca" (Dn 10, 3). Tratava-se de bebida que podia afastar os fiéis do Reino de Deus, levando-os a satisfazer os "desejos da carne" (Gl 5, 16), "fornicação, impureza, libertinagem, idolatria, feitiçaria, ódio, rixas, ciúmes, ira, discussões, discórdia, divisões, invejas, bebedeiras, orgias e coisas semelhantes a estas, a respeito das quais eu vos previno, como já vos preveni: os que praticam tais coisas não herdarão o Reino de Deus" (Gl

5, 19-21). Do servidor de Deus exige-se que "seja irrepreensível, esposo de uma única mulher, sóbrio, cheio de bom senso, simples no vestir, hospitaleiro, competente no ensino, nem dado ao vinho, nem briguento, mas indulgente, pacífico, desinteresseiro" (1 Tm 3, 2-3). O poeta grego Eubulo (século IV a.C.), segundo Hugh Johnson,[32] resume os efeitos do vinho: "Três taças preparo para os comedidos: uma para a saúde, que esvaziam primeiro; a segunda para o amor e o prazer; a terceira para o sono. Depois de tomar esta última taça os convidados prudentes vão para casa. A quarta taça já não é nossa, mas pertence à violência; a quinta, ao tumulto; a sexta, à folia; a sétima, aos olhos roxos; a oitava, ao policial; a nona, à bílis; e a décima, à loucura."

Estava presente, também, no altar dos sacrifícios, "e o derramava ao pé do altar" (Eclo 50, 15). No santuário, sempre junto com outras oferendas, "será oferecida a libação de bebida fermentada a Iahweh" (Nm 28, 7). E "As libações que o acompanham serão de meia medida de vinho para cada novilho, de um terço de medida para cada carneiro e de um quarto de medida para cada cordeiro" (Nm 28, 14). Regras, quanto às oferendas, eram rigorosas. Oferecia-se "a décima parte de um efá* de flor de farinha amassada com a quarta parte de um him** de azeite de olivas amassadas, e para libação a quarta parte de um hin de vinho" (Ex 29, 40). Aos sacerdotes, não era permitido beber em serviço no tabernáculo ou no Templo. "Quando vierdes à Tenda da Reunião, tu e os teus filhos contigo, não bebais vinho nem bebida fermentada" (Lv 10, 9). Nenhum "sacerdote beberá vinho nas ocasiões em que penetrar no átrio interior" (Ez 44, 21). Fora do serviço podiam beber, mas sempre com

---
* Ver Anexo II.
** Ver Anexo II.

moderação. Já os nazireus, em sinal de consagração a Deus, jamais podiam beber. "Quando um homem, ou uma mulher, fizer um voto especial, o voto do nazireato, pelo qual se consagra a Iahweh, abster-se-á de vinho e de bebidas fermentadas, não beberá vinagre de vinho ou de bebidas fermentadas, nem tomará suco algum de uvas, e não comerá uvas frescas ou secas" (Nm 6, 2-3). O nazireu também se comprometia, durante o tempo do seu voto, a não cortar o cabelo. Assim aconteceu com Sansão (em hebraico *Shimshon*, "filho do sol") e sua mãe. "O Anjo de Iahweh apareceu a essa mulher e lhe disse: 'Tu és estéril e não tiveste filhos, mas conceberás e darás à luz um filho. De agora em diante toma cuidado: não bebas vinho nem qualquer bebida fermentada'" (Jz 13, 3-4). Eram nazireus, também, Samuel — sua mãe o consagrou "a Iahweh por todos os dias da sua vida" (1 Sm 1, 11); e João Batista — a seu pai, Zacarias, o anjo disse: "Ele será grande diante do Senhor; não beberá vinho, nem bebida embriagante" (Lc 1, 15). Os nômades recabitas, que formavam uma comunidade ascética ao longo de séculos da história de Israel, também não bebiam vinho. "Nós não bebemos vinho, pois nosso pai Jonadab, filho de Recab, nos deu esta ordem: 'Não bebereis jamais vinho, nem vós, nem vossos filhos; da mesma forma não construireis casas, nem semeareis, nem plantareis vinhas, nem possuireis nenhuma dessas coisas'" (Jr 35, 6-7).

Com esse vinho, até faziam pagamentos. Com "vinte mil batos de vinho" (2 Cr 2, 9) foram pagos os operários que trabalharam na construção do Templo. Também o dízimo dos sacerdotes "dar-lhe-ás as primícias [...] do teu vinho novo" (Dt 18, 4). Ainda curava feridas. Na "Parábola do bom samaritano", quando este encontra um homem semimorto, "viu-o e moveu-se de compaixão. Aproximou-se, cuidou de suas chagas, derramando óleo e vinho, depois, colocou-o em seu próprio animal, conduziu-o à hospedaria e dispensou-lhe cuidados" (Lc 10, 33-34). Era bebida fortificante e remédio para doenças do estômago. "Não continues a beber somente água; toma um pouco de vinho por causa de teu estômago e de tuas frequentes fraquezas" (1Tm 5, 23). Mas era, sobretudo, remédio para a alma por fazer esquecer as tristezas: "Seu coração se alegrará como se estivesse sob efeito do vinho" (Zc 10, 7). Por isso, "dá licor ao moribundo, e vinho aos amargurados: bebam e esqueçam-se da miséria, e não se lembrem de suas penas!" (Pr 31, 6-7). Deve ser evitado só por quem estivesse de luto: "Não lhe oferecerão o cálice de consolação por seu pai e por sua mãe" (Jr 16, 7).

Tão importante era esse vinho, para o povo de Deus, que foi usado por Jesus em parábolas: na dos trabalhadores enviados à vinha (Mt 20, 1-16), na dos dois filhos (Mt 21, 28-32) e na dos vinhateiros homicidas (Mt 21, 33-44). E em sentido figurado, também — muitos mestres da fé cristã falaram sobre a "sóbria embriaguez" no Espírito. Para São Cirilo de Jerusalém,[33] "não estão [os apóstolos] bêbados no sentido que vocês compreendem. Estão embriagados, sim, mas daquela sóbria embriaguez que faz morrer aos pecados, vivifica o coração e é oposta ao embriagamento material. Esta faz esquecer aquilo que já se sabe; aquela, por outro lado, proporciona a consciência daquilo que antes era desconhecido". "O Espírito de Deus é bebida", segundo Santo Agostinho (em *Homilia* 225). Jesus disse: "Eu sou a verdadeira videira e meu Pai é o agricultor. Todo ramo em mim que não produz fruto Ele o corta, e todo o que produz fruto Ele o poda, para que produza mais fruto ainda" (Jo 15, 1-2). Uma poda usada, também, como ensinamento: "Se alguém não permanece em mim é lançado fora, como o ramo, e seca; tais ramos são recolhidos, lançados ao fogo e se queimam" (Jo 15, 6). Do povo hebreu, se dizia ser "uma vinha exuberante, que dava frutos" (Os 10, 1). E de uma cepa, que Iahweh transplantou do Egito para Canaã, "Ele era uma vinha: tu a tiraste do Egito, expulsaste nações para plantá-la; preparaste o terreno à sua frente e, lançando raízes, ela encheu a terra" (Sl 80, 9-10). Nem sempre a vinha produzia bons frutos, "Esperava que ela produzisse uvas boas, mas só produziu uvas azedas" (Is 5, 2). Uvas são doces apenas depois de maduras, que as verdes são ácidas. "Os pais comeram uvas verdes e os dentes dos filhos se embotaram" (Jr 31, 29). A videira e seus frutos servem de exemplo nas pregações. No *Discurso da sabedoria*, "A Sabedoria faz o seu próprio elogio" (Eclo 24, 1) dizendo: "Eu, como a videira, fiz germinar graciosos sarmentos e minhas flores são frutos de glória e riqueza" (Eclo 24, 17). Referindo-se à mulher virtuosa, "tua esposa será vinha frutuosa, no coração de tua casa" (Sl 128, 3). Quanto ao ímpio, "antes do tempo murcharão as suas palmas e seus ramos não ficarão mais verdes. Como uma videira deixará cair seus frutos ainda verdes" (Jó 15, 32-33). No Apocalipse, é símbolo da sedução exercida pela prostituição: "Caiu, caiu, Babilônia, a Grande, a que embebedou todas as nações com o vinho do furor" (Ap 14, 8). É, também, imagem da cólera de Deus: "Se alguém adora a Besta e sua imagem, e recebe a marca na fronte ou na mão, esse também beberá o vinho do furor de Deus, derramado sem mistura na taça da sua ira" (Ap 14, 9-10). O vinho, por fim, recebeu sua consagração simbólica mais elevada quando. Na Última Ceia, Jesus "tomou um cálice e, dando graças, deu-o a eles [aos discípulos], dizendo: 'Bebei dele todos, pois isto é o meu sangue, o sangue da Aliança, que é derramado por muitos para remissão dos pecados'" (Mt 26, 27-28).

3.3. Vinagre

"Na minha sede serviram-me vinagre" (Sl 69, 22).

O *vinus acrem* nasceu junto com o vinho. É que, por vezes, o próprio vinho se convertia em vinagre (ácido acético); não se conseguindo explicar, naquele tempo, a razão. Seria produto, assim se acreditava, de *geração espontânea*. Só aos poucos foram percebendo que alguns fatores contribuíam para aquela transformação: o uso de uvas com baixo teor de açúcar; uma fermentação longa demais; a maneira incorreta de guardar o vinho. Mais tarde, cientistas começaram a estudar esse processo. O químico francês Antoine Lavoisier[34] (1743-1794) demonstrou que tudo se dava por conta da absorção do oxigênio, resultado apenas de uma reação química. Posteriormente, outro francês, Louis Pasteur (1822-1895), provou que os agentes responsáveis pela transformação do vinho em vinagre eram micro-organismos presentes na superfície do líquido.

Fazer um bom vinagre não é fácil. Requer absoluto controle de leveduras, bactérias, temperatura e tempo de armazenamento. Em uma primeira etapa, leveduras transformam açúcares naturais em álcool (fermentação alcoólica). Depois, as bactérias transformam esse álcool em ácido acético (fermentação ácida). O processo dura, em média, quatro meses. Cada país tem legislação com regras próprias de fabricação. No Brasil, por exemplo, só é considerado vinagre se tiver acidez mínima de 4%. Os primeiros que por aqui chegaram vieram com Pedro Álvares Cabral. "A bordo os homens tinham rações iguais: 15 kg de carne salgada por mês, cebola, vinagre, azeite, biscoito. Para beber, uma canada (1,4 litro) diária de vinho e uma canada de água", escreveu Eduardo Bueno.[35] Todas as caravelas traziam "vinho, azeite, vinagre, azeitonas, queijos, conservas e outras coisas de comer", observou padre Anchieta.[36] Mas eram iguarias só para portugueses; índios e escravos, durante muito tempo, continuaram sem lhes dar importância. Até que, pouco a pouco, esses novos sabores foram sendo apreciados por toda gente.

O melhor vinagre é o da uva. Mas pode vir de qualquer suco que contenha açúcar (maçã, morango) ou amido (arroz, batata, cevada, milho). Cada povo utiliza, naturalmente, a matéria-prima que tem disponível. Nos Estados Unidos, cidra de maçã; na Inglaterra, malte de cevada; na China e no Japão, arroz. Em algumas localidades do Mediterrâneo, vinagres são aromatizados com ervas (alecrim, endro, erva-cidreira, estragão, manjerona, menta, segurelha, tomilho, zimbro) ou frutas (cereja, framboesa, todas as cítricas). Em Portugal e no Brasil, mais comuns são os de vinho, branco ou tinto, embora haja também um vinagre, bem nosso, de sabor forte e adocicado, feito a partir da cana-de-açúcar. Na Itália, destaque para um requintado vinagre balsâmico, escuro e grosso, feito com uvas brancas Trebbiano, bem maduras, envelhecido em barris de madeira durante, no mínimo, doze anos. Diz-se "balsâmico" porque, além de saboroso, tem efeito tranquilizante. Lembrando que *vinagreira* é o recipiente onde se guarda o vinagre, enquanto *vinagreiro* é quem fabrica o vinagre. Na França de Carlos VI (1368-1422), conhecido como o *Bem-Amado* (Le Bien-Aimé) ou O *Louco* (Le Fol), fabricantes de vinagre de vinho formavam guildas para influir na vida política e social do país.

No início, esse vinagre foi usado apenas como remédio. O médico e filósofo grego Hipócrates (460-370 a.C.), considerado pai da medicina, receitava duas colheres de sopa, depois das refeições, para ajudar na digestão. Talvez pela mesma razão, consta, na Bíblia, que "Booz disse a Rute [serva que trabalhava num campo de trigo]: 'Vem cá, come deste pão e molha teu bocado no vinagre'" (Rt 2, 14). Usava-se, também, para curar feridas e queimaduras. Era uma prática dolorosa. "Derramar vinagre na ferida" era tão ruim quanto "tirar o manto num dia gelado" (Pr 25, 20). Ou para tratar inflamação na boca: "Vinagre nos dentes, fumaça nos olhos, tal é o preguiçoso para quem o envia" (Pr 10, 26). As mulheres de Atenas usavam a bebida misturada com clara de ovo para aveludar a pele. Mas não ficavam só nisso. Em busca da beleza terrena, pintavam lábios com açafrão, escureciam cílios com fuligem, clareavam dentes com sálvia — sem contar que vaporizavam o corpo, ao sair do banho, com vinagre aromático.

Não por acaso, a palavra perfume significa, literalmente, "pela fumaça" (*per fumum*), o que também livraria seus usuários dos maus espíritos. Contribuiu para essa lenda o fato de que nenhum perfumista tenha jamais sido vítima de pestes. Durante as tais pestes, cadáveres eram frequentemente saqueados por ladrões que, antes, borrifavam seus próprios corpos com vinagre. Até virou perfume, em Marselha, conhecido bem a propósito como *Quatro Ladrões* (*L'eau des Quatre Voleurs*). Sua fórmula continha, além do vinagre, essências de plantas aromáticas e alho. Mas seu prestígio aumentou mesmo só bem depois, quando começou a ser utilizado como conservante de alimentos, fazendo com que frutas, legumes e peixes, submersos em vinagre, se conservassem por bem mais tempo. E como condimento para realçar os sabores. Eça de Queiroz[37] fez referência a esse uso: "O peixe, por exemplo, pode ser tainha. Logo depois de bem assada e alourada, umedecei-a com vinagre superfino. Servi e louvai Netuno, deus dos peixes."

Voltando ao tempo bíblico, na Roma Antiga, virou bebida popular. A *posca*, um nome que vem do latim *poto* (bebida) e do grego *epoxos* (picante), consistia em mistura de vinagre com água (*acetum cum aqua mixtum*), muito usada pelos mais pobres e por soldados romanos. "As classes altas de Roma se empanturram de vinho, enquanto os servos se conformam com a posca", escreveu o dramaturgo romano (Tito Macio) Plauto[38] (230-180 a.C.), na comédia *Miles Gloriosus* (*O soldado fanfarrão*). Uma variante dessa bebida era o *oximel* — mistura de água, mel e vinagre, bebidas proibidas aos nazireus. Ele "não beberá vinagre de vinho ou de bebidas fermentadas" (Nm 6, 3).

O vinagre foi oferecido a Jesus, pelos soldados romanos, em dois momentos. Primeiro, antes de ser colocado na cruz. "Chegando ao lugar chamado Gólgota, isto é, lugar que chamavam de Caveira [em latim *Calvariae*, daí Calvário], deram-lhe de beber vinho misturado com fel. Ele provou, mas não quis beber" (Mt 27, 33-34). Seria, provavelmente, um vinagre misturado com mirra (que amargava como fel), espécie de entorpecente para aliviar a dor. "Deram-lhe vinho com mirra, que Ele não tomou" (Mc 15, 23). É que mirra dava um melhor sabor ao vinho azedo (vinagre). E Lhe ofereceram depois, já nos momentos finais da execução, quando Jesus disse "tenho sede" (Jo 19, 28). Por conta do cansaço, dos maus-tratos, da exposição do corpo despido ao sol e ao vento, "estava ali um vaso cheio de vinagre. Fixando, então, uma esponja embebida de vinagre num ramo de hissopo, levaram-na à sua boca. Quando Jesus tomou o vinagre, disse: 'Está consumado!' E, inclinando a cabeça, entregou o espírito" (Jo 19, 29). Como no texto de Santo Agostinho,[39] "um povo ímpio fez essas coisas, um Cristo compassivo as sofreu. Aqueles que as fizeram não sabiam o que fizeram; mas Aquele que sofreu, não apenas sabia o que foi feito e por que foi feito, mas também operou o que era bom por meio daqueles que estavam fazendo o que era mau".

3.4. Azeite

"São suaves como óleo suas palavras" (Sl 55, 22).

Poseidon e Atena, segundo antiga lenda grega, disputavam um pedaço de terra. E os doze juízes do Tribunal do Olimpo decidiram que seria de quem criasse a mais fantástica obra. Poseidon, deus dos mares (equivalente ao Netuno romano), com seu tridente fez nascer um oceano. Atena, deusa da razão (a Minerva dos romanos), preferiu criar uma árvore. Algo tão especial que, do seu fruto, vinha um óleo que alimentava, curava e seduzia os homens — a oliveira. E Atena ganhou aquela terra.

Na tradição egípcia, o cultivo das oliveiras teria sido ensinado por Ísis, deusa da fertilidade. Um "azeite, que tanto honra aos deuses como aos homens" (Jz 9, 9). Na Antiguidade, foi usado para muitos fins e reverenciado por todas as culturas. No início, era utilizado como combustível de iluminação, cosmético, perfume, remédio ou em cerimônias religiosas. Depois, aos poucos, "no Egito e no Oriente Próximo", segundo Peter Garnsey,[40] o óleo de oliva passou a ser usado na preparação de alimentos, substituindo o de sésamo. Enquanto na Mesopotâmia, para Brothwell,[41] "era de uso mais corrente o óleo de gergelim".

Assim se deu, também, entre os hebreus. A passagem mais conhecida refere o dilúvio. Querendo saber se as águas haviam baixado, Noé soltou uma pomba que, "não encontrando um lugar onde pousar as patas, voltou para ele na arca" (Gn 8, 9). Sete dias depois, novamente a pomba foi solta. "Voltou para ele ao entardecer, e eis que ela trazia, no bico, um ramo novo de oliveira! Assim Noé ficou sabendo que as águas tinham escoado da superfície da terra" (Gn 8, 11). Oliveiras foram cultivadas, na Palestina, desde a mais remota Antiguidade. "Dei-vos uma terra que não exigiu de vós nenhum trabalho, cidades que não construístes e nas quais habitais, vinhas e olivais que não plantastes e dos quais comeis" (Js 24, 13). Espalhadas por muitos lugares, "terás oliveiras em todo o teu território" (Dt 28, 40), da encosta dos montes até à planície costeira. Mesmo em terrenos pedregosos, "a rocha vertia rios de azeite!" (Jó 29, 6). Os "sítios nas montanhas fornecem evidências de uma intensa indústria de azeite. Prensas de azeite que datam da Idade do Ferro foram registradas em pesquisas e escavações. E Israel poderia ter sido um dos principais fornecedores de azeite, tanto para o Egito quanto para o Império Assírio, que não tinha as condições ambientais para o desenvolvimento em larga escala de pomares olivais", segundo Finkelstein.[42]

Não se deve esquecer o monte das Oliveiras (812 metros de altura, a leste de Jerusalém), onde Jesus procurou muitas vezes a paz e viveu seus últimos momentos de liberdade. "Passava as noites ao relento, no monte chamado das Oliveiras" (Lc 21, 37). No dia em que se preparava para entrar em Jerusalém, "já estava perto da descida do monte das Oliveiras, quando toda a multidão dos discípulos começou, alegremente, a louvar a Deus" (Lc 19, 37). Foi ali que pressentiu seu calvário e disse, na noite em que o prenderam, "Pai, se queres, afasta de mim este cálice!" (Lc 22, 42). Sabia qual seria seu destino. "Começou [então] a entristecer-se e a angustiar-se" (Mt 26, 37), até que "o prenderam" (Mt 26, 50). A agonia de Cristo, nesse lugar, inspirou Beethoven (1770-1827), que compôs, em 1803, *Cristo no monte das Oliveiras* (*Christus am Ölberge*), opus 85, sua primeira obra importante sobre um tema religioso. Aos pés do monte das Oliveiras, no vale do Cedron, ficava Getsêmani (literalmente, *lagar de azeite*). "Havia ali um jardim, onde Jesus entrou com seus discípulos" (Jo 18, 1). Em seguida, "foi com eles a um lugar chamado Getsêmani e disse aos discípulos: 'Sentai-vos aí enquanto vou até ali para orar'" (Mt 26, 36).

A árvore é originária da Ásia Menor, "onde se encontram os mais antigos vestígios da sua cultura". A partir de lá, espalhou-se por toda a orla do Mediterrâneo, que tinha "outonos chuvosos, invernos suaves e os verões secos e quentes com grande luminosidade", segundo Manuel Paquete.[43] Muito resistente, reproduz o que acontecia com o povo de Deus. "Bem-aventurado o homem que suporta com paciência a provação! Porque, uma vez provado, receberá a coroa da vida" (Tg 1, 12). Quando é derrubada, renasce. "A árvore tem esperança, pois cortada poderá renascer" (Jó 14, 7). E, de suas raízes, nascem novos brotos. "Teus filhos [são como] rebentos de oliveira, ao redor de tua mesa" (Sl 128, 3). Esses brotos devem ser enxertados, para evitar que voltem ao estado selvagem. Mesmo que "envelheçam suas raízes na terra e seu tronco esteja amortecido no solo, ao cheiro da água reverdece e produz folhagem, como planta tenra" (Jó 14, 8-9). São Paulo, em metáfora, compara o judaísmo a uma "cepa santa", e o cristianismo a seus ramos, dizendo que "se a raiz é santa, os ramos também o serão" (Rm 11, 16). Lembra, mais, que o enxerto vive pela seiva que retira da árvore. "Se alguns dos ramos foram cortados, e tu, oliveira silvestre, foste enxertada entre eles, para te beneficiares com eles da seiva da oliveira, não te vanglories contra os ramos; e se te vanglorias, saibas que não és tu que sustentas a raiz, mas a raiz sustenta a ti" (Rm 11, 17-18). Muitas vezes, é comparada ao povo de Deus. O rei Davi era "como oliveira verdejante na casa de Deus" (Sl 52, 10), que é "ornada de frutos belos" (Jr 11, 16). Seus dias serão "como os dias de uma árvore, meus eleitos consumirão eles mesmos o fruto do trabalho das suas mãos" (Is 65, 22). Ao contrário dos que não tinham fé, "antes do tempo murcharão as suas palmas e seus ramos não ficarão mais verdes. Como uma videira deixará cair seus frutos ainda verdes, e como a oliveira perderá sua floração" (Jó 15, 32-33).

Oliveira é uma das mais importantes árvores da Bíblia. Como se vê nessa parábola, "um dia as árvores se puseram a caminho para ungir um rei que reinasse sobre elas. Disseram à oliveira: 'Reina sobre nós!'" (Jz 9, 8). Tudo por conta do seu fruto, que chega a ser comparado a outros bens preciosos. "Como vaso de ouro maciço, ornado de toda espécie de pedras preciosas, como a oliveira carregada de frutos" (Eclo 50, 9-10). Colhidos por volta da Festa do Tabernáculo (ou da Colheita), em outubro, seus frutos são tirados com bastões ou, mesmo, com as próprias mãos. "Sobrará algum restolho, como quando se vareja a oliveira: ficam duas ou três azeitonas nos ramos mais altos, quatro ou cinco nos demais galhos" (Is 17, 6). É desse fruto que se extrai o azeite; variando, em qualidade, a depender do método de processamento da polpa. Melhor será o produzido a partir de azeitonas esmagadas: "Ordena aos israelitas que te tragam azeite puro de olivas esmagadas" (Lv 24, 2), e em pilão também, ou pisadas. "Pisarás a azeitona, mas não te ungirás com o óleo" (Mq 6, 15). Depois, essa polpa esmagada era transferida para cestas coadoras, de onde pingava o azeite puro (sem detritos de caroços e da polpa), guardado em jarros de barro. Já sua polpa ia para o lagar (ou prensa). E daí, novamente espremida, saía um óleo de menor qualidade. Ter azeite era sinal de grandes posses. "As tinas transbordarão de vinho e de óleo novo" (Jl 2, 24). Já o contrário significava privações, "O campo está devastado, a terra está de luto, porque o grão está devastado, o mosto falta, o óleo seca" (Jl 1, 10).

Um azeite, naquela época, usado para muitos fins. Servia para iluminação, "Para o candelabro, para que nele haja uma chama permanente" (Lv 24, 2). Assim se deu na "Parábola das dez virgens", "O Reino dos Céus será semelhante a dez virgens que, tomando suas lâmpadas, saíram ao encontro do noivo. Cinco eram insensatas e cinco, prudentes. As insensatas, ao pegarem as lâmpadas, não levaram azeite consigo, enquanto as prudentes levaram vasos de azeite com suas lâmpadas. Atrasando o noivo, todas elas acabaram cochilando e dormindo. À meia-noite, ouviu-se um grito: 'O noivo vem aí! Saí ao seu encontro!' Todas as virgens levantaram-se, então, e trataram de aprontar as lâmpadas. As insensatas disseram às prudentes: 'Dai-nos do vosso azeite, porque as nossas lâmpadas apagam-se.' As prudentes responderam: 'De modo algum, o azeite poderia não bastar para nós e para vós. Ide antes aos que vendem e comprai para vós'" (Mt 25, 1-9). Estava nas lamparinas de todos os ofícios litúrgicos. Não por acaso, assim está na mais antiga referência escrita à oliveira, um papiro egípcio do século XII a.C.: "Destas árvores pode ser extraído o óleo mais puro para manter acesa as lâmpadas do teu santuário." Nele ainda consta que o faraó Ramsés III ofertou a Rá, deus do Sol, os olivais existentes em torno da cidade de Iunet Mehet (que os gregos mais tarde rebatizaram de Heliópolis). No livro do Êxodo, é descrito um candelabro sagrado, o *Menorah* — com haste central e "seis braços [que] sairão dos seus lados: três braços do candelabro de um lado e três braços do candelabro do outro lado" (Ex 25, 32), com sete lâmpadas alimentadas pelo mais puro azeite.

Esse óleo era destinado, também, às oferendas. "Quando ofereceres uma oblação de massa cozida no forno, a flor de farinha será preparada em bolos ázimos amassados com azeite, ou em fogaças ázimas untadas com azeite" (Lv 2, 4). Algumas vezes, preparadas em assadeiras. "Se a tua oferenda for uma oblação cozida na assadeira, a flor de farinha amassada com azeite será ázima" (Lv 2, 5). Outras vezes, em panelas. "Se a tua oferenda for uma oblação cozida na panela, a flor de farinha será preparada com azeite" (Lv 2, 7). Ou sobre pão cozido, quando era oferecido com grãos moídos. "Acrescentarás azeite e lhe porá incenso, pois é uma oblação" (Lv 2, 15). Mas se o sacrifício fosse para reparar um pecado, então era proibido usar azeite. "Trará como oferenda pelo pecado cometido um décimo de medida de flor de farinha; não porá nela azeite nem incenso, pois é um sacrifício pelo pecado" (Lv 5, 11). Bom lembrar que o óleo da Santa Unção (ou *óleo precioso*) era preparado com adição de muitas especiarias. Iahweh disse a Moisés "Quanto a ti, procura bálsamo de primeira qualidade: quinhentos siclos de mirra virgem; a metade, ou seja, duzentos e cinquenta, de cinamomo balsâmico, e outros duzentos e cinquenta de cálamo balsâmico; quinhentos siclos de cássia, segundo o peso do siclo do santuário, e um hin de azeite de oliveira. Com tudo isso farás um óleo para a unção sagrada, um perfume aromático, trabalho de perfumista. Será o óleo para a unção sagrada" (Ex 30, 23-25). Usado (em lugares, coisas ou pessoas) na intenção de torná-los sagrados, também ungia reis. "Samuel [profeta] pegou o frasco de azeite e o derramou sobre a cabeça de Saul, abraçou-o e disse-lhe: 'Não foi Iahweh que te ungiu como chefe de sua herança? És tu que julgarás o povo de Iahweh e o livrarás das mãos dos seus inimigos ao redor. E este é o sinal de que Iahweh te ungiu como chefe da sua herança'" (1 Sm 10, 1), uma unção feita por profetas ou sacerdotes. "O sacerdote Sadoc apanhou na Tenda o chifre de óleo e ungiu Salomão; soaram a trombeta e todo o povo gritou: 'Viva o rei Salomão!'" (1 Rs 1, 39).

Servia, também, como cosmético: "Que ele faça o rosto brilhar com o óleo" (Sl 104, 15). Ou "que no óleo banhe o seu pé!" (Dt 33, 24). Os mais abastados usavam misturado com perfumes: "Óleo e perfume alegram o coração, e a doçura do amigo é melhor que o próprio conselho" (Pr 27, 9). Eles "se ungem com o melhor dos óleos" (Am 6, 6). Espargir esse óleo perfumado na cabeça do amigo a quem se queria honrar, segundo costume oriental, significava um tipo especial de acolhimento. "Diante de mim preparas a mesa, à frente dos meus opressores; unges minha cabeça com óleo" (Sl 23, 5). Aos inimigos, não. "Que o justo me bata, que o bom me corrija, que o óleo do ímpio não me perfume a cabeça, pois me comprometeria com suas maldades" (Sl 141, 5). Havia até um óleo da alegria. "O teu Deus te ungiu com o óleo da alegria" (Sl 45, 8). Sugerido para "consolar todos os enlutados [...] a fim de dar-lhes um diadema em lugar de cinza e óleo de alegria em lugar de luto" (Is 61, 2-3). Mas quem estava de luto não poderia usar esse óleo perfumado. "Peço-te isto: que finjas estar de luto, vistas roupa de luto, não te perfumes, como se fosses uma mulher que, depois de muitos dias, continua de luto por um morto" (2 Sm 14, 2). Também não o usavam aqueles que estavam jejuando. "Quando jejuardes, não tomeis um ar sombrio como fazem os hipócritas, pois eles desfiguram seu rosto para que seu jejum seja percebido pelos homens [...] Tu, porém, quando jejuares, unge tua cabeça e lava teu rosto, para que os homens não percebam que estás jejuando" (Mt 6, 16-18). Eram muitas as fragrâncias com que se perfumava o óleo. "Durante seis meses as moças usavam óleo de mirra, e nos outros seis meses, bálsamo e unguentos empregados para os cuidados da beleza feminina" (Est 2, 12). Judite, a viúva sedutora que salvou os israelitas do cerco dos assírios, "tirou o pano de saco que vestira, despojou-se do manto de sua viuvez, lavou-se, ungiu-se com ótimo perfume" (Jt 10, 3) e pediu a Deus que abrisse as portas da cidade. A virtuosa Suzana, salva por Daniel de ser executada, disse às duas meninas que a acompanhavam: "Trazei-me óleo e bálsamo, e fechai a porta do jardim, porque vou banhar-me" (Dn 13, 17).

Azeite servia, inclusive, como remédio. Para curar feridas, "desde a planta dos pés até a cabeça, não há lugar são. Tudo são contusões, machucaduras e chagas vivas, que não foram espremidas, não foram atadas nem cuidadas com óleo" (Is 1, 6). Na "Parábola do bom samaritano", ele "cuidou de suas chagas, derramando óleo e vinho" (Lc 10, 34) nas feridas do homem que encontrou na estrada de Jericó. E, ainda hoje, é usado no sacramento da unção dos enfermos, quando o doente é ungido com óleo. Em outros sacramentos, igualmente: batismo, crisma e ordenação de novos sacerdotes. Curava, até, doenças da alma. "Alguém dentre vós está doente? Mande chamar os presbíteros da Igreja para que orem sobre ele, ungindo-o com óleo em nome do Senhor. A oração da fé salvará o doente e o

Senhor o porá de pé" (Tg 5, 14-15), escreveu o apóstolo Tiago para os judeus da diáspora. Com esse óleo, "expulsavam muitos demônios e curavam muitos enfermos" (Mc 6, 13), e também preparavam cadáveres para o sepultamento. Primeiro, lavavam o corpo do falecido, como fizeram com Tabita, personagem do Novo Testamento, conhecida por sua dedicação aos pobres e que morreu em Jope (um porto a 55 quilômetros de Jerusalém). "Depois de a lavarem, puseram-na na sala de cima" (At 9, 37). Já limpo o corpo, era untado com óleos aromáticos e enrolado em panos. Quanto a Jesus, não puderam cumprir esse ritual, porque morreu três horas antes do início do sábado, dia do descanso, quando eram proibidos todos esses preparativos. "Passado o sábado, Maria de Magdala e Maria, mãe de Tiago, e Salomé compraram aromas para ir ungir o corpo [de Jesus]" (Mc 16, 1). Segundo São Cirilo de Jerusalém,[44] "Cristo, na verdade, não foi ungido pelos homens com óleo ou algum unguento corporal. Foi o Pai, ao predestiná-Lo como salvador de todo o mundo, que O ungiu com o Espírito Santo". Aconteceu que "no primeiro dia da semana, muito cedo ainda, elas foram ao sepulcro, levando os aromas que tinham preparado. Encontraram a pedra do túmulo removida, mas, ao entrar, não encontraram o corpo do Senhor Jesus" (Lc 24, 1-3). Ainda hoje, na religião judaica, permanece esse costume de preparar o morto, para o sepultamento, com óleo. Por ser, esse óleo, um dos símbolos do Espírito Santo: "Aquele que nos fortalece convosco em Cristo e nos dá a unção é Deus, o qual nos marcou com um selo e pôs em nossos corações o penhor do Espírito" (2 Cor 1, 21-22). Segundo São Basílio de Cesareia,[45] "dizer Cristo é confessar toda a Trindade: significa de fato mostrar que Deus [o Pai] foi quem ungiu, o Filho que foi ungido e a unção que é o Espírito Santo".

Na culinária, o azeite estava presente em todas as casas. "Tua serva nada tem em casa, a não ser um vaso de óleo" (2 Rs 4, 2). Ingrediente importante na preparação de bolo, broa ou pão, "alimentavas-te de flor de farinha, mel e azeite" (Ez 16, 13). "Não tenho pão cozido; tenho apenas um punhado de farinha numa vasilha e um pouco de azeite na jarra (1 Rs 17, 12). Muitas vezes usado "a fim de umedecer a farinha" (Ez 46,14), era guardado em grandes cântaros. Nos palácios de Samaria, foram encontrados cacos de cerâmica dos cântaros onde o azeite era armazenado ou em vasos: "Samuel apanhou o vaso de azeite e ungiu-o na presença dos seus irmãos" (1 Sm 16, 13); ou, ainda, em frascos, para levar em viagem. "O profeta Eliseu chamou um dos irmãos profetas e disse-lhe: 'Cinge teus rins, toma contigo este frasco de óleo e parte'" (2 Rs 9, 1).

Era importante artigo de comércio, "Salomão pagou a Hiram [rei de Tiro, na Fenícia] vinte mil coros de trigo para o sustento de sua casa e vinte coros de azeite virgem" (1 Rs 5, 25). Judá e a terra de Israel trazem "trigo de Minit, panag [espécie de doce], mel, azeite e bálsamo em troca das tuas mercadorias (Ez 27, 17) e "levam óleo para o Egito" (Os 12, 2). Há registros "de exportação de azeite de Canaã para o Egito e a Grécia há mais de 4 mil anos", segundo Percussi.[46] Empregado em transações de grande valor, "Convocou então os devedores do seu senhor um a um, e disse ao primeiro: 'Quanto deves ao meu senhor?' 'Cem barris de óleo', respondeu ele. Disse então: 'Toma tua conta, senta e escreve depressa cinquenta'" (Lc 16, 5-6). Era, inclusive, moeda. "Que sejam enviados então a seus servos o trigo, a cevada, o azeite e o vinho de que falaste" (2 Cr 2, 14). Deram "dinheiro aos talhadores de pedra e aos carpinteiros, [mas] aos sidônios e tírios foram dados víveres, bebidas e óleo

(Esd 3, 7). Foi usado, por fim, em sentido figurado: "São suaves como óleo suas palavras" (Sl 55, 22). Comparado à união entre irmãos: "Como é bom, como é agradável habitar todos juntos, como irmãos. É como óleo fino sobre a cabeça, descendo pela barba" (Sl 133, 1-2). E à amizade: "Óleo e perfume alegram o coração, e a doçura do amigo é melhor que o próprio conselho" (Pr 27, 9). Tanto que, no "Cântico dos Cânticos", atribuído a Salomão, o nome do amado é "como óleo escorrendo, e as donzelas se enamoram de ti" (Ct 1, 3).

3.5. Mel

"Come o mel, meu filho, porque é bom, o favo de mel é doce ao paladar" (Pr 24, 13).

Desde a mais remota Antiguidade, o mel esteve sempre ligado à história dos homens, e à dos deuses, também. Segundo a mitologia grega, Zeus, recém-nascido, foi deixado por sua mãe, Rhea, no monte Ida (ilha de Creta). Para escapar da perseguição de seu pai, Cronos (irmão de Rhea), que devorava cada filho, evitando que se cumprisse a promessa de que perderia seu trono para um descendente. Desse deus, que escravizava os seres do nascimento até a morte, se dizia que controlava o tempo. De Cronos veio *cronômetro* (*chronos*, tempo; e *metron*, medida). Em Creta, Zeus esteve sob os cuidados das filhas do rei Melisseu — Amalteia e Melissa —, nome que vem de *Méli* (a que lambe mel), designando, também, *abelha*; ou ainda, em sentido figurado, *sacerdotisa*. Foi alimentado com leite de cabra e mel, bebida de todos os deuses do Olimpo. Em agradecimento, concedeu àquele mel propriedades especiais. Como remédio (anti-inflamatório, antioxidante, antisséptico, cicatrizante, para prevenir doenças) ou como alimento (rico em cálcio, fósforo, magnésio, potássio, sódio). No Egito, era usado para embalsamar mortos ilustres. E, na Palestina, simbolizava fartura. "Terra de trigo e cevada, de vinhas, figueiras e romãzeiras, terra de oliveiras, de azeite e de mel" (Dt 8, 8). Mais tarde Zeus, com a ajuda da mãe e dos irmãos (Deméter, Poseidon, Héstia, Hera, Hades e Quíron), expulsou seu pai, Cronos, do Olimpo. Como ele simbolizava o tempo, Zeus se tornou imortal e passou a governar como rei de todos os deuses gregos.

Quando Iahweh libertou os israelitas do Egito, prometeu que seu povo iria "subir desta terra para uma terra boa e vasta, terra que mana *leite e mel*" (Ex 3, 8). No fim da caminhada, os anciãos e Moisés anunciaram que iriam atravessar o Jordão para "entrar na terra que Iahweh teu Deus te dará, terra onde mana *leite e mel*" (Dt 27, 3). Mas os anos foram passando, entre a fuga do Egito e a travessia do Jordão. E "todo o povo que saíra [do Egito] havia sido circuncidado; mas todo o povo que nascera no deserto, no caminho depois da sua saída do Egito, não havia sido circuncidado; porque os israelitas andaram durante quarenta anos no deserto, até que pereceu toda a nação, os homens de guerra que saíram do Egito" (Js 5, 5-6). Deus cumpriu sua promessa. "Sereis o meu povo e eu serei o vosso Deus, para cumprir o juramento que fiz a vossos pais, de lhes dar uma terra onde corre *leite e mel*" (Jr 11, 4-5). Ali, todo o povo "comerá e ficará saciado" (Dt 31, 20). Canaã, a Terra Prometida, seria essa "terra que mana *leite e mel*" (Nm 14, 8). Trata-se de uma expressão recorrente, na Bíblia, não por acaso, dado ser lugar perfeito para criar cabras, ovelhas e vacas. Com grande suprimento de leite e de mel, também. Tudo próprio a uma terra fértil, abençoada por Deus.

O clima suave, com abundância de flores silvestres, fazia com que houvesse muitas abelhas na Palestina. "Pequena é a abelha entre os alados, mas o seu produto é o primeiro em doçura" (Eclo 11, 3). É usado, sobretudo, para adoçar alimentos, entre os quais leite e derivados. "Em virtude da produção abundante de leite, todos os que forem deixados na terra se alimentarão de coalhada e de mel" (Is 7, 22). Inclusive Jesus, segundo a profecia de Isaías: "Eis que a jovem está grávida e dará à luz um filho e dar-lhe-á o nome de Emanuel. Ele se alimentará de coalhada e de mel" (Is 7, 14-15). Nada se comparava a ele, "o que é mais doce do que o mel?" (Jz 14, 18). Dava também vigor. Foi oferecido a Davi e aos guerreiros que o acompanhavam, para que se alimentassem: "Mel, manteiga, ovelhas e porções de boi [...] [porque] o exército sofreu fome, cansaço e sede no deserto" (2 Sm 17, 29). Podia ser consumido puro ou misturado com outros ingredientes: "Alimentavas-te de flor de farinha, mel e azeite" (Ez 16,13). Sem esquecer que o maná, no deserto do Sinai, tinha "sabor como bolo de mel" (Ex 16, 31).

Abelhas fazem mel a partir do néctar (em sânscrito *amrita*, imortal) produzido no interior das flores, desde muito antes de haver homens na Terra. Mas a compreensão científica da transformação desse néctar em mel só aconteceu bem depois, quando cientistas descobriram que abelhas têm, nas suas cabeças, duas enzimas (invertase e glicose oxidase) que, em contato com o néctar, produzem mel. Mais tarde (1973), estudos valeram o Nobel de Fisiologia a Karl Ritter von Frisch (1886-1982), ao demonstrar que abelhas se comunicam entre si. Quando encontram uma fonte de alimento (o néctar), retornam à colmeia e informam o local, com precisão, às companheiras, por meio de movimentos de dança que indicam direção e distância:

dança em círculo (alimento perto da colmeia), *dança em foice* (distância intermediária), *dança do requebrado* (longe da colmeia). Cada colônia de abelhas se constrói a partir do mesmo modelo, com uma rainha e cerca de dois mil zangões, apenas dedicados à reprodução. A rainha vive até cinco anos e produz, nos meses de postura, em média dois mil ovos por dia. Operárias são, em cada colônia, cerca de sessenta mil e vivem, no máximo, 45 dias. A elas são destinadas todas as demais tarefas, inclusive transporte do néctar, produção de mel e outros cuidados com a colmeia. Podem passar até três dias batendo asas para ventilar a colmeia, e manter sua temperatura ideal. O mel é depositado em favos hexagonais, protegidos por paredes (com espessura de um terço de um milímetro) feitas de substância produzida por glândulas situadas no próprio corpo das abelhas. Expelida pelos poros, formam pequenas escamas alvas que são levadas às mandíbulas, mastigadas e transformadas em cera que, depois, é depositada no favo em construção. A mesma cera é também usada para selar o favo já cheio de mel e protegê-lo, até que seja consumido. Cera que se "derrete diante do fogo" (Sl 68, 3), como "rochas se derreterão como cera diante de tua face" (Jt 16, 15).

Abelhas silvestres fazem colmeias em lugares muito diversos. Nos vales, "as abelhas que vivem na terra da Assíria, elas virão e pousarão todas nos vales íngremes dos penhascos" (Is 7, 18-19). Nas fendas das rochas, "fê-lo sugar mel de um rochedo" (Dt 32, 13). Em florestas, "O povo tinha entrado na floresta, e eis que aí corria mel" (1Sm 14, 26). E nos desertos, como no da Judeia, onde João Batista pregava usando "uma roupa de pelos de camelo e um cinturão de couro em torno dos rins. Seu alimento consistia em gafanhotos e mel silvestre" (Mt 3, 4).

O Corão (*Qur'an*, significando "Pregão" ou "Chamamento"), livro sagrado do islamismo (com 114 capítulos, *surah*; divididos em versículos, *ayat*), também faz este registro (no *surah* 16, *ayat* 68-69): "E teu senhor inspirou as abelhas dizendo: 'Construí as vossas colmeias nas montanhas, nas árvores e nas habitações. Alimenta-vos de toda classe de frutos e segui, humildemente, pelas sendas traçadas por vosso senhor.'" Colmeias eram feitas até em carcaças de animais, secas ao sol. Sansão "afastou-se do caminho para ver o cadáver do leão, e observou na sua carcaça um enxame de abelhas e mel. Recolheu-o na mão e, enquanto seguia o seu caminho, o comia" (Jz 14, 8-9). Em razão disso, até propôs um enigma: "Do que come saiu comida, e do forte saiu doçura" (Jz 14, 14). Depois de três dias, "ainda não tinham achado a solução. No sétimo dia, disseram à mulher de Sansão: 'Seduze o teu marido para que ele nos revele o enigma, do contrário poremos fogo a ti e à casa do teu pai' [...] No sétimo dia, antes que o Sol se pusesse, vieram os homens da cidade e disseram a Sansão: 'O que é mais doce do que o mel, e o que é mais forte do que o leão?' E ele lhes replicou: 'Se não tivésseis trabalhado com minha novilha, não teríeis adivinhado o meu enigma'" (Jz 14, 14-18). Nunca perdoou a mulher. Que, abandonada, então casou com um dos padrinhos de seu casamento, a quem revelara a solução do enigma. E Sansão passou a viver com Dalila.

Por ser muito apreciado, o mel era oferecido aos profetas. Jerobão recomendou que sua mulher levasse ao profeta de Silo, Aías, "dez pães, bolos e um pote de mel" (1 Rs 14, 3). Também servia como oferta a Iahweh. "Podereis oferecê-los como oferenda das primícias, mas não os colocareis sobre o altar como perfume de agradável odor" (Lv 2, 12). Só não era permitido usar, nesse altar, mel feito a partir de suco ou xarope de frutas, por ser produto fermentado. Ezequias (rei de Judá entre 726 a 697 a.C.), que restabeleceu as classes dos sacerdotes e dos levitas, ordenou "ao povo, aos habitantes de Jerusalém, que dessem aos sacerdotes e aos levitas a parte que lhes tocava a fim de que pudessem observar a Lei de Iahweh. Logo que foi promulgada essa ordem, os israelitas ajuntaram as primícias do trigo, do vinho, do óleo, do mel e de todos os produtos agrícolas e trouxeram em abundância o dízimo de tudo" (2 Cr 31, 4-5). A Palestina produzia mel em quantidade suficiente para exportar. "Judá e a terra de Israel exerciam comércio contigo [cidade de Tiro], trazendo [...] mel, azeite e bálsamo em troca de tuas mercadorias" (Ez 27, 17). E valia muito. Ismael ordenou que colocassem os homens numa cisterna e um deles disse: "Não nos mates, pois temos no campo provisões escondidas, trigo, cevada, azeite e mel" (Jr 41, 8).

Na Bíblia foi usado, muitas vezes, em sentido figurado. "As decisões de Iahweh são verdadeiras [...] mais saborosas do que o mel escorrendo dos favos" (Sl 19, 10-11). "Quão doce ao meu paladar é tua promessa, é mais do que o mel em minha boca!" (Sl 119, 103). "Vinde a mim todos os que me desejais, fartai-vos de meus frutos. Porque a minha lembrança é mais doce do que o mel, minha herança mais doce do que o favo de mel" (Eclo 24, 19-20). Mais, ainda, "a lembrança de Josias é mistura de incenso, preparada pelos cuidados de perfumista; é como mel, doce em todas as bocas, como a música em meio a banquete" (Eclo 49, 1-2). Suas propriedades curativas foram exaltadas. "Palavras amáveis são um favo de mel: doce ao paladar e força para os ossos" (Pr 16, 24). Ou "teus lábios são favo escorrendo, ó noiva minha, tens leite e mel sob a língua" (Ct 4, 11). Serviu, também, para dar conselhos e prevenir perigos. "Os lábios da estrangeira destilam mel, e o seu paladar é mais suave do que o azeite. No final, porém, é amarga como o absinto, e afiada como uma espada de dois gumes" (Pr 5, 3-4). E, como exemplo do princípio bíblico da moderação, "não é bom comer muito mel nem buscar glória sobre glória" (Pr 25, 27).

3.6. Sal

"Vós sois o sal da terra" (Mt 5, 13).

Nenhum alimento carrega mais simbolismo do que sal. É assim desde as mais antigas civilizações. E, também, na Bíblia. O recém-nascido é purificado com ele. "Por ocasião do teu nascimento, ao vires ao mundo, não cortaram teu cordão umbilical, não foste lavada para a tua purificação, não foste esfregada com sal" (Ez 16, 4). É sinal de sabedoria, "a vossa palavra seja sempre agradável, temperada com sal" (Cl 4, 6). E de amor ao próximo, "o sal é bom [...] Tende sal em vós mesmos e vivei em paz uns com os outros" (Mc 9, 50). Representa permanência, por ser a própria essência da palavra de Jesus. Uma *aliança de sal* (permanente, imperecível) é "aliança inviolável" (2 Cr 13, 5), como "uma aliança eterna de sal diante de Iahweh, para ti e para a tua descendência contigo" (Nm 18, 19). Ainda hoje, entre os árabes, são mantidas expressões como "Existe sal entre nós" ou "Eu te amo como ao sal". Conviver com pessoa ignorante é mais difícil do que carregar sal. "Areia, sal, uma bola de ferro, são mais fáceis de se transportar do que o homem estulto" (Eclo 22, 15). Salgar a terra é retirar dela fertilidade e futuro, "um montão de sal, um deserto para sempre" (Sf 2, 9). Mas, dependendo das circunstâncias, também está associado à fertilidade. "Essa noção pode ter se originado da observação de que peixes de água salgada têm proles muito maiores que os animais terrestres. Navios que transportavam sal eram cheios de ratos e, durante séculos, se acreditou que ditos ratos se reproduziam simplesmente porque viviam no sal", segundo Mark Kurlansly.[47]

Muito valioso, durante bastante tempo foi a única forma de conservar alimentos. Tanto que, na Roma Antiga, era usado como moeda. Com ele eram remunerados os legionários, daí vindo a própria palavra "salário" (*sal-arium*). "Já que comemos o sal do palácio, não nos parece conveniente ver fazer-se esta afronta ao rei" (Esd 4, 14). Nada a estranhar, pois, segundo Adam Smith,[48] "qualquer coisa de valor podia servir de dinheiro". Os romanos chamavam um homem apaixonado de *salax*, daí derivando *salaz* (devasso). O caminho por onde chegavam as caravanas transportando sal, a *Via Salária*, continua sendo um dos principais acessos à cidade de Roma. Designações similares encontram-se na França (*Route du Sel*) e na Alemanha (*Alte Salzstraße*). "Sua procura era tanta que se desenvolveram rotas especiais com o propósito exclusivo de o distribuir transformando-o num valor monetário corrente, respeitado universalmente", explica Ritchie.[49] Era guardado em potes, artisticamente decorados, colocados à mesa das refeições. E, quanto mais longe dele, menor importância tinha o comensal. Leonardo da Vinci, em sua *Última Ceia* (*L'Ultima Cena*), pintada na parede do refeitório do Convento de Santa Maria delle Grazie (Milão), colocou Judas diante de um saleiro entornado — ele "se inclina para trás, derrubando um saleiro (bem visível nas cópias mais antigas)", segundo Walter Isaacson[50]. Uma velha superstição, herança dos romanos, sugere que traria mau agouro. A pintura de Leonardo retrata a reação de todos os apóstolos, após Jesus dizer: "Em verdade, em verdade, vos digo: um de vós me entregará" (Jo 13, 21). Os apóstolos, "muito entristecidos, puseram-se — um por um — a perguntar-lhe: 'Acaso sou eu, Senhor?' Ele respondeu: 'O que comigo põe a mão no prato, esse me entregará'" (Mt 26, 22-23). O mesmo está em Lucas. "Eis, porém, que a mão do que me trai está comigo, sobre a mesa" (Lc 22, 21). Cumprindo esse mau presságio, Judas se matou logo após trair Jesus: "À tua caridade humanitária e doce, / Eu prefiro o dever terrível, / E enforcou-se!", escreveu Guerra Junqueiro em A *caridade e a justiça*.

Todo sal tem origem no mar. Quando encontrado em terras distantes do litoral, é sinal de que ali, antes, houve mar. A água salgada contém, na sua composição, diversos tipos de sais dissolvidos: carbonato e sulfato de cálcio, cloreto e sulfato de magnésio, além do cloreto de sódio, predominante no sal de cozinha. É obtido por evaporação (solar ou forçada) e, também, extraído em minas (de sal-gema). A principal fonte de sal, na Palestina, era o mar Morto (que deve o nome à ausência, nele, de vida animal ou vegetal), o "mar do Sal" (Gn 14, 3). Nos oceanos, a quantidade é de 35 gramas por litro de água; enquanto, no mar Morto, trezentas gramas. Tal concentração deve-se ao clima bastante seco (com águas evaporando rapidamente), à sua localização e à sua profundidade (400 metros abaixo do nível do mar, favorecendo o escoamento de minerais). Havia, nas suas margens, morros de sal; como, em Jebel Usdum, penhasco de sal-gema com cerca de 10 quilômetros de comprimento e 195 m de altura. Os morros eram "Deixados como reservas de sal" (Ez 47, 11). Havia, também, o "vale do Sal" (2 Sm 8, 13), que se prolongava para o sul. Ali, nas cavernas de Qumran

(Cisjordânia), foram encontrados (em 1947) os Manuscritos do mar Morto, com antigos e importantes fragmentos de textos bíblicos, provavelmente deixados pelos essênios (século II a.C.). Hoje, estão no Santuário do Livro (Museu de Israel, Jerusalém). Eram rolos de papiro guardados em vasos de cerâmica. E tão bem preservados, que professores do Instituto de Tecnologia de Massachusetts (MIT) se interessaram em estudar a razão de terem resistido, durante tanto tempo, à ação corrosiva de micro--organismos que poderiam ter desintegrado o tecido. Com raios X e infravermelhos, foi possível descobrir que o documento (de 0,1 mm de espessura e 8 metros de comprimento) era composto por três camadas. Uma primeira feita da pele do animal, depois de extraídos pelos e gorduras. A segunda consistia numa cobertura de colágeno — proteína presente nos organismos animais. E a terceira, que continha o segredo (segundo os especialistas) da longevidade dos documentos, formada por uma mistura de minerais (cálcio e enxofre) e sal, em elevadas concentrações.

Na Palestina era usado, sobretudo, para conservar e temperar alimentos, "o sal, de fato, é bom. Porém, se até o sal se tornar insosso, com que se há de temperar? Não presta para a terra, nem é útil para esterco: jogam-no fora" (Lc 14, 34-35). E para purificá-los, "a toda oferenda juntarás uma oferenda de sal a teu Deus" (Lv 2, 13). Também estava presente nos incensos, "com eles farás um perfume, uma composição aromática, obra de perfumista, misturando com sal puro e santo" (Ex 30, 35). E servia para livrar águas de impurezas, "ele foi à fonte das águas, lançou-lhe sal e disse: 'Assim fala Iahweh: Eu saneio estas águas e elas não mais causarão nem morte nem esterilidade'. E as águas se tornaram sadias" (2 Rs 2, 21-22). Era também espalhado sobre cidades inimigas, vencidas nas guerras. "Depois de tomá-la, massacrou seus habitantes, destruiu a cidade e espalhou sal sobre ela" (Jz 9, 45), porque assim se transformava "terra fértil em salina, por causa do mal dos seus habitantes" (Sl 107, 34). Com "enxofre e sal, toda a sua terra está queimada; ela não será mais semeada, nada mais fará germinar e nenhuma erva nela crescerá!" (Dt 29, 22). Passa a ser uma "terra salgada, onde ninguém mora" (Jr 17, 6). Sodoma e Gomorra foram visitadas pelos anjos, que constataram seus vícios, e as cidades acabaram castigadas. "Iahweh fez chover, sobre Sodoma e Gomorra, enxofre e fogo [...] e destruiu essas cidades e toda a Planície, com todos os habitantes da cidade e a vegetação do solo. Ora, a mulher de Ló olhou para trás e converteu-se numa estátua de sal" (Gn 19, 24-26). No Evangelho de São Marcos está, inclusive, advertência de Jesus para aqueles que praticam o mal: "Todos serão salgados com fogo" (Mc 9, 49).

3.7. Leite e derivados

"Ele pediu-lhe água: leite lhe trouxe, na taça dos nobres" (Jz 5, 25).

Todos os mamíferos se alimentam de leite. Mamífero vem do latim *mamma* (mama); e leite, de *lactis* (seiva). A palavra se manteve nas línguas latinas: *latte* (italiano), *lait* (francês), *leche* (espanhol). Mas não nas anglo-saxônicas, influenciadas pelo indu *meolc* (ordenhar), donde *milk* (inglês) e *melki* (alemão). O leite era considerado sagrado por vir do próprio corpo, depois do parto. No Corão, Maomé (Muhammad), *surah* (capítulo) 16, *ayat* (versículo) 66, diz: "Na verdade tendes no gado um ensinamento. Nós vos damos a beber um leite puro, que vem de suas entranhas, delicioso para os que bebem, dentre os alimentos digeridos e do sangue." Canaã, a Terra Prometida por Deus aos hebreus, como já vimos, é lugar onde "mana *leite e mel*" (Ex 3, 17). E leite faz parte da bem conhecida lenda romana que começa com a morte do rei de Alba Longa, a mais antiga província da região do Lácio. O trono, por direito hereditário, deveria ser ocupado pelo primeiro de seus dois filhos, Numitor. Mas, por cobiça, o legítimo herdeiro acabou assassinado pelo irmão mais moço, Amulius; que, para evitar riscos a seu reinado, também definiu os destinos da prole de Numitor. Lauso, o filho homem, foi morto; e a filha, Rhea Silvia, obrigada a fazer voto de castidade. Só que dita virgem vestal acabou se apaixonando pelo deus Marte e, dessa união, nasceram os gêmeos Romulus e Remus. Amulius, ao saber, ordenou que fossem mortos. Por piedade, ou temor aos céus, decidiram os responsáveis pela execução da sentença colocar aqueles gêmeos num cesto, depois jogado no rio Tibre (*Tevere*), para que o destino lhes desse fim. Por graça dos deuses, não se afogaram. E, ao fim do terceiro dia, aquele cesto frágil encalhou nas raízes de uma figueira, sendo as crianças encontradas e amamentadas por uma loba, cheia de leite, ainda triste porque havia perdido seus filhotes. Cresceram entre pastores e, quando adultos, fundaram um povoado exatamente no local em que foram achados pelo animal. Seu primeiro rei foi Romulus. Em louvor dele, mais tarde, a cidade recebeu seu nome, *Roma*. Romulus acabou convertido no deus guerreiro Quirino; a figueira (*ficus ruminalis*), em árvore sagrada; e a loba, em símbolo da cidade. A história dessa velha lenda finda, como toda lenda que se preze, com todos vivendo felizes para sempre. Só que não foi bem assim, no mundo real. Acostumado a matar, Romulus assassinou o irmão Remus. Povoou a cidade com assassinos, bandidos, escravos, refugiados. Faltando mulheres, buscou-as na cidade vizinha de Sabina. O episódio acabou conhecido como o *Rapto das Sabinas*. Romulus escapou dos punhais inimigos, mas não de sua sina — morrendo pelas mãos dos deuses que afrontou, em meio a uma tempestade.

Na Bíblia, há numerosas referências a esse leite. Talvez por conta da escassez de água, e de sua má qualidade, nas terras áridas ou semiáridas da Palestina (e seu entorno), era, muitas vezes, usado apenas para matar a sede. "Comerão teus frutos e beberão teu leite" (Ez 25, 4). A escolha, nos primeiros tempos, dependia menos do gosto e mais do animal disponível no curral. "Quem apascenta um rebanho e não se alimenta do leite do rebanho?" (1 Cor 9, 7). Todos usavam "produtos do campo [...] coalhada de vaca e leite de ovelha, com gordura de carneiros e cordeiros" (Dt 32, 13-14). Mais comuns eram os de cabra e de ovelha, "leite de cabra em abundância para te alimentar, para alimentar a tua casa e sustentar as tuas servas" (Pr 27, 27). O de vaca era mais raro. Ter leite disponível passou a ser uma grande bênção e, por conta disso, muitas vezes, aparece na Bíblia em sentido figurado. Os recursos das nações e dos povos eram comparados a ele. "Sugarás o leite das nações, amamentar-te-ás das riquezas dos reis" (Is 60, 16). Na restauração que se anunciou, de Israel e de Jerusalém, se dizia que "das colinas escorrerá leite" (Jl 4, 18). Essa bebida significava, também, felicidade. Quando "seus olhos estão turvos de vinho, seus dentes brancos de leite" (Gn 49, 12). O pastor do "Cântico dos Cânticos" louvou sua amada cantando: "Teus lábios são favo escorrendo, ó noiva minha, tens leite e mel sob a língua" (Ct 4, 11), talvez porque da boca dela saíssem doces palavras. Seus "olhos são pombas à beira de águas correntes: banham-se no leite e repousam na margem" (Ct 5, 12). Paulo, no Novo Testamento, compara seus ensinamentos aos coríntios ao leite dado às crianças ainda incapazes de se alimentar com alimentos sólidos. "Dei-vos a beber leite, não alimento sólido, pois não o podíeis suportar" (1 Cor 3, 2). Na Epístola aos Hebreus, leite é comparado às primeiras lições. "Necessitais novamente que se vos ensinem os primeiros rudimentos dos oráculos de Deus, e precisais de leite, e não de alimento sólido" (Hb 5, 12). Já Pedro aconselhava que "rejeitando toda maldade, toda mentira, todas as formas de hipocrisia e de inveja e toda maledicência, desejai, como crianças recém-nascidas, o leite não adulterado da palavra, a fim de que por ele cresçais para a salvação" (1Pd 2, 1-2).

Derivados de leite — coalhada, manteiga, queijo — são, também, referidos na Bíblia. É que o leite, àquele tempo, frequentemente talhava, sem que se compreendesse a razão. Hoje, sabemos que isso ocorre por conta da *renina* — uma substância ácida, presente no estômago dos animais (cabra, ovelha, vaca) durante o período em que amamentam suas crias; ou, mesmo, no estômago dessas crias (cabrito, cordeiro, bezerro), enquanto se alimentavam apenas de leite materno. Estômagos esses que, depois de mortos os animais, eram usados para fazer odres — recipientes para guardar e transportar vinho e, sobretudo, leite. "Ela abriu o odre onde estava o leite, deu-lho a beber e o cobriu de novo" (Jz 4, 19). Bom lembrar que, nos tempos bíblicos, não havia manteiga como a conhecemos hoje. "Apertas o leite e sai manteiga, apertas o nariz e sai sangue, apertas a ira e saem rixas" (Pr 30, 33). Essa manteiga, provavelmente, era só leite que começava a talhar, com aparência de creme. "Banhava meus pés em creme de leite" (Jó 29, 6). E o leite, já talhado, ia se tornando mais ácido; permitindo separar, naturalmente, a parte sólida (gordura) da líquida (soro). Daí surgiu a coalhada, consumida pura ou misturada com mel. "Em virtude da produção abundante de leite todos os que forem deixados na terra se alimentarão de coalhada e de mel" (Is 7, 22). Era uma iguaria sempre oferecida aos convidados. Abraão ofereceu, a eles, "coalhada, leite e o vitelo" (Gn 18, 8).

Algumas vezes, para que se conservasse por mais tempo, a coalhada recebia sal. Daí vieram os queijos: "Não me derramaste como leite e me coalhaste como queijo?" (Jó 10, 10). Muito apreciado por todos, "estes dez pedaços de queijo, oferece-os ao chefe de mil [de grupo de mil pessoas]" (1 Sm 17, 18). Há registro de queijos em pinturas nas tumbas egípcias (2000 a.C.). Segundo a mitologia grega, seu inventor teria sido um pastor chamado Aristeu (filho de Apolo e Cirene). Homero[51] faz referências a esse queijo (*Odisseia*, Livro IX), "porções do leite coalha e aperta em fôrmas; / Guarda metade, que ceando beba". Durante muito tempo, queijo foi apenas leite coalhado e sal, com aspecto de massa dura e cheia de grumos. Aos romanos, devemos a primeira produção de queijo com alguma técnica. Usando, também, leite de égua ou de mula, exaltados pelo historiador Heródoto (485-425). Em *De Re Rustica*, o escritor e poeta romano Columela[52] (pseudônimo de Lucius Junius Moderatus, 4-70 d.C.) descreve as fases do preparo: uso do coalho, separação do soro, salga, colocação em fôrmas e, sobretudo, maturação. Em *Naturalis Historia*, Plínio, o Velho (23-79), lhe dedica todo um capítulo. Os melhores, segundo ele, eram os das aldeias perto de Nîmes — no sul da França, por muito tempo colônia romana. O problema é que "não tinham muita durabilidade". E só bem mais tarde a técnica de maturação foi aperfeiçoada, nos mosteiros.

3.8. Água

"Dá-me de beber!" (Jo 4, 7).

Deus "no princípio fez o céu, de onde vêm a prerrogativa e a causa da geração, e fez a terra, na qual está a substância da geração. Com efeito, neles foram criados aqueles quatro elementos, a partir dos quais são geradas todas as coisas que são do mundo. Os quatro elementos são o ar, o fogo, a água e a terra, que estão misturados uns aos outros em todas as coisas", segundo Santo Ambrósio[53] (século IV). Essa teoria dos quatro elementos é atribuída a Empédocles (século V a.C.), mago e filósofo pré-socrático que viveu na Sicília. A filosofia escolástica, que moldou a civilização cristã ocidental, desenvolveu comentários sobre esta teoria. Nas palavras de Fernando Pessoa (em *Gênese e justificação da heteronímia*), "uns agem sobre os homens como a *terra*, soterrando-os e abolindo-os, e esses são os mandantes do mundo. Uns agem sobre os homens como o *ar*, escondendo-os uns dos outros, e esses são os mandantes do além-mundo. Uns agem sobre os homens como a *água*, que os converte em sua mesma substância, e esses são os ideólogos e os filósofos. Uns agem sobre os homens como o *fogo*, que queima nele todo o acidental, e os deixa nus e reais, e esses são os libertadores". Num primeiro momento, Deus criou o Universo. Inclusive a água, como diz São Tomás de Aquino,[54] porque "uma parte do Universo depende da outra, especialmente a inferior da superior. Assim, é impossível que algumas partes tenham sido feitas antes que outras". No início do Gênesis, "um sopro de Deus agitava a superfície das águas" (Gn 1, 2). Ele disse: "Haja um firmamento no meio das águas e que ele separe as águas das águas" (Gn 1, 6), e que "as águas que estão sob o céu se reúnam num só lugar e que apareça o continente" (Gn 1, 9). Deus, depois, "chamou ao continente *terra* e à massa das águas *mares*" (Gn 1, 10).

Nesse mundo de terra firme que criou, para que houvesse vegetação, fez chover. "Não havia ainda nenhum arbusto dos campos sobre a terra e nenhuma erva dos campos tinha ainda crescido, porque Iahweh Deus não tinha feito chover sobre a terra" (Gn 2, 5). Ele "faz subir as gotas d'água e destila a chuva em neblina. E as nuvens derramam-se em chuviscos, e a chuva cai sobre a multidão humana. Com ela alimenta os povos, dando-lhes comida abundante" (Jó 36, 27-31). E fez um rio que "se dividia formando quatro braços" (Gn 2, 10). O primeiro "chama-se Fison; rodeia toda a terra de Hévila, onde há ouro; [...] O segundo rio chama-se Geon: rodeia toda a terra de Cuch. O terceiro rio se chama Tigre: corre pelo oriente da Assíria. O quarto rio é o Eufrates" (Gn 2, 11-14). Também regulou "a medida das águas, quando impôs uma lei à chuva e uma rota para o relâmpago e o trovão" (Jó 28, 25-26). É Ele quem "dá chuva à terra, envia as águas sobre os campos" (Jó 5, 10). Ou "prende as águas nas nuvens, sem que estas se rasguem com seu peso" (Jó 26a, 8), provocando "uma seca sobre a terra e sobre os montes, sobre o trigo, sobre o mosto e sobre o óleo novo, sobre tudo o que o solo produz, sobre os homens e sobre o gado, sobre todo o trabalho de vossas mãos" (Ag 1, 11). Assim é: "Se retiver a chuva, virá a seca; se a soltar, inundar-se-á a terra" (Jó 12, 15). Como aconteceu no dilúvio, durante quarenta dias, "as águas subiram cada vez mais sobre a terra e as mais altas montanhas que estão sob todo o céu foram cobertas" (Gn 7, 19). Não só isso. "Ao sopro de Deus forma-se o gelo, congelando a superfície das águas" (Jó 37, 10). Fez "jorrar rios por entre montes desnudos, e fontes no meio dos vales" (Is 41, 18). Transformou "o deserto em pântanos e a terra seca em nascentes de água" (Is 41, 18). Essa "terra seca se transformará em brejo, e a terra árida em mananciais de água" (Is 35, 7). Fosse pouco, abriu "um caminho no deserto, e rios em lugares ermos" (Is 43, 19). Derramou "água sobre o solo sedento e torrentes sobre a terra seca" (Is 44, 3). É Ele, afinal, quem "convoca as águas do mar e as despeja sobre a face da terra" (Am 5, 8).

Em muitas passagens da Bíblia, se vê a importância e o simbolismo da água. Moisés foi retirado dos "juncos, à beira do Rio" (Ex 2, 3). A filha do faraó até disse "Eu o tirei das águas" (Ex 2, 10). Uma das pragas do Egito, para convencer o Faraó a libertar os israelitas, foi transformar água em sangue. "Toda a água do Rio se converteu em sangue. Os peixes do Rio morreram. O Rio poluiu-se, e os egípcios não podiam beber a água do Rio" (Ex 7, 20-21). O povo de Deus, mesmo depois de libertado, continuou a ser perseguido e "Os israelitas entraram pelo meio do mar em seco; e as águas formaram como um muro à sua direita e à sua esquerda" (Ex 14, 22). Assim, conseguiram escapar. Mas enfrentaram outras dificuldades. No deserto, Iahweh deu "água para a sua sede" (Ne 9, 20), fazendo brotar "água no deserto, e rios nos lugares ermos, a fim de dar de beber ao [seu] povo" (Is 43, 20). Quando "chegaram a Mara, não puderam beber da água de Mara, porque era amarga; por isso chamou-se Mara [amargo]. O povo murmurou contra Moisés, dizendo 'Que havemos de beber?' Moisés clamou a Iahweh, e Iahweh lhe mostrou um pedaço de madeira. Moisés o lançou na água, e a água se tornou doce" (Ex 15, 23-25). Por ordem de Iahweh, Moisés também fez jorrar água de um pedregulho. "Ferirás a rocha, dela sairá água e o povo beberá" (Ex 17, 6). Então, "do rochedo fizeste brotar água para sua sede" (Ne 9, 15) e "as águas desceram como rios" (Sl 78, 16). Moisés "deu àquele lugar o nome de Massa [provação] e Meriba [contestação]" (Ex 17, 7). A lei, que deveriam cumprir, proibia imagens esculpidas. "Uma figura de homem ou de mulher, figura de algum animal terrestre, de algum pássaro que voa no céu, de algum réptil que rasteja sobre o solo, ou figura de algum peixe que há nas águas que estão sob a terra" (Dt 4, 16-18). Mas Deus prometeu, ao seu povo, que haveria abundância de água. Um lugar cheio "de ribeiros de água e de fontes profundas que jorram no vale e na montanha" (Dt 8, 7). Com "montes e vales, que bebe água da chuva do céu!" (Dt 11, 11), mas só enquanto lhe obedecessem: "Servireis a Iahweh vosso Deus e então abençoarei o teu pão e a tua água" (Ex 23, 25).

O mais importante rio da região é o Jordão (do hebraico, "lugar onde se desce"). Ele sai do lago de Genesaré e segue em direção ao mar Morto. São 110 quilômetros que dividem Israel em dois espaços distintos. Seu vale tem oásis fértil e uma vegetação tropical. O Antigo Testamento se refere a esta região como "o orgulho do Jordão" (Zc 11, 3). Em suas margens, ocorreram importantes acontecimentos. Jacó atravessou esse rio sozinho, com a roupa do corpo e seu cajado; no caminho de volta, estava rico e com uma grande família, "eu não tinha senão meu cajado para atravessar o Jordão, e agora posso formar dois bandos" (Gn 32, 10). Josué, na conquista de Canaã, teve que atravessar um rio que transbordava. Mas Iahweh parou a correnteza e a água escoou: "Os sacerdotes que transportavam a Arca da Aliança de Iahweh detiveram-se no seco, no meio do Jordão, enquanto todo o Israel passava pelo seco, até que toda a nação acabou de atravessar o Jordão" (Js 3, 17).

O clima da Palestina está entre o temperado e o tropical, por conta da proximidade do deserto — com invernos agradáveis e úmidos e verões quentes e secos. A água das cidades vinha de poços que "eram escavados nas rochas para obtenção de fontes que garantiam o abastecimento de água em caso de cerco", segundo Bright.[55] A essas minas de água chamavam *fontes de água viva*. O êxito na escavação de poços era celebrado com alegria. "Então Israel cantou este cântico: a respeito do Poço. Entoai-lhe cânticos, o Poço cavado pelos príncipes, que foi perfurado pelos chefes do povo" (Nm 21, 17). Isaac, filho de Abraão e Sara, assim como seu pai, era um exímio cavador de poços. "Isaac cavou de novo os poços que tinham cavado nos dias de seu pai Abraão e que os filisteus tinham entulhado depois da morte de Abraão, e lhes deu os mesmos nomes que seu pai lhes dera" (Gn 26, 18). Eram, quase sempre, cobertos com grandes pedras. "Quando todos os rebanhos estavam lá reunidos, removia-se a pedra da boca do poço, dava-se de beber aos rebanhos, depois recolocava-se a pedra no mesmo lugar, na boca do poço" (Gn 29, 3). Buscar água era tarefa de mulheres. Assim fez a samaritana. "Uma mulher de Samaria chegou para tirar água. Jesus lhe disse: 'Dá-me de beber!'" (Jo 4, 7).

Outra mulher, que também buscou água na fonte, foi Rebeca, "trazendo seu cântaro sobre o ombro. A jovem era muito bela; era virgem, nenhum homem dela se aproximara. Ela desceu à fonte, encheu seu cântaro e subiu" (Gn 24, 15-16). Isso acontecia, normalmente, já próximo ao fim do dia. "Ele fez ajoelhar os camelos fora da cidade, perto do poço, à tarde, na hora em que as mulheres saem para tirar água" (Gn 24, 11). Um trabalho, sobretudo, para mulheres jovens. "Subindo a ladeira da cidade, cruzaram com duas jovens que saíam para buscar água" (1 Sm 9, 11). Dar de beber ao viajante sedento era prova de hospitalidade, "o servo correu para diante dela e disse: 'Por favor, deixa-me beber um pouco da água de teu cântaro.' Ela respondeu 'Bebe, meu senhor' e abaixou depressa seu cântaro sobre o braço e o fez beber" (Gn 24, 17-18). E, também, de generosidade: "Quem der, nem que seja um copo d'água fria a um destes pequeninos, por ser meu discípulo, em verdade vos digo que não perderá sua recompensa" (Mt 10, 42). Mas nem sempre assim ocorria. "Pode um homem ser útil a Deus, quando o prudente só é útil a si mesmo? [...] Não davas água ao sedento e recusavas pão ao faminto" (Jó 22, 2-7). Sendo sempre louvada por sua qualidade refrescante. "Água fresca em garganta sedenta: é a boa notícia de terra longínqua" (Pr 25, 25).

Água, também, era vendida nas ruas de Jerusalém, mas cobrada só dos que podiam pagar. "Ah! Todos que tendes sede, vinde à água. Vós, os que não tendes dinheiro, vinde, comprai e comei; comprai, sem dinheiro e sem pagar vinho e leite" (Is 55, 1). Em alguns casos, direitos sobre ela causavam litígios. "Os servos de Isaac cavaram no vale e encontraram lá um poço de águas vivas. Mas os pastores de Gerara entraram em disputa com os pastores de Isaac, dizendo 'A água é nossa!' Isaac chamou a este poço de Esec [*Eseq* significa "querela"], pois querelaram por causa dele" (Gn 26, 19-20). Em volta dos poços, as gentes se reuniam para muitos fins, até para cantar, "Aclamações dos pastores à beira dos bebedouros" (Jz 5, 11).

Para represar água, construíam açudes, cisternas (com águas das chuvas) e piscinas (grandes cisternas a céu aberto), usualmente cavadas nas rochas ou cercadas por diques. Dali, era canalizada para vários lugares. Ezequias, rei de Judá, "construiu o reservatório e o aqueduto para levar água à cidade" (2 Rs 20, 20). Uma água de qualidade inferior, seja dito, à daquela de poços e fontes. A Bíblia fala no "açude de Gabaon" (2 Sm 2, 13), no "açude de Hebron" (2 Sm 4, 12), na "piscina de Samaria" (1 Rs 22, 38), na "de Hesebon" (Ct 7, 5) e, sobretudo, nas de Jerusalém. "A piscina superior, na estrada do campo do pisoeiro" (Is 7, 3); a "piscina inferior" (Is 22, 9); a "piscina antiga" (Is 22, 11); a "piscina do Rei" (Ne 2, 14) e a "piscina de Siloé, ao lado do jardim do rei" (Ne 3, 15). Também é referida no Novo Testamento: "Vai lavar-te na piscina de Siloé" (Jo 9, 7).

Água foi muitas vezes evocada, na Bíblia, em sentido figurado — no Antigo Testamento, como símbolo de vida, própria dos tempos messiânicos; enquanto, no Novo, é símbolo do Espírito. "Eles me abandonaram, a mim, fonte de água viva" (Jr 2, 13). O Criador, assim, é um rio "de água da vida, límpido como cristal, que saía do trono de Deus e do Cordeiro" (Ap 22, 1), que "para as águas tranquilas me conduz" (Sl 23, 2). Por saciar a sede, "eu sou o Alfa e o Ômega, o Princípio e o Fim; e a quem tem sede eu darei gratuitamente da fonte de água viva" (Ap 21, 6). E quem "beber da água que lhe darei, nunca mais terá sede" (Jo 4, 14). Mas, tendo fé, que "venha a mim e beberá [...]. De seu seio jorrarão rios de água viva" (Jo 7, 37-38). Será "como árvore plantada junto a riachos: dá seu fruto no tempo devido e suas folhas nunca murcham" (Sl 1, 3) porque "lança suas raízes para a corrente" (Jr 17, 8). Por onde passar, "haverá abundância de peixe, já que onde quer que esta água chegue, ela levará salubridade, de modo que haverá vida em todo lugar que a torrente atingir. À sua margem existirão pescadores" (Ez 47, 9-10). Por ser, a água, essencial à vida. "Cresce o junco sem água?" (Jó 8, 11). A árvore "ao cheiro da água reverdece" (Jó 14, 9). Águas insalubres, ao contrário, fazem "perecer os seus peixes" (Sl 105, 29). Já os que não creem serão como um deserto árido, "jardim sem água" (Is 1, 30). "Minha vida é terra sedenta de ti" (Sl 143, 6). Nas dificuldades, socorre. "Do alto estende a tua mão, salva-me, livra-me das águas torrenciais" (Sl 144, 7). Ainda mais, "tira-me da lama, para que não afunde, e fique liberto dos que me odeiam e do mais fundo das águas" (Sl 69, 15). Santo Ambrósio (*Das cartas de Santo Ambrósio*, Epístola 2) se refere à Igreja que "flutua no mar, mas também corre pelos rios, sobretudo aqueles rios dos quais se diz: *Levantaram os rios a sua voz* (Sl 93, 3). São rios que brotam do coração daqueles que beberam da água de Cristo e receberam o Espírito de Deus".

A esposa legítima é comparada à água da cisterna e do poço. Já o bom marido é aquele que "bebe a água da tua cisterna, a água que jorra do teu poço" (Pr 5, 15) e deve amar essa mulher "como Cristo amou a Igreja e se entregou por ela, a fim de purificá-la com o banho da água e santificá-la pela Palavra, para apresentar a si mesmo a Igreja, gloriosa, sem mancha nem ruga, ou coisa semelhante, mas santa e irrepreensível" (Ef 5, 25-27). Quando havia suspeita de adultério era usada, no ritual de purificação, uma *água santa*. "O sacerdote fará aproximar a mulher e a colocará diante de Iahweh. Em seguida, tomará água santa em um vaso de barro e, tendo tomado do pó do chão da Habitação, o espargirá sobre a água. E apresentará a mulher diante de Iahweh, soltará a sua cabeleira e colocará nas suas mãos a oblação comemorativa (isto é, a oblação de ciúme). E nas mãos do sacerdote estarão as águas amargas e de maldição" (Nm 5, 16-18).

O fim da vida era, por vezes, comparado à água derramada. "Todos morremos e, como as águas que se derramam na terra não se podem mais recolher, assim Deus não reanima um cadáver" (2 Sm 14, 14). Que os corpos dos ímpios "se diluam como água escorrendo" (Sl 58, 8) porque são "como um mar agitado que não pode acalmar-se, cujas águas revolvem sargaço e lodo" (Is 57, 20-21). O "alvoroço de uma multidão de povos [é] como o rugir dos mares agitados" (Is 17, 12). Um homem forte e vigoroso seria "como uma chuva de pedras e uma tempestade devastadora, como uma chuva torrencial que tudo inunda" (Is 28, 2). Do rei da Assíria, quando invadiu a Terra de Israel, se dizia ser como "as águas impetuosas e abundantes do Rio" (Is 8, 7). Até a força das águas era comparada à força militar, como quando Jeremias profetiza o ataque dos egípcios contra os filisteus. "Eis as águas que sobem do Norte e se tornam torrente inundante; elas inundam a terra e o seu conteúdo, as cidades e os que nelas habitam" (Jr 47, 2).

Mas água é, sobretudo, símbolo de purificação. Iahweh falou a Moisés: "Toma os levitas do meio dos israelitas e purifica-os. A fim de os purificar, procederás da seguinte maneira: farás sobre eles uma aspersão de água lustral, raparão eles todo o seu corpo e lavarão as suas vestes e estarão, então, puros" (Nm 8, 6-7). Disse ainda: "Farás Aarão [irmão mais velho de Moisés] e os seus filhos se aproximarem da entrada da Tenda da Reunião e os lavarás com água" (Ex 29, 4). Assim aconteceu. Moisés "colocou a bacia entre a Tenda da Reunião e o altar, e pôs nela água para as abluções, com a qual Moisés, Aarão e os seus filhos lavavam as mãos e os pés. Quando entravam na Tenda da Reunião ou se aproximavam do altar, lavavam-se, como Iahweh havia ordenado a Moisés" (Ex 40, 30-32). Na investidura do sacerdócio, todos eram lavados. "Temos um *sacerdote eminente* constituído sobre a *casa de Deus*. Aproximemo-nos, então, de coração reto e cheios de fé, tendo o coração purificado de toda má consciência e o corpo lavado com água pura" (Hb 10, 21-22). Os animais, antes dos sacrifícios, tinham que ser purificados com água. "O homem lavará com água as entranhas e as patas, e o sacerdote queimará tudo sobre o altar. Este holocausto será uma oferenda queimada de agradável odor a Iahweh" (Lv 1, 9). No tempo de Moisés, era usada para purificar leprosos. "Aquele que se purifica lavará suas vestes, rapará todos os pelos, lavar-se-á com água e ficará puro" (Lv 14, 8). Também servia para apagar a impureza sexual. "Toda veste e todo couro atingidos pela emissão seminal deverão ser lavados em água" (Lv 15, 17). Ou purificar quem se aproximava dos cadáveres. "Aquele que tocar um cadáver, qualquer que seja o morto, ficará impuro sete dias. Purificar-se-á com esta água, no terceiro e no sétimo dias, e ficará puro" (Nm 19, 11-12). Esse ritual acontecia, também, na circuncisão. Com água "ficarei puro, lava-me, e ficarei mais branco do que a neve" (Sl 51, 9).

No sacramento do batismo (do grego *baptizein*, mergulhar), é o principal símbolo. No princípio, esse ritual se fazia por imersão. "Desceu, pois, e mergulhou sete vezes no Jordão, conforme a ordem do homem de Deus; sua carne se tornou como a de uma criança; ele estava purificado" (2 Rs 5, 14). Um ritual de muitas religiões em Babilônia, Egito, Grécia, Índia. "Se queres saber por que é pela água que a graça é doada, e não por outro elemento, tu o encontrarás percorrendo a Escritura. É uma grande coisa que — dos quatro elementos, sensíveis do cosmo — a água é o mais belo. O céu é a morada dos anjos, mas os céus são feitos de água; a terra é a pátria dos homens, mas a terra saiu das águas; e antes da criação das coisas visíveis, em seis dias, o Espírito de Deus pairava sobre as águas. A água é o princípio do cosmo e o Jordão do Evangelho", assim pensava Cirilo de Jerusalém, segundo Jean Daniélou.[56] Fariseus e essênios praticavam o batismo de purificação pela água, um antigo ritual na religião de Israel. "Vossas mãos estão cheias de sangue: lavai-vos, purificai-vos!" (Is 1, 15-16). João (5 ou 6 a.C.-28 d.C.) batizava no rio Jordão, daí ser conhecido como *João Batista*. Ele "esteve no deserto proclamando um batismo de arrependimento para a remissão dos pecados. E iam até ele toda a região da Judeia e todos os habitantes de Jerusalém, e eram batizados por ele no rio Jordão, confessando seus pecados" (Mc 1, 4-5). Um dia lhe perguntaram: "E por que batizas, se não és o Cristo, nem Elias, nem o profeta? João lhes respondeu: 'Eu batizo com água. No meio de vós, está alguém que não conheceis, aquele que vem depois de mim, do qual não sou digno de desatar a correia da sandália'" (Jo 1, 24-27). E quando Jesus se aproximou daquele rio, João disse: "Vi o Espírito descer, como uma pomba vinda do céu, e permanecer sobre Ele. Eu não o conhecia, mas aquele que me enviou para batizar com água, disse-me: 'Aquele sobre quem vires o Espírito descer e permanecer é o que batiza com o Espírito Santo. E eu vi e dou testemunho que Ele é o Eleito de Deus'" (Jo 1, 32-34). Até que veio uma voz dos céus, "tu és o meu Filho amado, em ti me comprazo" (Mc 1, 11). Paulo, ao encontrar alguns discípulos, perguntou: "Recebestes o Espírito Santo quando abraçastes a fé? Eles responderam: 'Mas nem ouvimos dizer que haja um Espírito Santo.' E ele: 'Em que batismo fostes então batizados?' Responderam: 'No batismo de João.' Paulo, então, explicou: 'João batizou com um batismo de arrependimento, dizendo ao povo que cresse naquele que viria após ele, a saber, em Jesus.' Tendo ouvido isto, receberam o batismo em nome do Senhor Jesus" (At 19, 2-5). Aos poucos, nas primeiras comunidades cristãs, o banho de imersão foi sendo substituído por aspersão de água. "Borrifarei água sobre vós e ficareis puros; sim, purificar-vos-ei de todas as vossas imundícies e de todos os vossos ídolos imundos" (Ez 36, 25).

Depois da ressurreição, Jesus convocou seus discípulos. Numa montanha da Galileia, ordenou-lhes que fizessem apostolado, anunciando a boa-nova e batizando. "Todo poder foi me dado no céu e sobre a terra. Ide, portanto, e fazei que todas as nações se tornem discípulos, batizando-as em nome do Pai, do Filho e do Espírito Santo e ensinando-as a observar tudo quanto vos ordenei. E eis que eu estou convosco todos os dias, até a consumação dos séculos!" (Mt 28, 18-20). O batismo simbolizava não apenas a incorporação do cristão numa comunidade específica, mas, segundo São Paulo, sua união a Cristo. "Vos vestistes de Cristo. Não há judeu nem grego, não há escravo nem livre, não há homem nem mulher; pois todos vós sois um só em Cristo Jesus" (Gl 3, 27-28). Esse batismo de água seria, então, um batismo do Espírito, porque fomos todos "batizados num só Espírito para ser um só corpo, judeus e gregos, escravos e livres, e todos bebemos de um só Espírito" (1 Cor 12, 13). Assim estendia, São Paulo, o mistério da Redenção a todos os povos do império.

Para os cristãos, batismo é o primeiro dos sete sacramentos (junto com Crisma, Eucaristia, Penitência, Unção dos Enfermos, Ordem, Matrimônio). E se ministra, hoje, derramando água na cabeça. Ele marca o nascimento para uma nova vida. Segundo Paulo, o batismo é a experiência que o cristão faz da paixão, morte e ressurreição de Jesus. "Não sabeis que todos os que fomos batizados em Cristo Jesus, é na sua morte que fomos batizados? Portanto, pelo batismo, nós fomos sepultados com ele na morte para que, como Cristo foi ressuscitado dentre os mortos pela glória do Pai, assim também nós vivamos vida nova" (Rm 6, 3-4). Para os cristãos, pois, "há um só Corpo e um só Espírito, assim como é uma só a esperança da vocação a que fostes chamados; há um só Senhor, uma só fé, um só batismo; há um só Deus e Pai de todos, que está acima de todos, por meio de todos e em todos" (Ef 4, 4-6). Faltando lembrar Jesus na cruz. "Os judeus para que os corpos não ficassem na cruz durante o sábado, pediram a Pilatos que lhes quebrassem as pernas [para acelerar a morte] e fossem retirados. Vieram, então, os soldados e quebraram as pernas do primeiro e depois do outro, que fora crucificado com ele. Chegando a Jesus e vendo-o já morto, não lhe quebraram as pernas, mas um dos soldados traspassou-lhe o lado com a lança e imediatamente saiu sangue e água" (Jo 19, 31-34). Não por acaso. Que o sangue representa o sacrifício do cordeiro imolado para a salvação do mundo, símbolo da Eucaristia. E, a água, símbolo do Espírito e do batismo. Dois sacramentos que alicerçaram a Igreja que nascia.

4. Os animais

"Nenhuma carne é igual às outras, mas uma é a carne dos homens, outra a carne dos quadrúpedes, outra a dos pássaros, outra a dos peixes" (1Cor 15, 39).

O livro do Gênesis descreve a criação do mundo. Primeiro, Deus fez o dia e a noite. No segundo dia, o mar e o céu. No terceiro, a terra e as plantas: "Que a terra verdeje de verdura: ervas que deem semente e árvores frutíferas que deem sobre a terra, segundo sua espécie, frutos contendo sua semente" (Gn 1,11). No quarto, as estrelas, o sol, a lua. No quinto, os animais que habitavam as águas e os que voavam: "Fervilhem as águas um fervilhar de seres vivos e que as aves voem acima da terra, sob o firmamento do céu" (Gn 1, 20). No sexto, os animais que vivem sobre a terra: "Que a terra produza seres vivos segundo sua espécie: animais domésticos, répteis e feras segundo sua espécie" (Gn 1, 24). Só então criou o homem e a mulher, e os "abandonou nas mãos de sua própria decisão" (Eclo 15, 14). Ter "recebido de Deus uma vontade livre é para nós um grande bem", segundo Santo Agostinho.[1] Ou talvez, como para Alberto da Costa e Silva,[2] "quando nos criaram, as mãos do Deus já estavam cansadas". Coube aos homens nomear esses animais. "O homem deu nomes a todos os animais, às aves do céu e a todas as feras selvagens" (Gn 2, 20). Animais que deveriam temer esses homens: "Sede o medo e o pavor de todos os animais da terra e de todas as aves do céu, como de tudo o que se move na terra e de todos os peixes do mar: eles são entregues nas vossas mãos"

(Gn 9, 2). Por fim, no "sétimo dia descansou, depois de toda a obra que fizera" (Gn 2, 2).

Na Bíblia, os animais são "citados 3.594 vezes. O primeiro nomeado é a serpente, no Livro do Gênesis; e o último é o cordeiro, no Apocalipse", segundo Dom José Tolentino de Mendonça.[3] Ocorre que a carne desses animais, por muito tempo, não fez parte da dieta dos homens. Noé colocou, na Arca, "de tudo o que vive, de tudo o que é carne" (Gn 6, 19). Eram "dois de cada espécie, um macho e uma fêmea, para os conservares em vida contigo. De cada espécie de aves, de cada espécie de animais, de cada espécie de todos os répteis do solo, virá contigo um casal, para os conservares em vida. Quanto a ti, reúne todo tipo de alimento e armazena-o; isto servirá de alimento para ti e para eles" (Gn 6, 19-21). Só depois é que o homem foi autorizado a comer carne. "Tudo o que se move e possui vida vos servirá de alimento, tudo isso eu vos dou, como vos dei a verdura das plantas" (Gn 9, 3). Mas, sempre, com as restrições que antes já vimos (capítulo 2).

Alguns animais, com o tempo, passaram a ser domesticados. Tudo começou há cerca de nove mil anos, no Oriente Médio. Uns para companhia; outros, para abate e consumo; e outros mais, para trabalhos pesados, no campo e no transporte. Eram, quase todos, criados perto das casas, em cercados de pedra tosca ou de troncos e ramos de madeira. Sempre sob a proteção de pastores. "O bom pastor dá a sua vida pelas suas ovelhas" (Jo 10, 11). Fernando Pessoa (Caeiro, em "O guardador de rebanhos") até disse: "Sou um guardador de rebanhos / o rebanho é os meus pensamentos."[4]

Há muitas referências a esses pastores na Bíblia. O primeiro terá sido "Abel [segundo filho de Adão e Eva], [que] tornou-se pastor de ovelhas" (Gn 4, 2). Também Abraão, que "era muito rico de rebanhos" (Gn 13, 2), assim como Davi, antes de ser escolhido por Iahweh para ser rei. Seu pai, Jessé, apresentou a Samuel todos os filhos, menos ele, o caçula, que estava ausente. "Falta ainda o menor [dos filhos], que está tomando conta do rebanho" (1Sm 16, 11). E Moisés, que apascentava "o rebanho de Jetro, seu sogro, sacerdote de Madiã, conduziu as ovelhas para além do deserto e chegou ao Horeb [monte Sinai], a montanha de Deus" (Ex 3, 1). Esse lugar era "o mais alto de todos os da província, muito rico em pastagens. Isso porque, além da fertilidade natural, os outros pastores lá não iam por causa da santidade do lugar, onde dizia-se Deus morava", segundo o historiador Flávio Josefo.[5] Jesus usou a figura do pastor como modelo e metáfora para suas pregações. "Eu sou o bom pastor; conheço as minhas ovelhas e as minhas ovelhas me conhecem" (Jo 10, 14). Tanto que disse a Simão Pedro: "Apascenta minhas ovelhas" (Jo 21, 16). "Apascentar" vem de *pascere*, que significa *levar ao pasto* seu rebanho. Era essa a principal atividade do pastor. E ajudou na compreensão da relação do povo com seu Deus. "Iahweh é meu pastor, nada me falta. Em verdes pastagens me faz repousar" (Sl 23, 1-2). Perseguido, Jeremias se comparava a um "cordeiro manso que é levado ao matadouro" (Jr 11, 19). Esse "cordeiro" também servia para representar o próprio Cristo. "Eis o cordeiro de Deus, que tira o pecado do mundo" (Jo 1, 29).

Os pastores dispensavam, aos animais, cuidados especiais. "O justo conhece as necessidades do seu gado [ovino, caprino, bovino, asinino]" (Pr 12, 10), não só as do seu próprio rebanho. "Se vês o asno ou o boi do teu irmão caídos no caminho, não fiques indiferente: ajuda-o a pô-los em pé" (Dt 22, 4). Os animais eram levados para pastar e beber água. Na primavera, tosquiavam as ovelhas e tiravam o pelo (em algumas variedades) da cabra. E, da lã e da pele, faziam mantas e agasalhos. "As mulheres às quais o coração movia a trabalhar com habilidade fiavam os pelos de cabra" (Ex 35, 26). Os pastores levavam, para seu trabalho, cajado, odre feito do estômago ou da pele de cabra (para armazenar água, leite, vinho) e bornal (ou alforje) de couro (para guardar alimentos). "Davi tomou na mão o seu cajado, escolheu no riacho cinco pedras bem lisas e as pôs no seu bornal de pastor" (1 Sm 17, 40). Usavam roupas (feitas de lã ou linho) conforme a estação do ano; calçavam sandálias (pedaço de couro, com longa tira que passava entre os dedos do pé e era amarrada em volta do tornozelo) para proteger o pé de pedras e espinhos; portavam faca e clava (pedaço de madeira com pedras afiadas, na ponta), para defesa contra animais selvagens.

Na Bíblia, muitas vezes, as qualidades de alguns animais são usadas para referir atitudes dos homens. O inimigo é chamado *cão* — "Cuidado com os cães" (Fl 3, 2) — por ser, antes de domesticado, violento e perigoso. "Os membros da família de Jerobão que morrerem na cidade serão devorados pelos cães" (1 Rs 14, 11). No Apocalipse, foram até mencionados em sentido figurado: "Ficarão de fora os cães, os mágicos, os impudicos, os homicidas, os idólatras e todos os que amam ou praticam a mentira" (Ap 22, 15). Ou comparados a malfeitores: "Cercam-me cães numerosos, um bando de malfeitores me envolve, como para retalhar minhas mãos e meus pés" (Sl 22, 17).

Por vezes, invasores são como nuvem de gafanhotos: "Atiram-se todos sobre ele como se atiram os gafanhotos" (Is 33, 4). Despojos eram "amontoados como se amontoam lagartas" (Is 33, 4). Touro, como na mitologia grega, é símbolo de força: "Deus o fez sair do Egito, e é para ele como os chifres do búfalo" (Nm 23, 22). Em *Metamorfoses*, de Ovídio, Júpiter transformou-se num touro branco para seduzir e arrebatar a princesa fenícia Europa. E, no Novo Testamento, uma pomba representa o próprio Espírito Santo. "Ele viu o Espírito de Deus descendo como uma pomba e vindo sobre ele" (Mt 3, 16). Segundo Santo Ambrósio,[6] "a natureza das feras é simples, desconhece fraudes à verdade. O Senhor assim dispôs convenientemente todas as criaturas, de modo que aquelas às quais deu menos razão, favoreceu com mais sentimentos".

4.1. Animais domesticados

O primeiro animal domesticado, antes mesmo de haver agricultura, foi o cão. E não terá sido fácil domesticá-lo, pois cães selvagens andavam em bandos e eram difíceis de ser capturados. "Os cachorros eram usados para caçar e guerrear e, também, como sistema de alarme contra animais selvagens e intrusos humanos", segundo Noah Harari.[7] Depois, vieram animais destinados ao consumo — carneiro (e sua cria com a ovelha, o cordeiro), bode (e sua cria com a cabra, o cabrito), boi (novilho ou vitela, bezerro novo de até seis meses) e, afinal, porco. Também aves, peixes e até insetos. Foram, igualmente, domesticados animais para serem usados como meio de transporte e para o trabalho: boi, asno (jumento), mula (híbrido de jumento com égua), cavalo e camelo.

4.1.1. Animais domesticados para alimento

BOI. O gado bovino era criado na faixa litorânea de Canaã para fornecer, além da carne, também leite, queijos e couro (para bolsas, cintos, sapatos e tapetes). Só que o povo mais simples não costumava comer sua carne; apenas em ocasiões especiais matavam um bezerro novo (novilho ou vitela). "O que houve foi exultação e alegria, matança de bois e degola de ovelhas: come-se carne e bebe-se vinho" (Is 22, 13). Certa vez, quando foi visitado, "correu Abraão ao rebanho e tomou um vitelo tenro e bom; deu-o ao servo que se apressou em prepará-lo. Tomou também coalhada, leite e o vitelo que preparara e colocou tudo diante deles; permaneceu de pé, junto deles, sob a árvore, e eles comeram" (Gn 18, 7-8).

CABRITO e **CORDEIRO**. Mais presentes, em todas as mesas, eram o cabrito e o cordeiro. Rebeca disse a seu filho Jacó: "Vai ao rebanho e traze-me de lá dois belos cabritos, e prepararei para teu pai um bom prato, como ele gosta. Tu o apresentarás a teu pai e ele comerá, a fim de que te abençoe antes de morrer" (Gn 27, 9-10). Assim ocorria, sobretudo, em ocasiões especiais, quando se desejava homenagear hóspedes ou convidados. O irmão do filho pródigo se lamentava perante o pai. "Há tantos anos que te sirvo, e jamais transgredi um só dos teus mandamentos, e nunca me deste um cabrito para festejar com meus amigos" (Lc 15, 29). Quando Sansão tentou recuperar sua esposa, em casa do sogro, não chegou de mãos vazias. "Veio rever a sua mulher, trazendo-lhe um cabrito" (Jz 15, 1). E Judá, quando quis acompanhar Tamar, lhe disse: "'Deixa-me ir contigo!' Ele não sabia que era sua nora. Mas ela perguntou: 'Que me darás para ires comigo?' Ele respondeu: 'Eu te enviarei um cabrito do rebanho'" (Gn 38, 16-17).

Dos animais se consumia não apenas carne, mas também leite e queijo. "Leite de cabra em abundância para te alimentar" (Pr 27, 27). Da pele, faziam odres. Do pelo negro das cabras, fiavam tecidos resistentes para as tendas. Da lã das ovelhas, passada na carda (instrumento que limpa e alinha as fibras), fiada e tecida, faziam túnicas e mantas. Ovinos e caprinos, por não serem muito exigentes quanto ao pasto, se deram bem no solo pouco generoso da Palestina. Pela primavera, buscavam seu alimento nas pastagens em volta dos povoados; e, pelo verão, eram levados para as montanhas. Os primeiros registros de rebanho remontam ao Cáucaso e às montanhas do Irã. Em textos da Grécia Antiga, consta que alguns até viviam no Olimpo, em companhia dos deuses. Zeus foi amamentado por uma cabra, Amalteia. Na mitologia nórdica, Tanngnjóstr e Tanngrisnir foram bodes escolhidos por Thor, deus do trovão e das batalhas, para puxar sua carruagem. E bem depois, em Qumran (na Cisjordânia, a pouco mais de 20 quilômetros de Jerusalém), outra cabra ficou famosa, por pastar entre velhos papéis (escritos em hebraico, aramaico e grego). Com pastores da tribo de Ta'amireh encontrando (em 1947) essa cabra perdida junto a manuscritos, até então desconhecidos, do Antigo Testamento (como vimos no capítulo 3).

AVES. A Bíblia nos fala das muitas espécies, algumas naturais da Palestina. Outras por lá passavam ocasionalmente. Essa região, por conta do clima (entre semitropical e desértico), está na rota migratória de aves entre Europa, África e Ásia Ocidental.

Os nomes pelos quais são referidas, nos textos bíblicos, nem sempre permitem, hoje, sua identificação por estudiosos. Essas aves foram usadas, também, para nos dar lições. Aqueles que confiam em Deus são como águias, pois "renovam as suas forças, abrem asas como as águias, correm e não se esgotam, caminham e não se cansam" (Is 40, 31). Os que compreendem as intermitências do tempo são como cegonhas: "Até a cegonha no céu conhece o seu tempo" (Jr 8, 7). Também "a pomba, a andorinha e o grou [que] observam o tempo de sua migração" (Jr 8, 7). Para os que desafiam a natureza, recomenda-se perguntar "às aves do céu e [elas] informar-te-ão" (Jó 12, 7). Os que abandonam seus filhos são como avestruzes: "Até os chacais dão o peito, amamentam suas crias. A filha do meu povo tornou-se cruel como as avestruzes do deserto" (Lm 4, 3). Os que se sentem abandonados estão "como o pelicano do deserto, como o mocho das ruínas; fico desperto, gemendo, como ave solitária no telhado" (Sl 102, 7-8). Os ninhos de pássaros, símbolos de segurança, são como o templo de Deus. "Até o pássaro encontrou uma casa, e a andorinha um ninho para si, onde põe seus filhotes" (Sl 84, 4). Esses ninhos podiam ficar em árvores: "Os cedros do Líbano que ele plantou; ali os pássaros se aninham, no seu topo a cegonha tem sua casa" (Sl 104, 16-17). Ou em ruínas: "Ali se encontrarão as aves de rapina, cada uma com sua companheira" (Is 34, 15). Em rochas: "Acaso é sob tua ordem que a águia remonta o voo e constrói seu ninho nas alturas?" (Jó 39, 27). Ou nas fendas dessas rochas: "Pomba minha, que se aninha nos vãos do rochedo, pela fenda dos barrancos... Deixa-me ver tua face, deixa-me ouvir tua voz, pois tua face é tão formosa e tão doce a tua voz!" (Ct 2, 14).

Algumas aves (como vimos no capítulo 2) foram consideradas impuras para consumo. As permitidas eram servidas, quase sempre, assadas; mas também podiam ser salgadas e secas ao sol, ou cozidas e conservadas em gordura, dentro de grandes recipientes. Algumas eram caçadas. Davi, mudando de esconderijo para se livrar da perseguição do rei Saul, comparou-se a uma perdiz. "O rei de Israel saiu em campanha para procurar uma simples pulga, como se estivesse caçando uma perdiz pelos montes" (1 Sm 26, 20). Outras aves, guardadas em cativeiro, eram cevadas para ser consumidas mais tarde. "Salomão recebia diariamente para seu gasto trinta coros de flor de farinha e sessenta de farinha comum, dez bois cevados, vinte bois de pasto, cem carneiros, além de veados, gazelas, antílopes, aves cevadas" (1 Rr 5, 2-3). É que, além de reinar por toda a região da Transeufratênia [entre o Eufrates e o Mediterrâneo], era dotado de "sabedoria e inteligência extraordinárias e um coração tão vasto como a areia que está na praia do mar" (1 Rs 5, 9). Entre as mais apreciadas aves pelo povo de Deus estavam codornizes, pombas e rolas, pardais, perdizes e galinhas.

Codorniz. Servia de alimento aos israelitas quando, no Êxodo, partiram do Egito. "À tarde subiram codornizes e cobriram o acampamento" (Ex 16, 13). E foram tantas que muitas delas acabaram salgadas e secas ao sol para ser consumidas mais tarde. Trata-se de um fenômeno bem comum. É que, duas vezes por ano, grandes bandos de codornizes cruzam a região do Egito e da Palestina. Na primavera (começo de março), partem do interior da África e migram para o norte, regressando ao sul, no outono (novembro). Exaustas da longa travessia, voam tão perto do chão que são facilmente capturadas.

Pomba e *rola*. Entre as aves mais consumidas estavam aquelas criadas em pombais. "Quem são estes que vêm deslizando como nuvens, como pombas de volta aos seus pombais?" (Is 60, 8). Podiam ser compradas em numerosos lugares, entre eles à entrada do Templo de Jerusalém. Jesus, nesse Templo, "expulsou todos os vendedores e compradores que lá estavam. Virou as mesas dos cambistas [os que trocavam moedas ou emprestavam dinheiro, cobrando elevadas taxas] e as cadeiras dos que vendiam pombas" (Mt 21, 12). Eram, também, usadas em holocaustos e sacrifícios. "Se a sua oferenda a Iahweh consistir em holocausto de ave, oferecerá uma rola ou um pombinho" (Lv 1, 14). No Livro do Gênesis, Antigo Testamento, uma pomba trouxe para Noé a primeira folha verde após o dilúvio. Essa pomba, branca e com um ramo de oliveira no bico, acabou convertida em símbolo universal da paz e também inspirou poetas. "Os sonhos, um a um, céleres voam / Como voam as pombas dos pombais", segundo Raimundo Correia (em "As pombas"). E Pessoa,[8] num bilhete para seu implausível amor Ophélia Queiroz, diz: "Meus pombinhos, meus pombinhos / Que já não têm os seus ninhos" (*pombinhos* seriam os seios dela e, *ninhos*, as mãos do poeta). "Quem me dera ter asas como pomba para eu sair voando e pousar... Sim, eu fugiria para longe e pernoitaria no deserto" (Sl 55, 7-8). No "Cântico dos Cânticos" (*Canticum Canticorum* ou "O Cântico excelentíssimo" ou "O melhor dos cânticos") os olhos são comparados a elas: "Como és bela, minha amada, como és bela!... Teus olhos são pombas" (Ct 1, 15). Lembrando que pombos têm visão binocular — podem focar apenas uma coisa por vez e, geralmente, o que focam é seu par; daí porque o que um faz o outro repete. São, por essa razão, conhecidos como "pássaros do amor". Seu arrulho seria como o pranto de alguém atormentado. "Vivemos a gemer como pombas; esperamos o direito, e nada! A salvação, mas ela ficou distante!" (Is 59, 11). Seu canto prenunciava a primavera. "As flores florescem na terra, o tempo da poda vem vindo, e o canto da rola está-se ouvindo em nosso campo" (Ct 2, 12). A pomba lembra, também, uma pessoa inocente, "Efraim é como uma pomba ingênua, sem inteligência" (Os 7, 11). É imagem de quem não tem maldade: "Sede prudentes como as serpentes e sem malícia como as pombas" (Mt 10, 16). No batismo de Jesus, vale lembrar, uma pomba apareceu como símbolo do próprio Espírito Santo. "Batizado, Jesus subiu imediatamente da água e logo os céus se abriram e ele viu o Espírito de Deus descendo como uma pomba e vindo sobre ele" (Mt 3, 16).

Pardal. Apanhados em armadilhas, ou flechados, quase sempre eram assados em espetos. Jesus usou a figura de um deles para enfatizar a extensão do amor de Deus, que incluía até mesmo os menores pássaros. "Não se vendem dois pardais por um asse [antiga moeda romana de bronze, que valia bem pouco]? E, no entanto, nenhum deles cai em terra sem o consentimento do vosso Pai!" (Mt 10, 29).

Perdiz. É ave de caça, com carne delicada e saborosa. Difícil de ser capturada, por se esconder em fendas de rochas, é mais ouvida que vista. Em textos de Jeremias, encontramos uma comparação entre algumas pessoas e a perdiz, que junta ovos e não consegue chocá-los, deixando essa tarefa para outras aves — como certos homens que amealham riquezas e não sabem como usá-las. "Uma perdiz choca o que ela não pôs. Assim aquele que ajunta riqueza injusta: no meio de seus dias, ela o abandonará e, no fim, ele é idiota" (Jr 17, 11).

Galinha e *galo*. Em 19 a.C., o cônsul romano Caio Canio, incomodado pelo fato de acordar nas madrugadas, conseguiu que o Senado de Roma aprovasse uma lei proibindo os galos de cantar. Passaram, então, a ser vigiados por *pullarios*. Com os criadores logo descobrindo variável mais econômica ao perceber que, castrados, os animais paravam de cantar. Mas os Evangelhos nos falam apenas de galos que cantam. Como na cena em que Jesus, ao pressentir a fraqueza e a traição de Pedro, diz: "Em verdade te digo que esta noite, antes que o galo cante, me negarás três vezes!" (Mt 26, 34). Pouco depois, Pedro começou a praguejar dizendo: "'Não conheço este homem!' E imediatamente um galo cantou. E Pedro se lembrou da palavra que Jesus dissera [...] Saindo dali, chorou amargamente" (Mt 26, 74-75). A expressão "canto do galo" (em latim, *gallicinium*; e, em grego, *alektorofinia*) é muitas vezes usada por autores gregos, como Esopo (620-564 a.C.), Sófocles (496-405 a.C.) e Estrabão (63 a.C.-23 d.C.), com o sentido de "Terceira Vigília da noite". A Primeira Vigília ia das 18 horas às 21 horas; a Segunda, de 21 horas até meia-noite; e a Terceira, da meia-noite às três horas da madrugada.

Os mesmos Evangelhos nos falam, também, das galinhas. Antes de morrer, Jesus lembrou a Terra Santa. "Jerusalém, Jerusalém, que matas os profetas e apedrejas os que te são enviados, quantas vezes quis Eu ajuntar os teus filhos, como a galinha recolhe seus pintinhos debaixo das asas, e não o quiseste!" (Mt 23, 37-38). Durante muito tempo, acreditou-se que galinhas domésticas não eram conhecidas em terras do Oriente Médio. Mas há gravuras com galos, no Egito e na Assíria (em 1500 a.C.), como também na cidade antiga de Tell-en-Nasbeh [provavelmente Mizpah, a noroeste de Jerusalém, 12 quilômetros ao norte de Jerusalém], em 600 a.C. O porte soberbo dos galos é lembrado no Antigo Testamento. "Há três coisas de belo porte, e uma quarta de belo andar: o leão, o mais valente dos animais, que não foge de nada, o galo bem empenado, ou o bode, e o rei na frente do seu povo" (Pr 30, 29-31). Sua criação "só foi introduzida no Egito no final da época romana", segundo Edda Bresciani.[9] Sem esquecer que, em 30 a.C., o Egito tornou-se província romana, e foi para uma comunidade judaica, nessa província, que José e Maria fugiram, com Jesus, para escapar de Herodes.

Só aos poucos é que os hebreus passaram a apreciar o ovo. "Come-se um manjar insípido, sem sal? A clara de ovo tem algum sabor? Ora, o que meu apetite recusa tocar, isso é a minha comida de doente" (Jó 6, 6-7). Ao falar na força da oração, Jesus disse: "Pedi e vos será dado; buscai e achareis; batei e vos será aberto. Pois todo o que pede, recebe; o que busca, acha; e o que bate, se abrirá. Quem de vós sendo pai, se o filho lhe pedir um peixe, em vez de peixe lhe dará uma serpente? Ou ainda, se pedir um ovo, lhe dará um escorpião?" (Lc 11, 9-12).

PEIXES. "Há 40 mil anos, os caçadores da Europa pré-histórica já esculpiam imagens de salmões e fabricavam os primeiros anzóis para capturar peixes fluviais; depois construíram barcos e aventuraram-se pelos oceanos", segundo Harold McGee.[10] Talvez por serem os peixes "fonte inesgotável de meditação e de espanto. As formas variadas desses estranhos animais, os sentidos que lhes faltam, a restrição dos que lhes foram concedidos, suas maneiras diversas de existir, a influência que deve ter exercido sobre seus hábitos o meio no qual vivem, respiram e se movem, tudo isso amplia a esfera de nossas ideias e nossa compreensão das mudanças indefinidas que podem resultar da matéria, do movimento e da vida", observou Brillat-Savarin.[11] Eram presença obrigatória em todas as mesas, quase sempre acompanhados com pão. Os menores eram salgados, secos ao sol e, em seguida, guardados em vasos de barro, pois assim era mais fácil transportá-los e vendê-los, nos mercados. Assim, provavelmente, seriam os peixes dos dois milagres de Jesus: i) *o milagre dos cinco pães e dois peixes* — "'Só temos aqui cinco pães e dois peixes.' Disse Jesus: 'Trazei-os aqui' [...] E os que comeram eram cerca de cinco mil homens, sem contar mulheres e crianças" (Mt 14, 17-21); e ii) *o milagre dos sete pães e alguns pequenos peixes* — Jesus perguntou: "'Quantos pães tendes?' Responderam: 'Sete' [...] Tinham ainda alguns peixinhos. Depois de os ter abençoado, mandou que os distribuíssem também. Eles comeram e ficaram saciados [...] E eram cerca de quatro mil" (Mc 8, 5-9). Peixes maiores podiam ser consumidos frescos ou assados na brasa. "Quando saltaram em terra, viram brasas acesas, tendo por cima peixe e pão. Jesus lhes disse: 'Trazei alguns dos peixes que apanhastes.' Simão Pedro subiu, então, ao barco e arrastou para a terra a rede, cheia de cento e cinquenta e três peixes grandes; e apesar de serem tantos, a rede não se rompeu. Disse-lhes Jesus: 'Vinde comer!'" (Jo 21, 9-12).

Os israelitas, no início, não se aventuravam pelo mar. Diferentemente de gregos, egípcios e, sobretudo, fenícios, navegadores experientes e acostumados a grandes travessias — e isso mil anos antes de Cristo. Aos poucos, esses fenícios foram construindo uma próspera frota mercante, com navios maiores, de cerca de 30 metros de comprimento, capazes de fazer viagens mais longas. A eles, chamavam *Navios de Társis*, porque podiam chegar até Társis (ou Tartessos) — um porto fenício, ao sul da Espanha, próximo da atual Cádiz. "Os Navios de Társis formavam caravanas a serviço do teu comércio" (Ez 27, 25). Levavam peixe seco, cedro, linho, sal, vinho. "Társis era teu cliente, em virtude da abundância de todos os bens; permutavam a prata, o ferro, o estanho e o chumbo pelas tuas mercadorias" (Ez 27, 12). Israel veio a ter uma frota só mais tarde, nos tempos do rei Salomão. Foi ajudado por Hiram, rei de Tiro (na Fenícia), que lhe ofereceu auxílio técnico para construção desses navios. "Hiram enviou-lhe navios pilotados por seus súditos e marinheiros que conheciam o mar, junto com os servos de Salomão. Foram a Ofir [região rica em ouro, na costa ocidental da Arábia e da Somália] e de lá trouxeram quatrocentos e vinte talentos de ouro, que entregaram ao rei Salomão" (1 Rs 9, 27-28).

Pescadores israelitas exerciam seu ofício no mar Mediterrâneo, também conhecido como Grande Mar — "Tereis por fronteira marítima o Grande Mar" (Nm 34, 6) — ou mar Ocidental — "O vosso território irá desde o deserto até o Líbano, desde o rio, o Eufrates, até o Mar Ocidental" (Dt 11, 24). Mas pescavam, também, no mar da Galileia, que, na verdade, é só um grande lago de água doce (com pouco mais de 20 quilômetros de comprimento por doze de largura), o maior de Israel, rodeado por montanhas, a mais de 200 metros abaixo do nível do Mediterrâneo. Muitos rios e riachos desembocam nesse "mar", inclusive o Jordão. E era o lugar onde mais havia peixes — atraídos por vegetais que, em grande quantidade, ali ficavam acumulados.

No inverno, fortes ventos deixavam as águas muito agitadas, e ainda hoje é assim. "Houve no mar [da Galileia] uma grande agitação, de modo que o barco era varrido pelas ondas" (Mt 8, 24). Esses barcos eram construídos em madeira, com cerca de oito metros de comprimento por dois de largura. Alguns tinham até convés. "Sobreveio, então, uma tempestade de vento, e as ondas se jogavam para dentro do barco e o barco já estava se enchendo. Ele estava na popa, dormindo sobre o travesseiro" (Mc 4, 37-38). Como ensina o padre Sergio Absalão (em sua homilia 764), "barco está sempre associado a uma *viagem* ou a uma *travessia*. Na mitologia grega, temos a imagem da figura do barqueiro Caronte. Ele era responsável por carregar a alma dos mortos através do rio que separava o mundo dos vivos do mundo dos mortos. Caso algum homem que estivesse vivo e desejasse navegar no barco de Caronte, só poderia fazê-lo se carregasse consigo um ramo de acácia, a árvore consagrada. Por isso poucos mortais se arriscavam a fazer a travessia".

O mar da Galileia era também conhecido, no tempo de Jesus, como lago de Tiberíades. Por banhar essa cidade que o rei Herodes Antipas mandara edificar (entre 14 e 18 a.C.) em honra do imperador Tibério (Tiberius Claudius Nero Cæsar). "Depois disso, passou Jesus para a outra margem do mar da Galileia ou de Tiberíades" (Jo 6, 1). Também o chamavam de mar de Quinéret: "Descendo, ainda, tocará a margem oriental do mar de Quinéret" (Nm 34, 11). A palavra vem de *Kinneret* ou *Kinnor* — antigo instrumento musical cuja forma lembra a do lago. Ou, ainda, lago de Genesaré (cidade ao norte de Tiberíades). "A multidão se comprimia ao redor dele para ouvir a palavra de Deus, à margem do lago de Genesaré" (Lc 5, 1). "O lago de Genesaré toma seu nome da terra que o rodeia. Seu comprimento é de cem estádios* e tem quarenta de largura. Não há rios, nem mesmo fontes, que sejam mais tranquilos. Sua água é muito boa para se beber e muito fácil de se obter, porque nas suas margens há apenas um cascalho leve. É tão fria, que não perde nem mesmo a sua temperatura quando posta ao sol, pelos habitantes, segundo o costume, para esquentá-la, durante os dias mais quentes do verão. Há grande quantidade de peixes de todas as espécies, que não são encontradas em outros lugares", segundo Flávio Josefo.[12]

Foi nas margens desse "mar" que Jesus encontrou alguns pescadores e os convidou a segui-lo. "Estando ele a caminhar junto ao mar da Galileia, viu dois irmãos: Simão, chamado Pedro, e seu irmão André, que lançavam a rede ao mar, pois eram pescadores [...] Continuando a caminhar, viu outros dois irmãos: Tiago, filho de Zebedeu, e seu irmão João, no barco com o pai Zebedeu, a consertar as redes. E os chamou" (Mt 4, 18-21). Depois, convidou mais três pescadores para segui-lo: Filipe, Tomé e Natanael. Essa escolha se deu, talvez, em razão de serem os pescadores homens pacientes e habituados com as dificuldades do mar, qualidades necessárias a um bom discípulo. "Doravante serás pescador de homens" (Lc 5, 10). Foi à margem desse lago que Jesus apareceu, depois de ressuscitar.

A Bíblia refere-se, também, à pesca no mar Morto, conhecido como mar Salgado ou de Arabá. Mas essa foi só uma visão de Ezequiel, já que a grande concentração de sal, em suas águas, impede a presença nele de seres vivos. Assim sonhava o profeta: "Resultará daí que em todo lugar por onde passar a torrente, os seres vivos que o povoam terão vida. Haverá abun-

---
* Ver Anexo II.

dância de peixe, já que aonde quer que esta água chegue, ela levará salubridade, de modo que haverá vida em todo lugar que a torrente atingir. À sua margem existirão pescadores [...] Os peixes serão da mesma espécie que os do Grande Mar e muito abundantes" (Ez 47, 9-10).

A pesca se fazia com anzol — "Vai ao mar e joga o anzol. O primeiro peixe que subir, segura-o e abre-lhe a boca" (Mt 17, 27) — ou arpão — "Porei o arpão no teu queixo e farei com que os peixes dos teus canais se preguem às tuas escamas" (Ez 29, 4) —, mas, sobretudo, com rede — "Os pescadores se lamentarão e se cobrirão de luto: todos aqueles que lançam o anzol no Nilo, aqueles que estendem a rede sobre as suas águas se desencorajarão" (Is 19, 8). Essas redes que, por serem caras, eram usadas com cuidado. "Os pescadores haviam desembarcado e lavavam as redes" (Lc 5, 2). Quando a pesca se dava em águas profundas, dois barcos estendiam, entre eles, uma rede de emalhar (com boias em cima e pesos por baixo) e assim encurralavam os cardumes. Nas águas mais rasas, a técnica era outra. Um barco puxava a rede (de arrasto) por uma longa distância e, depois, voltava à margem. Jogavam os peixes na areia e separavam os bons para consumo. Jesus se referiu a essa técnica de pesca, ao comparar o Reino dos Céus a uma rede: "O Reino dos Céus é ainda semelhante à rede lançada ao mar, que apanha de tudo. Quando está cheia, puxam-na para a praia e, sentados, juntam o que é bom em vasilhas, mas o que não presta deitam fora. Assim será o fim do mundo: virão os anjos e separarão os maus dos justos e os lançarão na fornalha ardente. Ali haverá choro e ranger de dentes" (Mt 13, 47-50). Em seus ensinamentos, Jesus comparava o destino dos homens com o daqueles peixes. E o profeta Habacuc, no tempo do exílio, recorria às mesmas imagens: "Tu tratas o homem como os peixes do mar, [...] Ele os tira a todos com o anzol, puxa-os com a sua rede e os recolhe em sua nassa [o mesmo que covo, cesto ou canastra]; por isso ele ri e se alegra!" (Hab 1, 14-15).

Os peixes eram vendidos nos mercados. "Em Jerusalém mesmo, alguns habitantes de Tiro, que lá moravam, traziam peixe e mercadorias de toda espécie para vendê-los aos judeus em dia de sábado" (Ne 13, 16). Tão importante era esse comércio que uma das portas de Jerusalém ficou conhecida como Porta dos Peixes: "Naquele dia um grito se levantará da Porta dos Peixes" (Sf 1, 10). Construída pelos homens de Asená [cidade da orla marítima a 70 quilômetros de Jerusalém], "os filhos de Asená construíram a Porta dos Peixes; fizeram as vigas, fixaram os batentes, as fechaduras e as trancas" (Ne 3, 3). Era uma das portas das muralhas de Jerusalém, reconstruídas no tempo de Neemias, depois do regresso do Exílio (século IV a.C.). Nos mercados, bile, coração e fígado dos peixes eram vendidos à parte, como remédio. "Tobias desceu ao rio para lavar os pés, quando saltou da água um grande peixe, que queria devorar-lhe o pé. Ele gritou e o anjo lhe disse: 'Agarra o peixe e segura-o firme!' Tobias dominou o peixe e o arrastou para a terra. E o anjo acrescentou: 'Abre o peixe, tira-lhe o fel, o coração e o fígado, e guarda-os [...] são remédios úteis.' O jovem abriu o peixe, tirou-lhe o fel, o coração e o fígado. Assou uma parte do peixe e comeu-a, e salgou o resto" (Tb 6, 3-6). Depois, perguntou ao anjo: "'Azarias, meu irmão, que remédio há no coração, no fígado e no fel do peixe?' Respondeu ele: 'Se se queima o coração ou o fígado do peixe diante de um homem ou de uma mulher atormentados por um demônio ou por um espírito mau, a fumaça afugenta todo o mal e o faz desaparecer para sempre. Quanto ao fel, untando com ele os olhos de um homem que tem manchas brancas, e soprando sobre as manchas, ele ficará curado'" (Tb 6, 7-9).

Faltando só lembrar que a palavra grega para peixe é ιχθύς (*ichthus*). Já no primeiro século, os cristãos formaram um acróstico a partir desta palavra — Iesous Christos Theou Uios Soter (Jesus Cristo, Filho de Deus, Salvador). Não demorou para que, aos que recebiam o batismo, também fossem chamados *ichthus*. "Nós, pequenos peixes, segundo a imagem do nosso Ichthus, Jesus Cristo, nascemos na água", segundo Tertuliano.[13] A mesma comparação está nas palavras de Santo Ambrósio.[14] Para eles a nova vida — a vida de Deus acolhida como dom — só pode perdurar se permanecemos na "água viva" (Jo 7, 38), como peixes, na fidelidade ao batismo celebrado.

INSETOS. Estão na dieta de muitos povos, e assim acontecia também com o povo de Deus, com algumas restrições (como vimos no capítulo 2). "Gafanhoto", na Bíblia, muitas vezes designa diferentes espécies de insetos saltadores; ou, ainda, as muitas fases no desenvolvimento do próprio animal — larva (*yeleq*), ninfa (*hasîl*) e o inseto ainda jovem (*gazam*). "O que o *gazam* deixou, o gafanhoto o devorou! O que o gafanhoto deixou, o *yeleq* o devorou! O que o *yeleq* deixou, o *hasîl* o devorou!" (Jl 1, 4). Assados ou secos ao sol, eram consumidos sempre sem cabeça, patas ou asas, tanto misturados a outros alimentos como puros. João Batista preferia com mel: "Seu alimento consistia em gafanhotos e mel silvestre" (Mt 3, 4). Estava bem-alimentado: gafanhotos têm 75% das proteínas diárias necessárias ao organismo, em situação extrema, semelhante àquela em que vivia. Esses insetos andam em bandos, instintivamente, sem nenhum líder. "Os gafanhotos que não têm rei e marcham todos em ordem" (Pr 30, 27). Vorazes, são capazes de destruir plantações inteiras. "Lançarás muitas sementes no campo e pouco colherás, porque o gafanhoto as comerá. Plantarás vinhas e as cultivarás, porém não beberás vinho e nada vindimarás, pois o verme as devorará" (Dt 28, 38-39). Nuvens de gafanhotos foram uma das dez pragas do Egito, usadas por Deus para convencer o faraó a libertar os hebreus. "Se recusares deixar partir o meu povo, eis que amanhã farei vir gafanhotos ao teu território. Eles cobrirão a face da terra e não se poderá mais ver o solo. Comerão o que sobrou, o que a chuva de pedras vos deixou; comerão todas as vossas árvores que crescem nos campos. Encherão as tuas casas, as dos teus servos e as de todos os egípcios, como nunca viram os teus pais e os pais dos teus pais, desde o dia em que vieram à terra até hoje" (Ex 10, 4-6). Só para lembrar, a primeira praga foi transformar em sangue as águas do rio Nilo; a segunda, cobrir a terra com rãs; a terceira, a dos piolhos, que atormentaram homens e animais; a quarta, das moscas que cobririam a terra; a quinta, doenças em animais; a sexta, feridas em homens e animais; a sétima, chuva de granizo; a oitava, uma nuvem de gafanhotos; a nona, escuridão na terra; a décima, e mais terrível, foi a morte dos primogênitos de homens e animais em geral. Arqueólogos acreditam que essas pragas ocorreram na antiga cidade de Pi-Ramsés, localizada no delta do Nilo, capital do Egito durante o reinado de Ramsés II, terceiro faraó da décima nona dinastia egípcia.

Muitas vezes, na Bíblia, gafanhotos servem para comparações. Como se, por exemplo, fossem exércitos: eram "tão numerosos como gafanhotos, em tal multidão que não se podiam contar, nem eles nem seus camelos, e invadiam a terra para a arrasar" (Jz 6, 5). Ou como a neve que caía: "Ele faz descer a neve, a sua queda é como a de gafanhotos" (Eclo 43, 17b). Também como cavalos de guerra: "És tu que dás ao cavalo seu brio, e lhe revestes de crinas o pescoço? És tu que o ensinas a saltar como gafanhoto, e a relinchar com majestade e terror?" (Jó 39, 19-20). Enfim, nada resiste à invasão predadora dos gafanhotos, pois "o fogo devora, atrás dele a chama consome. Antes dele, a terra era como um jardim de Éden, depois dele será um deserto desolado! Nada lhe escapa! Seu aspecto é como o de cavalos, galopam como ginetes. É como o ruído de carros de guerra, que saltam sobre os cumes das montanhas, como o crepitar do fogo, que devora o restolho, como um povo poderoso, preparado para a batalha" (Jl 2, 3-5).

4.1.2. Animais domesticados para o trabalho

BOI. Era criado, também, para os trabalhos do campo. "Onde não há bois falta o grão" (Pr 14, 4). Atrelados a carroças, puxavam arados e grades, e também ajudavam na preparação da terra. Além disso, serviam nas florestas, arrastando grandes toras de madeira.

Durante muito tempo, em civilizações antigas, foi proibido matar o boi usado na lavoura. "E essa proibição era tão severa que, segundo vários autores, antigas leis atenienses puniam o bovicídio tão duramente quanto o homicídio", segundo Grottanelli.[15] Somente os agricultores mais ricos podiam se dar a esse luxo. O animal tinha, como alimento, capim e ervas verdes ou secas: "Alimenta-se de erva como o boi" (Jó 40, 15). E feno: "O leão se alimentará de forragem como o boi" (Is 11, 7). Ainda merecendo cuidados especiais, "não amordaçarás o boi que debulha o grão" (Dt 25, 4), sempre obedecendo ao descanso nos sábados: "Não farás nenhum trabalho, nem tu, nem teu filho, nem tua filha, nem teu escravo, nem tua escrava, nem teu animal" (Ex 20, 10). Por isso, "Durante seis dias farás os teus trabalhos e no sétimo descansarás, para que descanse o teu boi e o teu jumento" (Ex 23, 12). Se um boi "chifrar homem ou mulher e causar sua morte, o boi será apedrejado e não comerão a sua carne; mas o dono do boi será absolvido. Se o boi, porém, já antes marrava e o dono foi avisado, e não o guardou, o boi será apedrejado e o seu dono será morto" (Ex 21, 28-29).

O papa Francisco, em sua carta apostólica "Admirabile signum" ("Admirável sinal"), de 1º de dezembro de 2019, refere a importância do Presépio e cita São Francisco: "Quero representar o Menino nascido em Belém, para de algum modo ver com os olhos do corpo os incômodos que Ele padeceu pela falta das coisas necessárias a um recém-nascido, tendo sido reclinado na palha duma manjedoura, entre o boi e o burro." Segundo o padre Sergio Absalão, "São Mateus (Mt 2, 11) e São Lucas (Lc 2, 7) não mencionam a presença de animais. De igual maneira, não existe nenhum fundamento histórico sobre [sua] presença [...] na gruta de Belém". Na realidade, a reconstituição do Presépio com boi e burro é uma criação apócrifa da Natividade, como se lê no Evangelho Apócrifo do Pseudo-Mateus ou, como era chamado na Antiguidade, *O livro sobre a origem da bem-aventurada Maria e da infância do Salvador* (século VIII ou IX), 'Três dias depois de nascer o Senhor, saiu Maria da gruta e se repousou em um estábulo. Ali reclinou a criança em um presépio, e o boi e o asno o adoraram". A presença desses animais não responde, portanto, a uma retratação histórica do evento, mas simbólica. Seu cenário é o texto do profeta Isaías que diz: "O boi conhece o seu dono, e o jumento, a manjedoura de seu Senhor" (Is 1, 3). *Manjedoura* vem do latim *mandere*, que significa *comer*. Era, portanto, o local onde colocavam alimento para os animais. "Jesus deitado numa manjedoura, torna-se nosso alimento", segundo Santo Agostinho (*Homilia* 189).

ASNO (jumento) e **MULA** (híbrido de jumento com égua). Eram usados para trabalhos do campo e transporte de cargas pesadas ou de pessoas ricas ou pobres. Mas nem tudo era permitido. "Não lavrarás com um boi e um asno na mesma junta" (Dt 22, 10). Quando se aproximava de Jerusalém, vindo de Betânia, já no monte das Oliveiras, "Jesus enviou dois discípulos, dizendo-lhes: 'Ide ao povoado aí em frente, e logo encontrareis uma jumenta amarrada, e com ela um jumentinho. Soltai-a e trazei-mos'" (Mt 21, 1-2). E foi montado numa jumenta que Jesus entrou e percorreu as ruas estreitas e acidentadas de Jerusalém. "Eis que o teu rei vem a ti, modesto e montado em uma jumenta, em um jumentinho, filho de um animal de carga" (Mt 21, 5).

CAVALO. Símbolo de poder, nos tempos bíblicos, só os ricos o possuíam. "Se o rei quer honrar alguém, que se tomem vestes principescas, dessas que usa o rei; que se traga um cavalo, desses que o rei monta, e sobre sua cabeça se ponha um diadema real" (Est 6, 7-8). Na Palestina, cavalos apareceram só depois da época do rei Davi. O rei Salomão era um bem-sucedido importador de carroças do Egito e de cavalos da Turquia e da Pérsia. Israel vendia, aos assírios, grandes cavalos egípcios (Nubian). "Antes da Assíria estabelecer contatos diretos com o Egito, Israel era a fonte desses cavalos, que foram trazidos do Egito, criados em Meguido e depois vendidos para Assíria e outros reinos do norte", segundo Finkelstein.[16] Eram usados, sobretudo, em tempo de guerra. "Partiram, tendo com eles todos os seus exércitos, um povo numeroso como a areia na praia do mar, com uma enorme quantidade de cavalos e de carros" (Js 11, 4). A imagem de um cavalo domado foi usada, por Tiago, para explicar o controle do corpo. "Quando pomos freio na boca dos cavalos, a fim de que nos obedeçam, conseguimos dirigir todo o seu corpo" (Tg 3, 3). É que aquele pequeno pedaço de metal, na boca do cavalo, funciona como o leme de um barco. "Os navios, por maiores que sejam, e impelidos por ventos impetuosos, são, entretanto, conduzidos por um pequeno leme para onde quer que a vontade do timoneiro os dirija" (Tg 3, 4).

CAMELO. Usado em travessias do deserto, podem sobreviver, por dias, sem água e tendo comida limitada. Era privilégio de poucos. "O servo tomou dez camelos do seu senhor e, levando consigo de tudo o que seu senhor tinha de bom, pôs-se a caminho para Aram-Naaraim [residência dos pais de Abraão]" (Gn 24, 10). Transportavam "víveres sobre jumentos e camelos, sobre mulas e bois: provisões de farinha, figos e uvas secas, vinho e azeite" (1 Cr 12, 41). Jó "possuía sete mil ovelhas, três mil camelos, quinhentas juntas de bois, quinhentas mulas e servos em grande número. Era, pois, o mais rico de todos os homens do Oriente" (Jó 1, 3). Com seu pelo teciam roupas rústicas. "João usava uma roupa de pelos de camelo e um cinturão de couro em torno dos rins" (Mt 3, 4). Também faziam sacos, tendas e baús.

O camelo era considerado um animal impuro, pela lei, por não ter unhas fendidas, mesmo sendo ruminante. Curiosamente, embora tendo carne proibida para consumo, seu leite era muito usado. "De tudo o que tinha, separou um presente para seu irmão Esaú: [...] trinta camelas de leite, com seus filhotes [...]" (Gn 32, 14-16). Serviu, como exemplo, para Jesus criticar o comportamento hipócrita de escribas e fariseus. São "condutores cegos, que coais o mosquito e engolis o camelo!" (Mt 23, 24).

O camelo está presente, ainda, na conhecida comparação com o fundo da agulha. "É mais fácil um camelo entrar pelo buraco da agulha do que um rico entrar no Reino de Deus" (Mt 19, 24). Só que para muitos, nessa metáfora, *camelo* (kámelos) não se refere propriamente ao animal; mas, sim, a um cabo grosso (kámilos) de atracar navios. Como as palavras são semelhantes, pode ter ocorrido tradução errada do texto grego original. Essa interpretação não é a única. Outros estudiosos asseguram que o tal "buraco da agulha" seria uma pequena porta que havia no muro de Jerusalém. Para o camelo passar por ela, seria necessário que lhe tirassem tudo o que carregasse e, ainda assim, ele deveria se ajoelhar e ser empurrado. Mas, segundo o Livro de Neemias, eram doze as portas, e nenhuma com aquele nome: a "Porta do Gado (ou das Ovelhas)" (Ne 3, 1); a "dos Peixes" (Ne 3, 3); a "Velha (ou de Jafá)" (Ne 3, 6); a "do Vale" (Ne 3, 13); a "do Monturo (ou do Esterco)" (Ne 2, 13); a "da Fonte" (Ne 3, 15); a "das Águas" (Ne 3, 26); a "dos Cavalos" (Ne 3, 28); a "do Oriente" (Ne 3, 29); a "do Vigia (ou da Guarda)" (Ne 3, 31); a "de Efraim" (Ne 12, 39); e a "de Mifcade (ou da Atribuição)" (Ne 3, 31). O mais provável é que Jesus tenha se referido mesmo ao buraco de uma agulha de costura (a menor das passagens) e ao camelo (o maior dos animais).

4.2. Animais de caça

Carne de animais de caça era muito apreciada. Isaac disse a Esaú: "Toma tuas armas, tua aljava e teu arco, sai ao campo e apanha-me uma caça. Faze-me um bom prato, como eu gosto e traze-mo, a fim de que eu coma e minha alma te abençoe antes que eu morra" (Gn 27, 3-4). Para caçar usavam espada, flecha, lança, pedra, além de armadilhas, covas e redes. "Os seus pés jogam-no na armadilha, e ele caminha entre as redes. A armadilha prende-o pelo calcanhar, e o laço segura-o firme; a corda está escondida no chão e a armadilha em seu caminho" (Jó 18, 8-10). Uma caça praticada em lugares variados. "Eis que enviarei muitos pescadores — oráculo de Iahweh —, e os pescarão; depois muitos caçadores, e os caçarão de todas as montanhas, de todas as colinas e das fendas dos rochedos" (Jr 16, 16). Ágeis e imprevisíveis, alguns animais eram difíceis de ser capturados: "Asael [sobrinho do rei Davi] era rápido na corrida como as gazelas selvagens" (2 Sm 2, 18). E, com frequência, fugiam dos caçadores — "Livra-te, como a cerva do caçador" (Pr 6, 5) — até por viverem em terrenos íngremes e altos — "Ele é o Deus que me cinge de força e torna perfeito o meu caminho; iguala meus pés aos das corças e me sustenta em pé nas alturas" (Sl 18, 33-34).

A Bíblia menciona numerosos animais de caça, sem que seja possível precisar, quase sempre, a quais se refere, por existirem, entre eles, diferenças nem sempre levadas em consideração. Apesar disso, podem ser classificados, basicamente, em duas grandes categorias: a dos *cervídeos* (alce, camurça, corço, gamo, rena, veado) e a dos *bovídeos* (antílope, gazela, órix). A diferença entre eles está, principalmente, nos chifres. Nos *bovídeos*, são permanentes; enquanto, nos *cervídeos* (galhados), caem e voltam a crescer todos os anos. Sem contar serem indicados, nos textos, de forma pouco clara. Veado, por exemplo, é termo genérico usado para quarenta tipos diferentes de cervídeos. Corça, nos dicionários (e no uso informal), é feminino de veado; embora, em registros científicos, seja feminino de corço. E cerva, feminino de cervo, nos dicionários é, também, fêmea do veado. Quanto às gazelas, impalas e gnus, eram todos chamados genericamente de antílopes.

Esses animais não estão entre aqueles considerados impuros. "Eis os animais de que podereis comer: boi, carneiro, cabra, cervo, gazela, gamo, cabrito-montês, antílope, órix e cabra selvagem" (Dt 14, 4-5). Mas, antes do consumo, deveria obrigatoriamente ser retirado todo seu sangue. "Qualquer pessoa, filho de Israel ou estrangeiro residente entre vós, que caçar um animal ou ave que é permitido comer, deverá derramar o seu sangue e recobri-lo com terra" (Lv 17, 13). Para o rei Salomão, animais de caça eram iguarias que deveriam estar sempre em sua mesa. "Recebia diariamente para seu gasto [...] veados, gazelas, antílopes, aves cevadas (1Rs 5, 2-3). Foram, também, usados para fazer comparações com o povo quando perseguido. "Sucederá então o que sucede com a gazela perseguida, com ovelhas que ninguém reúne: cada um voltará para seu povo, cada um fugirá para sua terra" (Is 13, 14). E serviram de inspiração para versos. "Foge logo, ó meu amado, como um gamo, um filhote de gazela pelos montes perfumados!" (Ct 8, 14). Ou "Antes que a brisa sopre e as sombras se debandem, volta! Sê como um gamo, amado meu, um filhote de gazela pelas montanhas de partilha" (Ct 2, 17). Até foram comparados com os seios da mulher amada: "Teus seios, dois filhotes, filhos gêmeos de gazela (Ct 7, 4).

4.3. Animais para sacrifício

Bois, bezerros, bodes, cabras, carneiros, ovelhas e pombos podiam ser oferecidos em sacrifício, um ritual presente em muitas culturas. "Não podia haver festival celebrando um deus sem sacrifício sangrento", porque "sacrifício é a forma mais antiga de ato religioso", segundo Wolfgang Giegerich.[17] Sacrifício de animais era gesto de comunhão e partilha, entre deuses e homens. Romanos, com grande pompa, celebravam a festa do *Tabilustro*, no templo de Saturno; purificando, com sangue de cordeiro, as trombetas com que anunciavam guerras. Hebreus festejavam a passagem da primavera (*hag ha'pesach*) sacrificando um cordeiro, "Sobre o braseiro do altar durante a noite até a manhã" (Lv 6, 2). O rei Ezequiel "mandou trazer sete touros, sete carneiros, sete cordeiros e sete bodes para o sacrifício pelo pecado" (2 Cr 29, 21). Salomão "imolou, para o sacrifício de comunhão que ofereceu a Iahweh, vinte e dois mil bois e cento e vinte mil ovelhas" (1Rs 8, 63). Por vezes, eram assados antes de serem oferecidos em sacrifício. "Gedeão saiu, preparou um cabrito e, com um almude de farinha, fez pães sem fermento. Pôs a carne num cesto e o caldo numa vasilha, e trouxe-os para debaixo do terebinto. Quando se aproximava, o Anjo de Iahweh lhe disse: 'Toma a carne e os pães sem fermento e coloca-os sobre esta pedra e derrama o caldo sobre eles" (Jz 6, 19-20). Homero,[18] na *Ilíada* (Canto II), fala de tais sacrifícios, "Agamémnon senhor dos homens sacrificou um gordo boi de cinco anos de idade ao Crónida (Zeus, filho de Chronos) de supremo poder... Queimadas as coxas, provaram as vísceras, cortaram o resto da carne e puseram-na em espetos; assaram-na com cuidado e dos espetos a tiraram".

Animais oferecidos em sacrifício, bom lembrar, tinham que ser perfeitos. "Não oferecereis a Iahweh animal cego, estropiado, mutilado, ulceroso, com dartros [feridas de pele] ou purulento. Nenhuma parte de tais animais será colocada sobre o altar como oferenda queimada a Iahweh" (Lv 22, 22). Assim se dava, também, com o cordeiro da Páscoa. "O cordeiro será escolhido na proporção do que cada um puder comer. O cordeiro será macho, sem defeito e de um ano. Vós o escolhereis entre os cordeiros ou entre os cabritos, e o guardareis até o décimo quarto dia desse mês; e toda a assembleia da comunidade de Israel o imolará ao crepúsculo. Tomarão do seu sangue e pô-lo-ão sobre os dois marcos e a travessa da porta, nas casas em que o comerem. Naquela noite, comerão a carne assada no fogo; com pães ázimos e ervas amargas a comerão. Não comereis dele nada cru, nem cozido na água, mas assado ao fogo: a cabeça, as pernas e a fressura [vísceras]. Nada ficará dele até pela manhã; o que, porém, ficar até pela manhã, queimá-lo-eis no fogo. É assim que devereis comê-lo: com os rins cingidos, sandálias nos pés e vara na mão [essa é a roupa própria de viagem]; comê-lo-eis às pressas: é uma Páscoa para Iahweh. E naquela noite eu passarei pela terra do Egito e ferirei na terra do Egito todos os primogênitos, desde os homens até os animais; e eu, Iahweh, farei justiça sobre todos os deuses do Egito. O sangue, porém, será para vós um sinal nas casas em que estiverdes: quando eu vir o sangue, passarei adiante e não haverá entre vós o flagelo destruidor, quando eu ferir a terra do Egito" (Ex 12, 4-13). Moisés explicou melhor esse ritual. "Tomai alguns ramos de hissopo, molhai-o no sangue que estiver na bacia, e marcai a travessa da porta e os seus marcos com o sangue que estiver na bacia; nenhum de vós saia da porta de casa até pela manhã" (Ex 12, 22). Não só isso. Por ser a ceia pascal uma festa só do povo de Deus, "Nenhum estrangeiro dela comerá. Todo escravo, porém, comprado por dinheiro, depois de circuncidado, dela comerá. O adventício e o assalariado não comerão dela. Há de comer-se numa só casa, e não levareis dessa casa nenhum pedaço de carne. Não quebrareis osso algum" (Ex 12, 43-46).

Esses animais de sacrifício também faziam parte do ritual do Dia das Expiações, quando o povo se reunia para confessar pecados e receber o perdão de Deus. "O décimo dia do sétimo mês é o dia das Expiações. Tereis santa assembleia. Jejuareis e apresentareis oferenda queimada a Iahweh" (Lv 23, 27). Usavam, ainda, um bode que não era sacrificado — o *bode expiatório*. Esse bode, carregado simbolicamente com os pecados do povo, era levado para o deserto e enviado a Azazel (demônio). "Aarão porá ambas as mãos sobre a cabeça do bode e confessará sobre ele todas as faltas dos israelitas, todas as suas transgressões e todos os seus pecados. E depois de tê-los assim posto sobre a cabeça do bode, enviá-lo-á ao deserto, conduzido por um homem preparado para isso, e o bode levará sobre si todas as faltas deles para uma região desolada" (Lv 16, 21-22). Faltando ainda, nessa relação, o *bezerro de ouro*, adorado no deserto quando Moisés demorou a descer da montanha. Reproduzindo algumas religiões primitivas, como a dos egípcios, em determinada fase da sua história, que tinham animais como deuses. Entre eles o bezerro e o touro, símbolos de vigor e fertilidade.

4.4. Animais selvagens

Segundo a Bíblia, todos os animais, inclusive os selvagens, pertencem ao Criador. "São minhas todas as feras da selva, e os animais nas montanhas, aos milhares; conheço as aves todas do céu, e o rebanho dos campos me pertence" (Sl 50, 10-11). Até porque "a sorte do homem e do animal é idêntica: como morre um, assim morre o outro [...] Tudo caminha para um mesmo lugar: tudo vem do pó e tudo volta ao pó" (Ecl 3, 19-20). Só que "Antes da desobediência de Adão, com efeito, todos os animais domésticos e selvagens parecem submissos àquele que lhes havia dado nome. Mas, por causa do pecado, toda criação, portanto o mundo animal também, é agora escravo da corrupção. E no fim dos tempos, quando o mundo for inteiramente purificado de seus pecados, os animais selvagens desaparecerão", segundo Léon-Dufour.[19] Assim "o lobo morará com o cordeiro, e o leopardo se deitará com o cabrito. O bezerro, o leãozinho e o gordo novilho andarão juntos e um menino pequeno os guiará. A vaca e o urso pastarão juntos, juntas se deitarão as suas crias [...] Ninguém fará o mal nem destruição nenhuma" (Is 11, 6-9). Entre esses animais selvagens, destacam-se hienas, leões, lobos, panteras (ou leopardos), raposas e chacais, ursos.

HIENA. Habitavam lugares altos, como a "elevação que domina o Vale das Hienas, no caminho do deserto" (1 Sm 13, 18). E não estavam sozinhas. "Os gatos selvagens conviverão aí com as hienas" (Is 34, 14). Mas, jamais, conviviam com o cão. "Que paz pode haver entre a hiena e o cão?" (Eclo 13, 18). Normalmente, atacavam em grupos e à noite. Comiam toda a carne do animal, até deixar só a carcaça. Uivavam e gargalhavam, amedrontando as presas, como se anunciassem o seu trágico fim. "As hienas uivarão nas suas torres, os chacais, nos seus palácios suntuosos. Com efeito, o seu tempo está próximo e seus dias não serão prorrogados" (Is 13, 22).

LEÃO. Viviam nas matas do Jordão. Saíam "da espessura do Jordão para os pastos sempre verdes" (Jr 49, 19) e atacavam os rebanhos. "Quando o teu servo apascentava as ovelhas de seu pai e aparecia um leão ou um urso que arrebatava uma ovelha do rebanho, eu o perseguia e o atacava e arrancava a ovelha de sua goela" (1 Sm 17, 34-35). Todos os temiam. "O leão subiu de seu covil [...], para transformar tua terra em solidão" (Jr 4, 7). Quando capturados, eram presos em covas. "O rei deu ordem de trazerem Daniel e de o lançarem na cova dos leões" (Dn 6, 17).

LOBO. Habitavam a estepe: "O lobo da estepe os dizima" (Jr 5, 6). Daí o título do mais famoso romance de Hermann Hesse, *O lobo da estepe*. Caçadores ferozes "despedaçam a presa, derramando sangue e destruindo vidas" (Ez 22, 27). Um lobo voraz "de manhã devora uma presa" (Gn 49, 27) e, quando atacam à tarde, "não guardam nada para a manhã" (Sf 3, 3). Por representarem perigo para o gado, obrigavam pastores a ficar atentos. Os mais medrosos abandonavam seus rebanhos. Quando "vê o lobo aproximar-se, abandona as ovelhas e foge, e o lobo as arrebata e dispersa" (Jo 10, 12). A fúria do lobo contrastava com a placidez do cordeiro, daí vindo ensinamentos. "O que pode haver de comum entre o lobo e o cordeiro? O mesmo acontece entre o pecador e o piedoso" (Eclo 13, 17). A Bíblia compara líderes cruéis com lobos. Enquanto os seguidores de Jesus são "como cordeiros entre lobos" (Lc 10, 3), diferentes dos "Lobos vorazes que não pouparão o rebanho" (At 20, 29). Em uma de suas parábolas, Ele adverte: "Guardai-vos dos falsos profetas, que vêm a vós disfarçados de ovelhas, mas por dentro são lobos ferozes" (Mt 7, 15). Referência ao provérbio latino *Pelle sub agina latitat mens saepe lupina* (Sob uma pele de ovelha, muitas vezes se esconde uma mente de lobo). A frase, segundo alguns autores, teria sido escrita pelo grego Esopo, que viveu no século VII a.C., apesar de não haver registro dela em nenhuma de suas fábulas. Seja como for, daí vem a expressão, hoje popular, lobo em pele de cordeiro.

PANTERA. Desciam do "alto do Amaná, do cume do Sanir e do Hermon, esconderijo dos leões, montes onde rondam as panteras" (Ct 4, 8). Viviam perto dos povoados e, com frequência, atacavam seus moradores. "A pantera está à espreita em suas cidades: todo aquele que sair delas será despedaçado. Pois seus crimes são numerosos, inúmeras as suas rebeldias" (Jr 5, 6). Por serem rápidas, serviam como indicadores de velocidade. "Seus cavalos são mais rápidos do que panteras" (Hab 1, 8). Até pessoas foram comparadas a elas: "Eu me tornei para eles como um leão, como uma pantera no caminho, eu estava à espreita" (Os 13, 7).

RAPOSA e CHACAL. Esses animais são parentes do lobo. Raposas caçam sozinhas, gostam de frutas e, frequentemente, estragam as videiras. "Agarrai-nos as raposas, as raposas pequeninas que devastam nossa vinha, nossa vinha já florida!" (Ct 2, 15). Contra elas, pouco adiantava construir muros para proteção da lavoura. "Isso que eles estão construindo, se uma raposa subir aí, derrubará sua muralha de pedras!" (Ne 3, 35). Sansão era tão forte que "capturou trezentas raposas, preparou tochas e, amarrando cauda com cauda de cada duas raposas, prendeu nelas as tochas" (Jz 15, 4), provocando um incêndio devastador. Herodes Antipas foi considerado, por Jesus, uma raposa. "Ide dizer a essa raposa: Eis que eu expulso demônios e realizo curas hoje e amanhã" (Lc 13, 32). Ao chamá-lo de raposa quis dizer que, assim como ela, não tinha caráter, não era verdadeiro, nem tinha importância. Por ser a raposa um animal esquelético que parece forte por ser coberta de pelos grandes. Quanto aos chacais, habitavam regiões ermas e desertas. Ainda hoje, são encontrados na Palestina. "O monte Sião está desolado, nele passeiam os chacais!" (Lm 5, 18). Sua figura simboliza um estado de completa desolação. "Eu farei de Jerusalém um monte de pedras, abrigo de chacais" (Jr 9,10).

Também a "Babilônia se tornará monte de pedras, um refúgio de chacais, um objeto de espanto e de zombaria" (Jr 51, 37). Ou um lugar sem habitantes. "Hasor se tornará abrigo de chacais, deserto para sempre. Ninguém morará mais ali, homem algum nela habitará" (Jr 49, 33). E "Quanto aos que me querem destruir, irão para as profundezas da terra; serão entregues à espada e se tornarão pasto dos chacais" (Sl 63,10-11). Mas Iahweh prometeu que até no lugar mais desolado, "onde repousam os chacais, surgirá campo de juncos e de papiros" (Is 35, 7). Alimentavam-se de aves, cordeiros e frutas. A Bíblia refere seu uivo assustador, logo depois do pôr do sol, "Grande ruído vem da terra do Norte para transformar as cidades de Judá em solidão, em abrigo de chacais" (Jr 10, 22). E, também, sua respiração ofegante. Eles "anseiam por ar como chacais" (Jr 14, 6). Sendo seu uivo, muitas vezes, comparado às lamentações de alguns, "lançarei lamentos como os chacais" (Mq 1, 8).

URSO. Viviam nas colinas e nas matas de Israel. Quando famintos atacavam, indistintamente, animais e pessoas, "Saíram do bosque duas ursas e despedaçaram quarenta e dois deles" (2 Rs 2, 24). As fêmeas eram ainda mais perigosas, sobretudo quando defendiam seus filhotes ou perdiam um deles. "Tu bem sabes que o teu pai e a sua gente são valentes e estão enfurecidos, como fica a ursa a que se tiram as crias" (2 Sm 17, 8).

4.5. Animais mitológicos

Ao longo da história, e em diferentes culturas, animais mitológicos foram utilizados para explicar o universo ou o comportamento dos homens, em lendas que misturam referências do mundo real com imaginação. Recursos que ajudam uma melhor compreensão da realidade. Nas mitologias grega e romana, mais conhecidos são Cerberus (monstro com três cabeças de cão gigantes, garras de leão e cobras venenosas na juba), Esfinge (corpo de leão com cabeça de gente, apoiado em patas dobradas), Grifos (corpo, cauda e patas traseiras de leão; mais asas, cabeça e pernas dianteiras de águia), Harpias e Sirenes (rosto de mulher e corpo de ave), Leão de Nemeia (pele invulnerável e garras tão fortes que perfuravam armaduras), Minotauro (cabeça de touro e corpo de homem), Pégasus (um cavalo branco alado), Quimera (cabeça de leão, corpo de cabra e cauda de dragão com serpente na ponta), Scylla (figura feminina com seis cabeças de cão, no lugar das pernas). A mitologia hebraica tem também seus monstros, a partir da influência de egípcios, mesopotâmios e persas. A Bíblia, por sua vez, registra alguns desses animais.

BEEMOT. Monstro que habitava a terra, o Beemot (do hebraico *behēmōt*, "animal grande") teve origem, provavelmente, no *Boi Hadhayosh* da mitologia persa. Sua missão seria matar o Leviatã (monstro dos mares) quando este viesse, no fim dos tempos, o que aconteceria por ordem de Deus, tudo segundo a tradição judaica. Nesse combate apocalíptico morreriam os dois; com suas carnes sendo servidas, num banquete, aos humanos que sobrevivessem. Possui imagem criada a partir do saurópode (da família dos dinossauros), reunindo características de elefante, hipopótamo e touro. "Vê o Beemot que eu criei igual a ti! Alimenta-se de erva como o boi. Vê a força de suas ancas, o vigor de seu ventre musculoso, quando ergue sua cauda como um cedro, trançados os nervos de suas coxas. Seus ossos são tubos de bronze; sua carcaça, barras de ferro. É a obra-prima de Deus. O seu Criador o ameaça com a espada, proíbe-lhe a região das montanhas, onde as feras se divertem. Deita-se debaixo do lótus, esconde-se entre o junco do pântano. Dão-lhe sombra os lótus, e cobrem-no os salgueiros da torrente. Ainda que o rio se desencadeie, não se assusta, fica tranquilo, mesmo que o Jordão borbulhe até sua goela. Quem poderá agarrá-lo pela frente, ou atravessar-lhe o focinho com um gancho?" (Jó 40, 15-24).

LEVIATÃ. Monstro que habitava os mares. "Eis o vasto mar, com braços imensos, onde se movem inumeráveis animais pequenos e grandes; ali circulam os navios, e o Leviatã, que formaste para com ele brincar" (Sl 104, 25-26). Seu "dorso são fileiras de escudos, soldados com selo de pedra, tão unidos uns aos outros, que nem um sopro por ali passa [...] Seus espirros relampejam faíscas, e seus olhos são como arrebóis da aurora. De suas fauces [goelas] irrompem tochas acesas e saltam centelhas de fogo. De suas narinas jorra fumaça, como de caldeira acesa e fervente. Seu hálito queima como brasas, e suas fauces lançam chamas. Em seu pescoço reside a força, diante dele corre o pavor. Quando se ergue, as ondas temem e as vagas do mar se afastam. Os músculos de sua carne são compactos, são sólidos e não se movem. Seu coração é duro como rocha, sólido como uma pedra molar" (Jó 41, 7-16). E nada o amedrontava. "A espada que o atinge não resiste, nem a lança, nem o dardo, nem o arpão. O ferro para ele é como palha; o bronze, como madeira carcomida. A flecha não o afugenta, as pedras da funda são felpas para ele" (Jó 41, 18-20).

ZIZ ou **SIS**. Monstro do ar, na mitologia judaica, com poderes semelhantes aos de Beemot (o da terra) e Leviatã (o da água). Tão grande era que suas asas, quando abertas, bloqueavam o sol. Alguns autores sugerem ser, essa imagem, inspirada no Quetzacoatlus — uma espécie de pterossauro, maior ave de que se tem notícia, cujo fóssil só foi descoberto bem mais tarde. Na Bíblia, não há descrição desse animal. Apenas referência ao local em que habitava. "Subirão pela encosta de Sis e vós os encontrareis na extremidade do vale, perto do deserto de Jeruel. Não tereis de combater nesta disputa. Colocai-vos lá, tomai posição e vereis a salvação que Iahweh vos reserva" (2 Cr 20, 16).

DRAGÃO. O apocalipse refere "um grande Dragão, cor de fogo, com sete cabeças e dez chifres e sobre as cabeças sete diademas; sua cauda arrastava um terço das estrelas do céu, lançando-as para a terra" (Ap 12, 3-4). Acontece que "houve então uma batalha no céu: Miguel e seus Anjos guerrearam contra o Dragão. O Dragão batalhou, juntamente com seus Anjos, mas foi derrotado, e não se encontrou mais um lugar para eles no céu" (Ap 12, 7-8).

CAVALOS DE FOGO. Elias conversava com Eliseu e, "por ter ardido de zelo pela Lei, foi arrebatado até o céu" (1 Mc 2, 58). Quando "um carro de fogo e cavalos de fogo os separaram um do outro, e Elias subiu ao céu no turbilhão, Eliseu olhava e gritava: 'Meu pai! Meu pai! Carro e cavalaria de Israel.' Depois não mais o viu e, tomando suas vestes, rasgou-as em duas. Apanhou o manto de Elias, que havia caído, e voltou para a beira do Jordão, onde ficou" (2 Rs 2, 11-13). Elias, então, desapareceu da vista de seus companheiros. Arrebatado, num *turbilhão*, pelo carro puxado por *cavalos de fogo*. Deixando, para Eliseu, seu espírito profético, para que pudesse continuar a obra de Deus. Nesse mesmo trecho do Jordão, próximo de Jericó, os israelitas atravessaram o rio com a Arca da Aliança, quando entraram na Terra Prometida. Mesmo local onde João, o Batista, batizaria Jesus.

GAFANHOTOS DE ABADDON. O Apocalipse fala em gafanhotos monstruosos e destruidores (Abaddoōn, em hebraico, é *destruição*). "E da fumaça saíram gafanhotos pela terra, dotados de poder semelhante ao dos escorpiões da terra. Disseram-lhes, porém, que não danificassem a vegetação da terra, nem o que estivesse verde e as árvores, mas somente os homens que não tivessem o selo de Deus sobre a fronte" (Ap 9, 3-4). Teriam face de homem e cauda (com ferrão) de escorpião. "O aspecto dos gafanhotos era semelhante ao de cavalos preparados para uma batalha: sobre sua cabeça parecia haver coroas de ouro e suas faces eram como faces humanas; tinham cabelos semelhantes ao cabelo das mulheres e dentes como os do leão; tinham couraças como que de ferro, e o ruído de suas asas era como o ruído de carros com muitos cavalos, correndo para um combate; eram ainda providos de caudas semelhantes à dos escorpiões, com ferrões: nas caudas estava o poder de atormentar os homens" (Ap 9, 7-10). E, "Naqueles dias, os homens procurarão a morte, mas não a encontrarão; desejarão morrer, mas a morte fugirá deles" (Ap 9, 6). Todos temiam esse gafanhoto. "Poderoso e inumerável; seus dentes são dentes de leão, ele tem mandíbulas de leoa. Ele transformou a minha vinha em um deserto, e a minha figueira em pedaços; descascou-a completamente e a abateu, seus ramos tronaram-se brancos!" (Jl 1, 6-7)

BESTAS DE DANIEL. Daniel revelou sonho (ou visão) em que apareceram quatro bestas. "Eu estava contemplando a minha visão noturna, quando vi os quatro ventos do céu que agitavam o grande mar. E quatro feras monstruosas subiam do mar, uma diferente da outra. A primeira (representa o reino da Babilônia cujo rei mais conhecido foi Nabucodonosor) era semelhante a um leão com asas de águia. Enquanto eu o contemplava, suas asas lhe foram arrancadas e ele foi erguido da terra e posto de pé sobre suas patas como um ser humano, e um coração humano lhe foi dado. Apareceu a segunda fera (representa o Império Medo que tirou o poder da Babilônia), completamente diferente, semelhante a um urso, erguido de um lado e com três costelas na boca, entre os dentes. E a este diziam: 'Levanta-te, devora muita carne!' Depois disso, continuando eu a olhar, vi outra fera (representa o terceiro Império com Alexandre, o Grande, conquistando o mundo com suas armas), semelhante a um leopardo, que trazia sobre os flancos quatro asas de ave; tinha também quatro cabeças e foi-lhe dado o poder. A seguir, ao contemplar essas visões noturnas, vi a quarta fera (representa o período do império romano quando nasceu Jesus), terrível, espantosa e extremamente forte: com enormes dentes de ferro, comia, triturava e calcava aos pés o que restava. Muito diferente das feras que a haviam precedido, tinha esta dez chifres" (Dn 7, 2-7).

PRIMEIRA BESTA DO APOCALIPSE (a que saiu do mar). "Tinha dez chifres e sete cabeças; sobre os chifres havia dez diademas, e sobre as cabeças um nome blasfemo. A Besta que vi parecia uma pantera: os pés, contudo, eram como os de urso, e sua boca como a mandíbula de leão. E o Dragão lhe entregou seu poder, seu trono, e grande autoridade. Uma de suas cabeças parecia mortalmente ferida, mas a ferida mortal foi curada. Cheia de admiração, a terra inteira seguiu a Besta e adorou o Dragão por ter entregue a autoridade à Besta. E adorou a Besta, dizendo: 'Quem é comparável à Besta e quem pode lutar contra ela?'" (Ap 13, 1-4). Para alguns autores, essa Besta seria o império romano. Suas sete cabeças representariam as sete colinas de Roma (Aventino, Capitólio, Célio, Esquilino, Palatino, Quirinal, Viminal), que rodeavam a comunidade primitiva. E os dez chifres, seus dez imperadores: Otávio Augusto (29 a.C.-14 d.C.), Tibério (15-37), Calígula (37-41), Claudio (41-54), Nero (54-68), Galba (68-69), Vespasiano (69-79), Tito (79-81), Domiciano (81-96) e Nerva (96-98).

SEGUNDA BESTA DO APOCALIPSE (a que saiu da terra). "Tinha dois chifres como um cordeiro, mas falava como um dragão. Toda a autoridade da primeira Besta, ela a exerce diante desta. E faz com que a terra e seus habitantes adorem a primeira Besta, cuja ferida mortal fora curada. Ela opera grandes maravilhas: até mesmo a de fazer descer fogo do céu sobre a terra, à vista dos homens. Graças às maravilhas que lhe foi concedido realizar em presença da Besta, ela seduz os habitantes da terra, incitando-os a fazerem uma imagem em honra da Besta que tinha sido ferida pela espada, mas voltou à vida. Foi-lhe dado até mesmo infundir espírito à imagem da Besta, de modo que a imagem pudesse falar e fazer com que morressem todos os que não adorassem a imagem da Besta. Faz também com que todos, pequenos e grandes, ricos e pobres, livres e escravos recebam uma marca na mão direita ou na fronte, para que ninguém possa comprar ou vender se não tiver a marca, o nome da Besta ou o número do seu nome. Aqui é preciso discernimento! Quem é inteligente calcule o número da Besta, pois é um número de homem: seu número é 666!" (Ap 13, 11-18). Segundo Santo Isidoro de Sevilha,[20] "Não se deve desprezar os números". Talvez por isso, tanto em grego como em hebraico, números tinham indicações de letras e as letras tinham um valor numérico correspondente a seu lugar no alfabeto. Assim, em hebraico, o número 666 é representado por 600 + 50 + 10 + 5 + 1 e corresponde às letras: Xi (600), Ni (50), Iota (10), Épsilon (5) e Alfa (1). Alguns dizem que o homem, a que se refere o Apocalipse, é o imperador Nero (governou de 54 a 68). Para outros seria Trajano (entre 98 e 117), em cujo governo se deu o martírio de Simeão, bispo de Jerusalém. No ocultismo, 666 é a Luz do Sol. O padre António Vieira, inspirado nas trovas proféticas do sapateiro (Gonçalo Annes) Bandarra, reconhecia o 666 como um sinal apocalíptico. Chegando a anunciar, para o ano de 1666, grandes transformações por todo o mundo cristão e judaico. Neste ano, aconteceram o grande incêndio de Londres, que destruiu um terço da cidade; e a peste, que matou metade dos seus habitantes. Lembrando que, também neste ano, o próprio jesuíta estava preso em Coimbra, acusado de heresia. Para outros, ainda, 6 era o símbolo da perfeição, por ser ele igual à soma dos seus divisores próprios: 1, 2 e 3. Enquanto, para escritores sacros, o número 6 simboliza o mundo natural, o homem e as seis direções do mundo físico (para a frente, para trás, à esquerda, à direita, para cima e para baixo). Muitas outras versões já lhe foram dadas, e ainda outras continuam a surgir.

5. As plantas

> *"A todas as feras, a todas as aves do céu, a tudo o que rasteja sobre a terra e que é animado de vida, eu dou como alimento toda a verdura das plantas"* (Gn 1, 30).

Na Bíblia são, "ao todo, 343 espécies. Desse total, 112 não foram identificadas e 231 foram registradas pelos botânicos e outros pesquisadores como arqueólogos, paleontólogos e teólogos", segundo Ed Paschoal Carrazzoni.[1] Algumas eram cultivadas, outras não. "Tudo o que germina sobre a terra, bendizei o Senhor: cantai-o e exaltai-o para sempre!" (Dn 3, 76). Seu cultivo começou quando aqueles primeiros agricultores perceberam que certos grãos, coletados na natureza, poderiam ser guardados e de novo lançados à terra. Deles nascendo novas plantas, iguais àquelas que produziram o grão original. Mas os homens começaram a plantar e semear, regularmente, só bem mais tarde, por volta do ano 10000 a.C. Observando a natureza, logo aprenderam que havia um momento certo para semear e outro para colher o que haviam semeado. "Há um momento para tudo e um tempo para todo propósito debaixo do céu [...] Tempo de plantar, e tempo de arrancar a planta" (Ecl 3, 1-2). Os primeiros registros dessas atividades remontam à região do Crescente Fértil — atualmente Irã, Iraque, Israel, Jordânia, Líbano, Síria, Turquia. Mais precisamente, "no interior montanhoso do sudeste da Turquia, no oeste do Irã e no Levante. Começou devagar em uma área geográfica restrita", segundo Noah Harari.[2]

Aos poucos, aqueles homens foram compreendendo melhor a natureza. "Vos darei as chuvas no seu devido tempo, e a terra dará os seus produtos" (Lv 26, 4). Mas essa terra nem sempre estava em condição de receber os grãos. Precisava ser, antes, lavrada pela mão do homem. "Em seguida apanhou uma dentre as sementes da terra e a plantou em terra preparada" (Ez 17, 5). A depender do tamanho da semeadura, recebiam ajuda. "A colheita é grande, mas os operários são poucos. Pedi, pois, ao Senhor da colheita, que envie operários para sua colheita" (Lc 10, 2-3). Passaram, também, a usar animais. "A força do touro traz grande colheita" (Pr 14, 4). Cultivar a terra veio a ser atividade cada vez mais exaltada. "Isaac semeou naquela terra e, naquele ano, colheu o cêntuplo. Iahweh o abençoou" (Gn 26, 12). Já não cuidar do campo era tido como fracasso: "Envergonhai-vos, agricultores, lamentai-vos, viticultores, por causa do trigo e da cevada, pois a colheita do campo está perdida" (Jl 1, 11). Aos indolentes, até se recomendava observar o trabalho das formigas. "Anda, preguiçoso, olha a formiga, observa o seu proceder, e torna-te sábio: sem ter chefe, nem guia, nem dirigente, no verão, acumula o grão e reúne provisões durante a colheita" (Pr 6, 6-8). Assim corria o pregão, em forma de provérbio. "Quem cultiva sua terra sacia-se de pão, quem persegue o vazio sacia-se de pobreza" (Pr 28, 19). Havia rituais e comemorações específicas para celebrar essas atividades no campo, como a Festa da Messe (*Shavuot*), "das primícias dos teus trabalhos de semeadura nos campos" (Ex 23, 16) e a Festa da Colheita (*Sucot*), "no fim do ano, quando recolheres dos campos o fruto dos teus trabalhos" (Ex 23, 16). Mas nem tudo aquilo que produziam lhes cabia, já que parte correspondia ao imposto a ser pago: "Todos os anos separarás o dízimo de todo o produto da tua semeadura que o campo produzir" (Dt 14, 22).

Tão importante era esse processo de semear e colher que, muitas vezes, foi usado para ilustrar pregações. "Filho, desde a tua mocidade aplica-te à disciplina e até com cabelos brancos encontrarás a sabedoria. Como o lavrador e o semeador, cultiva-a, e espera pacientemente seus bons frutos, porque te cansarás um pouco em seu cultivo, mas em breve comerás de seus frutos" (Eclo 6, 18-19). Até se dizia "porque semeiam vento, colherão tempestade!" (Os 8, 7). Ou, ainda, em histórias contadas por Jesus com elementos comuns à cultura daquele tempo, para mais bem divulgar a noção de um Reino de Deus por ele anunciado. Tratava-se das parábolas. Entre as muitas, encontramos a da semente que germinava por si só. "Acontece com o Reino de Deus o mesmo que com o homem que lançou a semente na terra: ele dorme e acorda, de noite e de dia, mas a semente germina e cresce, sem que ele saiba como. A terra por si mesma produz fruto: primeiro a erva, depois a espiga e, por fim, a espiga cheia de grãos. Quando o fruto está no ponto, imediatamente se lhe lança a foice, porque a colheita chegou" (Mc 4, 26-29).

Na Bíblia estão ervas e especiarias, cereais e leguminosas. Assim como árvores. As que dão frutos, e as que não. Usadas como alimento, bebida, remédio, em rituais religiosos e para fabricação de perfume. Ou referidas, nas pregações, apenas em sentido figurado.

5.1. Ervas e especiarias

"Hás de alimentar-te de erva, como os bois, e serás banhado pelo orvalho do céu" (Dn 4, 22).

Ervas e especiarias foram usadas, pelos homens, desde a mais remota Antiguidade, e ganharam o mundo a partir da Índia e das ilhas Molucas (*Al-Maluk*) — então conhecidas como ilhas das Especiarias, parte de um arquipélago que hoje faz parte da Indonésia. Por mãos de comerciantes mulçumanos, chegaram à Europa e logo passaram a valer muito, tanto que, por vezes, substituíam a moeda. Daí resulta a expressão, ainda hoje usada, *pagar em espécie*. No início, eram usadas apenas como remédio. "Um tratado médico datado de 3700 a.C., escrito pelo imperador chinês Shen Wung, é um dos mais antigos documentos conhecidos sobre as propriedades medicinais das plantas. Os egípcios, em 1500 a.C., já utilizavam ervas aromáticas na medicina, na culinária e, principalmente, em suas técnicas para embalsamar os mortos. Os sumérios da Mesopotâmia possuíam receitas valiosas, que só eram conhecidas por sábios e feiticeiros", segundo a pesquisadora Lucia Gaspar.[3] Mais tarde, Hipócrates (460-377 a.C.), considerado pai da medicina, prescreveria pimenta para curar falta de apetite, problemas do estômago e males de amor. Aos poucos, as ervas e especiarias foram ganhando espaço na alimentação.

Por sua importância, estão presentes em livros sagrados — Alcorão (islamismo), Mahabharata (hinduísmo), Tanakh (com textos de alguns livros do Antigo Testamento) e, sobretudo, a Bíblia. Estão, ali, referidas como remédio: "Não os curou nem erva nem unguento, mas a tua palavra, Senhor!" (Sb 16, 12). Como ervas de unção, usadas em rituais religiosos: "Purifica meu pecado com o hissopo e ficarei puro, lava-me, e ficarei mais branco do que a neve" (Sl 51, 9). Em preparação dos corpos daqueles que morreram: "Nicodemos, aquele que anteriormente procurara Jesus à noite, também veio, trazendo cerca de cem libras de uma mistura de mirra e aloés. Eles tomaram então o corpo de Jesus e o envolveram em faixas de linho com os aromas, como os judeus costumam sepultar" (Jo 19, 39-40). (Essas "cem libras" correspondem, aproximadamente, a 34 kg.) E, quanto mais importante fosse o morto, mais especiarias eram usadas para preparar seu corpo. Flavio Josefo[4] conta que no funeral de Herodes, o Grande, compareceram quinhentos servos levando unguentos aromáticos. Usavam, também, como ração animal: "Darei erva no campo para o teu rebanho" (Dt 11, 15). O Beemot, um dos animais mitológicos, "alimenta-se de erva como o boi" (Jó 40, 15). Eram, muitas vezes, usadas em sentido figurado: "Conhecerás uma descendência numerosa e teus rebentos serão como a erva do campo" (Jó 5, 25). Delas aproveitavam, sobretudo, as folhas; mas também raízes, caules, flores e sementes. Seguem algumas dessas ervas e especiarias, referidas na Bíblia.

AÇAFRÃO (*Crocus sativus*). O açafrão é um pó amarelo forte, extraído dos estigmas de uma flor. São necessárias quase 200 mil flores para se obter um quilo. Erva sagrada no Egito, aparece em vários murais, até sendo oferecida ao deus Sol. Babilônios o usavam para fabricar essências aromáticas; assírios, para fins medicinais. Na Grécia, servia como tintura de cabelo. Já em Roma, misturado ao vinho, passou a ser afrodisíaco. Na Bíblia, foi citado no "Cântico dos Cânticos" — versos populares de teor sensual e erótico, atribuídos a Salomão, compilados após o exílio (século V ou IV a.C.). "Nardo e açafrão, canela, cinamomo e árvores todas de incenso, mirra e aloés, e os mais finos perfumes" (Ct 4, 14).

ALCAPARRA (*Capparis spinosa*). Alcaparras são botões das flores de um arbusto encontrado no Mediterrâneo. As flores abrem, pela manhã, e já estão murchas ao meio-dia. Por isso foram usadas, na Bíblia, como símbolo da brevidade da vida. "Quando se teme a altura e se levam sustos pelo caminho, quando a amendoeira está em flor e o gafanhoto torna-se pesado e a alcaparra desabrocha, é porque o homem já está a caminho de sua morada eterna, e os que choram sua morte começam a rondar pela rua" (Ecl 12, 5).

ALHO (*Allium sativum*) e **CEBOLA** (*Allium cepa*). Os primeiros registros da utilização do alho, ainda como remédio, remontam à região do mar Morto, por volta do ano 3500 a.C. Foi prescrito por Hipócrates (470-377 a.C.) e Dioscórides (40-90), em seus tratados de medicina, para cura de problemas digestivos, circulatórios, picadas de insetos e mau humor. No tempo da construção das pirâmides, egípcios o consumiam como fortificante. Soldados das legiões romanas, em suas longas marchas, mastigavam alho. Até servia para evitar pestes ou espantar maus espíritos. Os romanos preparavam uma bebida afrodisíaca, consagrada a Ceres (deusa da fertilidade), à base de alho espremido — o *Licor do Amor*. Segundo Homero,[5] na *Odisseia* (Canto X), Hermes (Mercúrio, para os romanos) prescreveu *móli* (assim o alho era conhecido) para que Odisseu (Ulisses) escapasse dos encantos de Circe. Ele "deu-me a erva, arrancando-a da terra, e explicou-me a sua natureza. A raiz era negra, mas a flor era como leite. Os deuses chamavam-lhe móli". Menos sorte coube ao poeta latino Horácio (Quintus Horatius Flaccus, 65-28 a.C.) que, tido como mulherengo, depois de provar prato temperado com alho, acabou rejeitado por sua amada ninfa Lídia. "Assim façamos nossa vida, um dia / Inscientes, Lídia, voluntariamente / Que há noite antes e após / O pouco que duramos", escreveu Fernando Pessoa (Ricardo Reis, *Odes*, 11/7/1914).[6]

A cebola é da mesma família do alho, ambos, originários da Ásia, com registros em hieróglifo, sânscrito, hebraico, grego e latim. Cebolas são de variados tipos, tamanhos e cores, que vão do branco ao roxo. Seu aroma, com maior ou menor intensidade, varia conforme cada espécie. A Bíblia refere uma delas: "Houve então grande fome em Samaria e o cerco foi tão cruel que uma cabeça de jumento valia oitenta siclos de prata e a quarta parte de uma cebola selvagem, cinco siclos de prata" (2 Rs 6, 25). Alho e cebola são referidos, também, quando hebreus saíram do Egito. "Lembramo-nos do peixe que comíamos por um nada no Egito [...] das verduras, das cebolas e dos alhos!" (Nm 11, 5). Essa cebola egípcia, da qual tiveram saudades os peregrinos do deserto, possuía um sabor doce e suave, o que contrastava com a dureza de uma caminhada que parecia não ter fim.

ALOÉ (*Aloe vera*). É planta rústica e muito resistente, que dispensa maiores cuidados. "Aloés que Iahweh plantou" (Nm 24, 6). Dela se extrai uma resina viscosa, com cheiro intenso. "Cobri a cama de colchas, de tecidos bordados, estendi lençóis do Egito. Perfumei o quarto com mirra, aloés e cinamomo" (Pr 7, 16-17). Uma "mistura de mirra e aloés" (Jo 19, 39), embebendo faixas de linho, foi usada para envolver o corpo de Jesus no seu sepultamento.

ARRUDA (*Ruta graveolens*). Arbusto de cheiro intenso, desde os primeiros tempos seu uso está ligado a misticismos, superstições e poderes metafísicos. Ainda hoje galho de arruda, por trás da orelha, protege contra mau-olhado, e vaso de arruda, junto à porta principal da casa, espanta os maus espíritos. Sobre a produção de "arruda e de todas as hortaliças" (Lc 11, 42), era cobrado um dízimo. Mas o evangelista Lucas lembra que, mais importante que pagar imposto, era praticar "a justiça e o amor de Deus" (Lc 11, 42).

CÁLAMO (*Acorus calamus*). Em hebraico *Qa-néh*, em latim *calamum*, em grego *Kalamos*, daí vindo cálamo — uma cana aromática, originária da Ásia, usada na fabricação de óleos para unções. "Procura bálsamo de primeira qualidade: quinhentos siclos de mirra virgem; a metade, ou seja, 250, de cinamomo balsâmico, e outros 250 de cálamo balsâmico; 500 siclos de cássia, segundo o peso do siclo do santuário, e um hin de azeite de oliveira. Com tudo isso farás um óleo para a unção sagrada" (Ex 30, 23-25). A Bíblia refere outra denominação para a planta, quando usada como perfume. "Não me compraste por dinheiro cana aromática" (Is 43, 24). Ou, ainda, "que me importa o incenso que vem de Seba [ou Sabá], e a cana aromática de países longínquos?" (Jr 6, 20).

CANELA ou **CINAMOMO** (*Cinnamomum zeylanicum*). Canela, por conta da forma que a casca da árvore toma depois de seca, em latim se chama *canna* (junco). São usadas indistintamente, na Bíblia, as duas denominações (canela ou cinamomo). A árvore, de grande porte, tem origem em Ceilão, Índia e Malásia. Sua casca foi largamente usada, na Antiguidade, como condimento ou perfume. Moisés recebeu mensagem de Deus para preparar um óleo sagrado com "cinamomo balsâmico" (Ex 30, 23). Usavam também sua raiz, mas ela "é quase sem sabor e cheira a cânfora; e das suas flores se destila água que não tem tanto valor como o das cascas", segundo Cristóvão da Costa (ou Cristóbal Acosta).[7] Valendo muito, estava entre os bens mais preciosos no comércio das especiarias. Mercadores comercializavam "carregamentos de ouro e de prata, pedras preciosas e pérolas, linho e púrpura, seda e escarlate, todo tipo de madeira perfumada, de objetos de marfim, de madeira preciosa, de bronze, de ferro, de mármore, canela e cinamomo" (Ap 18, 12-13).

CÁSSIA (*Senna cana*). Muitas vezes confundidos com a canela, os paus de cássia são maiores, mais grosseiros e mais baratos. Enquanto a canela vai nos doces, ela é normalmente usada em pratos salgados. Na Bíblia, são indicados "quinhentos siclos de cássia" (Ex 30, 24) que deveriam ser usados na preparação do óleo da Santa Unção.

CARDO (*Silybum marianum*). Trata-se de nome comum a várias plantas com folhas e hastes espinhosas que facilmente se alastram, destruindo outras plantações. "Que nasçam cardos em vez de trigo, no lugar de cevada, a erva fétida" (Jó 31, 40a). Tem propriedades terapêuticas (ajuda a digestão, o funcionamento do fígado, a cicatrização de feridas). Por ser planta muito resistente, foi escolhida como símbolo da *Ordem do Cardo* (França) e sua flor está no emblema nacional da Escócia. O brasão da coroa britânica tem o leão, o unicórnio e o cardo (*thistle*).

COENTRO (*Coriandrum sativum*). A palavra deriva do grego *Koris*, que significa, literalmente, *percevejo*, em alusão ao forte cheiro das suas sementes verdes. O nome foi evoluindo: *culantro* (século XIV), *colandro, coandro* e *coendro* (século XVI). Grãos de coentro foram encontrados na tumba egípcia de Tutancâmon (1325 a.C.). Os romanos, para conservar carnes, esfregavam nelas uma mistura de coentro, cominho e vinagre. Poucas vezes é referido na Bíblia. Aparece, sobretudo, no Antigo Testamento, onde é comparado com o maná: "A casa de

Israel deu-lhe o nome de maná. Era como semente de coentro, branco, e o seu sabor como bolo de mel" (Ex 16, 31).

COMINHO (*Cominum cyminum*). Originário da Ásia Central, trata-se de um dos primeiros condimentos usados pelo homem. A parte utilizada são os frutos da planta, já transformados em pó. Há registro de sua presença em tumba de mulher, na segunda dinastia do Antigo Egito (3700 a.C.). Gregos e romanos o conheciam bem. Árabes apreciavam seu poder afrodisíaco. Acabou usado como remédio e moeda de troca. A Bíblia elogia a sabedoria do cultivador ao lançar sementes no chão, conforme as espécies. "Depois de nivelar a sua superfície [...] Não espalha ele o cominho?" (Is 28, 25).

ENDRO (*Anethum graveolens*). Os gladiadores romanos acreditavam que suas forças aumentavam quando o consumiam. Na Grécia, era afrodisíaco. A Bíblia fala na obrigação de pagar dízimo sobre sua produção e de como deve ser cultivado. Em advertência, Jesus diz: "Ai de vós, escribas e fariseus, hipócritas, que pagais o dízimo da hortelã, do endro e do cominho, mas omitis as coisas mais importantes da lei: a justiça, a misericórdia e a fidelidade" (Mt 23, 23).

ESTORAQUE (*Styrax officinalis*). Resina com forte aroma, extraída do caule da planta. Tanto podia ser usada nos incensos como para fixação de perfumes. A Bíblia se refere a ela como fazendo parte da composição do *Incenso Puro do Altar do Tabernáculo* — que Moisés queimou, a pedido de Deus, durante a oração do sacerdote para o povo, um produto destinado apenas ao culto: "Procura aromas: estoraque, craveiro e gálbano, aromas e incenso puro: cada um em quantidade igual" (Ex 30, 34).

GÁLBANO (*Ferula galbaniflua*). Resina amarelada, extraída de planta oriunda das montanhas ao norte do Irã, que pertence à mesma família da cenoura e da salsa. Quando queimada sozinha, produz um cheiro desagradável; mas, junto com outras ervas, aumenta suas fragrâncias e as torna mais duradouras. É mencionada no "Discurso da sabedoria": "Cresci [...] como a canela e o acanto aromático exalei perfume, como a mirra escolhida exalei bom odor, como o gálbano, o ônix, o estoraque, como o vapor do incenso na Tenda" (Eclo 24, 14-15).

HISSOPO (*Hyssopus officinalis*). Planta aromática e medicinal, originária da Europa Meridional e do Oriente Médio. Para muitos, esse hissopo seria uma variedade da manjerona. Muito resistente, não requer maiores cuidados. Salomão "falou das plantas, desde o cedro que cresce no Líbano até o hissopo que sobe pelas paredes" (1 Rs 5, 13). Também era usado como remédio: "Se verificar, após exame, que o leproso está curado da sua lepra, determinará que se tomem para o homem a ser purificado duas aves vivas e puras, madeira de cedro, lã escarlate e hissopo" (Lv 14, 3). E na preparação da água de purificação, aspergida em homens ou objetos: "Um homem em estado de pureza recolherá as cinzas da novilha e as depositará, fora do acampamento, em lugar puro. Ali permanecerão para uso ritual da comunidade dos israelitas, para fazerem a água lustral; é um sacrifício pelo pecado [...] Em seguida, um homem puro tomará hissopo e o mergulhará naquela água" (Nm 19, 9-18). Também faz parte do ritual da Páscoa, ensinado por Moisés: "Tomai alguns ramos de hissopo, molhai-o no sangue que estiver na bacia, e marcai a travessa da porta e os seus marcos com o sangue que estiver na bacia" (Ex 12, 22). Fosse pouco, "depois que Moisés proclamou a todo o povo cada mandamento da Lei, ele tomou o sangue de novilhos e de bodes, juntamente com a água, a lã escarlate e o hissopo, e aspergiu o próprio livro e todo o povo, anunciando: 'Este é o sangue da aliança que Deus vos ordenou'" (Hb 9, 19-20). A celebração solene do ritual da missa latina começa pela antífona: *Asperges me, Domine, hyssopo et mundabor* ("Asperges-me, Senhor, com o hissopo e eu ficarei puro"). Por fim, serviu, como vara, para levar a esponja embebida de vinagre até à boca de Jesus crucificado: "Estava ali um vaso cheio de vinagre. Fixando, então, uma esponja embebida de vinagre num ramo de hissopo, levaram-na à sua boca" (Jo 19, 29).

HORTELÃ (*Mentha viridis*). Seu nome científico é referência à Menta, uma ninfa amante do deus grego Hades, correspondente a Plutão (deus dos mortos e das riquezas) na mitologia romana. Quando o caso foi descoberto por sua mulher, Perséfone, Menta foi transformada em erva. A hortelã é utilizada na culinária, na medicina e nos cultos, e até para aromatizar ambientes, com suas folhas sendo espalhadas pelo chão. Lucas refere um "dízimo da hortelã" (Lc 11, 42) que deveria ser pago. Dízimo vem do latim *decimus* (a décima parte — "do trigo, do vinho, do óleo, do mel e de todos os produtos agrícolas") (2 Cr 31, 5). Usado para construção e preservação do Templo (Ex 25, 1-9), na manutenção dos responsáveis pelo culto (Nm 1, 21-32) e nas festas e romarias (Ne 10, 33-40).

INCENSO (*Boswellia carterii*). Romanos e gregos tinham um altar só para o incenso (*foculus*). Ardia, perenemente, em braseiros, como oferenda aos deuses protetores da família e aos antepassados, também na casa dos enfermos, com fins terapêuticos. Hipócrates o usava para curar asma e aliviar as dores do parto. Plínio (em *Naturalis Historiæ*) escreveu que quando o incenso chegou a Roma, do sul da península Arábica, "os cidadãos romanos pagaram 6 denários por libra de incenso de alta qualidade, mais do que a maioria poderia ganhar em duas semanas de trabalho". Na Bíblia, é descrito em dois sentidos. Como resina aromática, mistura de várias espécies de plantas empregadas nas cerimônias religiosas; e como espécie vegetal, conhecida como *Olíbano franquicense*. "Farás também um altar para queimares nele o incenso, de madeira de acácia o farás" (Ex 30, 1). Ainda servia como perfume ou para preparar manjares de oferenda. "Se ele não tiver recursos para oferecer duas rolas ou dois pombinhos, trará como oferenda pelo pecado cometido um décimo de medida de flor de farinha; não porá nela azeite nem incenso, pois é um sacrifício pelo pecado" (Lv 5, 11). Quando se suspeitava de adultério, o incenso entrava no ritual de apuração da verdade. O "homem conduzirá sua mulher diante do sacerdote e fará por ela uma oferenda de um décimo de medida de farinha de cevada. Sobre ela não derramará azeite e nem porá incenso, pois é uma 'oblação de ciúme', uma oblação comemorativa que deve trazer à memória um pecado" (Nm 5, 15). E dará "um vaso de ouro de dez siclos, cheio de incenso" (Nm 7, 32). Foi trazido, pelos Reis Magos, como presente ao menino Jesus recém-nascido. "Ao entrar na casa, viram o menino com Maria, sua mãe, e, prostrando-se, o homenagearam. Em seguida, abriram seus cofres e ofereceram-lhe presentes: ouro, incenso e mirra" (Mt 2, 11).

JUNCO (*Juncus effusus*). Cresce em lugares úmidos ou alagadiços. "Acaso brota o papiro fora do pântano, cresce o junco sem água?" (Jó 8, 11). Até se dizia que "a terra seca se transformará em brejo, e a terra árida em mananciais de água. Onde repousavam os chacais surgirá campo de juncos e de papiros"

(Is 35, 7). Foi num ambiente de juncos e terrenos alagados que começou a história de Moisés: "E como não pudesse mais escondê-lo, tomou um cesto de papiro, calafetou-o com betume e pez, colocou dentro a criança e a depôs nos juncos, à beira do Rio" (Ex 2, 3). Cestos e esteiras, assim como cordas e arreios, podiam também ser tecidos com fibras de junco, depois de secas.

LINHAÇA e **LINHO** (*Linum usitatissimum*). Planta herbácea da qual se extraem sementes (linhaça) muito usadas na culinária. E fibras para fabricação de tecidos. Feitos por mulheres, quase sempre: "As mulheres habilidosas traziam o que por suas próprias mãos tinham fiado: púrpura violeta e escarlate, carmesim e linho fino" (Ex 35, 25). Esses tecidos eram usados para muitos fins: na confecção de cortinas — "Farás a Habitação com dez cortinas de linho fino retorcido" (Ex 26, 1); de véus — "Farás também um véu de púrpura violeta e escarlate, carmesim e linho fino retorcido" (Ex 26, 31); de cintos — "O cinto que está por cima dele [do efod, espécie de túnica] para sustentá-lo, formando uma só peça com ele, será do mesmo trabalho: ouro, púrpura violeta, púrpura escarlate, carmesim e linho fino retorcido" (Ex 28, 8); e de roupas — "O Faraó disse a José: 'Vê: eu te estabeleço sobre toda a terra do Egito', e o Faraó tirou o anel de sua mão e o colocou na mão de José, e o revestiu com vestes de linho fino e lhe pôs no pescoço o colar de ouro" (Gn 41, 41-42). Só lembrando que anel, vestimenta de linho e colar de ouro eram as insígnias do alto cargo que José recebeu. Sansão, em uma festa de casamento, ofertou peças de linho a quem fosse capaz de decifrar seu enigma. "Então lhes disse Sansão: 'Deixai-me propor-vos um enigma. Se me apresentardes a solução dele no decurso dos sete dias de banquete, e se a encontrardes, eu vos darei trinta peças de linho e trinta roupas de festa" (Jz 14, 12). Eram de linho as faixas usadas no sepultamento de Jesus — "Eles tomaram então o corpo de Jesus e o envolveram em faixas de linho com os aromas, como os judeus costumam sepultar" (Jo 19, 40) —, que ficaram no túmulo vazio, depois da Ressurreição: "Pedro saiu, então, com o outro discípulo e se dirigiram ao sepulcro. Os dois corriam juntos, mas o outro discípulo correu mais depressa que Pedro e chegou primeiro ao sepulcro. Inclinando-se, viu as faixas de linho por terra, mas não entrou [no túmulo]" (Jo 20, 3-5).

LOURO (*Laurus nobilis*). Loureiro é árvore nativa da Ásia, que logo se espalhou por todo o Mediterrâneo. Tem porte médio, entre 5 e 10 metros, com folhas bem lustrosas que podem ser usadas frescas ou mesmo secas, para todos os gostos e quase todos os fins. Heróis gregos, imperadores romanos e atletas em geral usaram coroas de louro — que simbolizam glória, fama, triunfo. A Bíblia nos fala dessas coroas: "Os atletas se abstêm de tudo; eles, para ganharem uma coroa perecível; nós, porém, para ganharmos uma coroa imperecível" (1 Cor 9, 25). O poeta romano Ovídio (43 a.C.-18), em seu *Metamorfoses*, conta como a ninfa Daphne foi transformada num loureiro, para escapar aos assédios de Apolo. Foi quando "passou então a usar uma coroa de louro em memória de seu amor perdido". Por conta disso, louro, em grego, é *daphne*. Ramos de louro, lançados ao fogo, ajudavam a prever o futuro. Bom e promissor, só se as chamas desse fogo fossem altas e claras. Na Idade Média, foi usado para coroar homens sábios e bons estudantes. Suas folhas (em latim *laurus*) acabaram significando excelência no desempenho, daí vindo *laureado*. Dos frutos (em latim *bacca*) veio *bacca laurea* — e daí, em francês, *bachelier* ("bacharel") e *baccalauréat* ("bacharelado"). Por mera coincidência, Bachelier é o nome do botânico a quem coube o mérito de trazer, de Constantinopla, o primeiro pé dessa árvore para ser plantado em Paris (em 1615).

MIRRA (*Commiphora myrrha*). Resina extraída de uma árvore espinhosa, colhida através de talhos abertos na sua casca. Depois de seca, transforma-se em grãos amarelo-avermelhados. Seu nome deriva do aramaico *Murr* (amargo). Os egípcios empregavam mirra no culto ao deus Sol ou como ingrediente na mumificação. Mereceu numerosas referências na Bíblia. Dela, junto com outros bálsamos, se fazia o óleo da Santa Unção: "Quinhentos siclos de mirra virgem" (Ex 30, 23). E entrava, também, na composição de perfumes. "Cada moça devia apresentar-se por seu turno ao rei Assuero [Artaxerxes] no fim do prazo fixado pelo estatuto das mulheres, isto é, doze meses. Assim se cumpriam os tempos da preparação: "durante seis meses as moças usavam óleo de mirra, e nos outros seis meses, bálsamo e unguentos empregados para os cuidados da beleza feminina" (Est 2, 12). Junto com o ouro, e o incenso, foi um dos presentes que os Reis Magos ofereceram ao menino Jesus. São Gregório Magno (em *Homilia sobre os Evangelhos, 10*) disse: "Os Magos tinham ouro, incenso e mirra. O primeiro, evidentemente, corresponde a um rei; o incenso é usado no sacrifício a Deus; a mirra, por fim, embalsama os corpos dos mortos", preconizando toda a vida de Jesus.

MOSTARDA (*Brassica nigra* e *Sinapis alba*). A palavra deriva do latim *mustum ardens* (mosto ardente), assim chamada por arder muito, quando suas sementes eram pisadas junto com sumo da uva não fermentada. As ditas sementes possuem cores que vão do branco-amarelado ao preto, e vêm de três plantas diferentes: mostarda-preta (*Brassica nigra*), mostarda castanha

(*Brassica juncea*) e mostarda-branca (*Brassica alba*). Na Grécia, era condimento e medicamento. O Novo Testamento diz ser a *Planta de Jesus*, por ter sido usada em algumas de suas parábolas. Como na do "Grão de mostarda": "O Reino dos Céus é semelhante a um grão de mostarda que um homem tomou e semeou no seu campo. Embora seja a menor de todas as sementes (1 a 2 milímetros de diâmetro), quando cresce é a maior das hortaliças e torna-se árvore, a tal ponto que as aves do céu se abrigam nos seus ramos" (Mt 13, 31-32). Ou na da "Cura do jovem possesso": "Se tiverdes fé como um grão de mostarda, direis a esta montanha: transporta-te daqui para lá, e ela se transportará, e nada vos será impossível" (Mt 17, 20). Nessas duas parábolas, Jesus, provavelmente, se referia à mostarda-preta que, quando adulta, vira arbusto de até 5 metros, onde aves poderiam se aninhar.

MURTA ou **MIRTO** (*Murraya paniculata*). Na mitologia grega, era planta consagrada a Afrodite. O mesmo acontecia na romana, em que Vênus recebia o título de *Murcia*, daí vindo murta. Gregos a usavam em grinaldas de noivas — e, ainda hoje, é assim. Suas folhas, quando esmagadas, exalam um cheiro agradável. Está, sobretudo, no Antigo Testamento, como fazendo parte da composição do incenso: "Na vossa presença, montes e outeiros romperão em canto, e todas as árvores do campo baterão palmas. Em lugar do espinheiro crescerá o zimbro, em lugar da urtiga crescerá o mirto; isto trará renome a Iahweh e um sinal eterno, que nunca será extirpado" (Is 55, 12-13).

NARDO (*Nardostachys jatamansi*). Originário do Himalaia (Índia), cresce até um metro de altura. Tem flores brancas e rosa, em forma de sino. Das raízes, talos e folhas se extrai um óleo raro, usado para fins medicinais e como perfume. "Enquanto o rei está em seu divã, meu nardo difunde seu perfume" (Ct 1, 12). Era usado, também, para ungir reis e profetas: "Então Maria, tendo tomado uma libra de um perfume de nardo puro, muito caro, ungiu os pés de Jesus e os enxugou com os cabelos; e a casa inteira ficou cheia do perfume do bálsamo" (Jo 12, 3). Houve quem lamentasse o desperdício de produto tão caro. Judas Iscariotes disse: "Por que não se vendeu este perfume por trezentos denários?" (Jo 12, 5). Era o mais caro dos óleos perfumados, entre os que se podiam adquirir. Trezentos gramas eram vendidos por trezentos denários. Para se ter uma ideia, naquele tempo, um trabalhador recebia um denário por dia de trabalho.

NIGELA (*Nigella sativa*). Originária da Índia e do Oriente Médio, tem folhas cinza-esverdeadas e flores em tons de azul. As sementes, em formato triangular, até serem quebradas, não têm cheiro nem sabor. Muito usada no Egito Antigo era posta, sempre, nas tumbas dos faraós. São-lhe reconhecidas qualidades terapêuticas (analgésica, anti-inflamatória, digestiva, diurética). Por vezes, confundida com o cominho, razão pela qual é também conhecida como *cominho negro*. A Bíblia fazia essa distinção: "Porventura o lavrador passa o tempo todo a arar para a semeadura? A preparar e a arrotear o seu solo? Antes, depois de nivelar a sua superfície, não semeia ele a nigela? Não espalha ele o cominho?" (Is 28, 24-25). O profeta Isaías ensinava como lidar com a nigela e o cominho: "Não se debulha a nigela com o trilho [um trilho provido de rodas cortantes ou de sílex, que serve para debulhar o trigo], nem se passam as rodas de um carro sobre o cominho. Antes, é com o bastão que se bate a nigela e com a vara o cominho" (Is 28, 27).

SARÇA (*Acacia nilotica*). A Bíblia nos fala de uma *sarça ardente,* quando o arbusto, uma espécie de silva (da família das rosáceas, gênero *Rubus*), estava em chamas, mas não era consumido. Isso ocorreu no monte Horeb, onde Moisés foi convocado por Deus para liderar os israelitas que tinham deixado o Egito e se arrastavam pelo longo caminho que os levava até Canaã. Foi nesse monte que Moisés recebeu, de Deus, a tábua com os Dez Mandamentos. "O Anjo de Iahweh lhe apareceu numa chama de fogo, do meio de uma sarça. Moisés olhou, e eis que a sarça ardia no fogo, e a sarça não se consumia" (Ex 3, 2). Segundo Joseph Ratzinger,[8] "o texto descreve o chamamento de Moisés pelo Deus oculto que se revela na chama da sarça: ele quer que Moisés lidere o povo de Israel, mas Moisés hesita e exige por sua vez uma identificação clara de seu patrono e uma prova insofismável de seus poderes". Tão importante era a sarça, no tempo do Êxodo, que até houve quem afirmasse que todos os móveis do Tabernáculo eram feitos com sua madeira — inclusive a própria Arca da Aliança, que guardou as tábuas recebidas por Moisés.

URTIGA (*Urtica*). Havia, na Palestina, quatro tipos de urtigas (*dioica, urens, caudata* e *pilulifera*), espalhados por terrenos abandonados. Não se sabe a qual delas, exatamente, se refere a Bíblia. "Passei junto ao campo do preguiçoso, pela vinha de um homem sem juízo: eis que tudo estava cheio de urtigas, sua superfície coberta de espinhos, e seu muro de pedras em ruínas" (Pr 24, 30-31). Jó, no seu calvário, fala dos que zombavam dele: "Ouvem-se os seus rugidos entre as moitas, acocorados nas urtigas" (Jó 30, 7).

5.2. Cereais

"Toma, pois, trigo, cevada, favas, lentilhas, painço e espelta: põe-nos todos em uma mesma vasilha e faze-te pães com eles" (Ez 4, 9).

Cereal vem de Ceres, deusa romana da agricultura. Trata-se de planta gramínea que reúne mais de 6 mil espécies. A parte comestível é o grão, a semente que o cereal produz. Já o caule e as folhas servem só de alimento para os animais. Registros arqueológicos dão conta de que pequenas aldeias da Palestina colhiam cereais selvagens: "Todos os cereais eram primitivamente plantas herbáceas selvagens", diz Heinrich Eduard Jacob.[9] Até quando começaram a cultivá-los, regularmente, espalhando os grãos, irrigando as plantas e arrancando as ervas daninhas do solo. Na Bíblia, estão presentes alguns desses cereais: centeio, cevada, espelta, painço, trigo. O primeiro cultivado foi a cevada. Em seguida, trigo e espelta. Eram os alimentos básicos daquele tempo. Seus grãos, primeiramente torrados, eram depois triturados no almofariz, a partir de técnica rudimentar em que acabavam moídos num bloco de pedra inclinado. O pó, ainda grosseiro, em seguida era passado numa peneira; daí resultava uma farinha, mais fina, usada na fabricação do pão. A partir do processo de fermentação do mosto dos grãos de cevada (também de arroz, milho, trigo), obtinha-se a cerveja. Em torno de 6000 a.C., já era apreciada pelos antigos sumérios, mesopotâmios e egípcios. Seu uso foi regulamentado no *Código de Hamurabi* (1772 a.C.). Quem não respeitasse os critérios de produção da cerveja seria condenado à morte. Estabelecia-se, ainda, uma ração diária da bebida para o povo da Babilônia: dois litros para trabalhadores, três para funcionários públicos, cinco para administradores e o sumo sacerdote. Seguem alguns cereais referidos na Bíblia.

CENTEIO (*Secale cereale*). Tem origem no sudeste da Ásia — Afeganistão, Irã, Turquia. Provavelmente, mesma região de onde se originou aveia, cevada, trigo. Os métodos iniciais para seu cultivo consistiam na semeadura conjunta com o trigo. A depender do tempo, uma cultura dominava a outra. E, por vezes, daí resultava uma farinha mista. Para alguns, centeio é mutação de espécie selvagem que crescia, como erva daninha, em campos de trigo e de cevada. Seu cultivo regular passou a se dar por volta de 3000 a.C. A Bíblia fala pouco dele por não ter, na população, a mesma importância dos outros cereais. "O trigo e o centeio, porém, não sofreram dano, porque eram serôdios [extemporâneos, tardios]" (Ex 9, 32).

CEVADA (*Hordeum vulgare*). Foi o primeiro cereal cultivado pelo homem. Na Mesopotâmia, no Egito e na Grécia. Hipócrates (460-377 a.C.) recomendava sopas de cevada aos convalescentes, em quantidades a depender da doença. Homero,[10] na *Odisseia* (Canto II) — quando a deusa Atena aparece para Telêmaco, filho de Ulisses, prometendo acompanhá-lo na busca de seu pai —, diz que levavam para a viagem "provisões nos recipientes que lhes são próprios: vinhos em ânforas; e cevada, que é tutano dos homens, em fortes alforjes". E, na *Ilíada*[11] (Canto XI), faz referência a "grãos moídos de sagrada cevada". Tratava-se de um dos alimentos que os hebreus esperavam encontrar na Terra Prometida. Em Israel, era semeada no mês de *bul* do calendário judaico (correspondente a nosso outubro/novembro), logo depois de terem começado as chuvas. A colheita se iniciava no mês de *nisã* (março/abril), primeiro do calendário judaico, que se iniciava com a primeira lua nova nos tempos da cevada madura. Não por acaso *Nisã* vem do sumério *nisag* ("primeiros frutos"). "Rute respigou no campo até à tarde, e depois bateu as espigas que tinha colhido; deu quase um almude de cevada" (Rt 2,17). Tão importante era que sua colheita marcava um período específico do ano, quando se celebrava a Páscoa. Noemi e Rute "chegaram a Belém no começo da colheita da cevada" (Rt 1, 22). Depois de moída e transformada em farinha, era usada na fabricação de pão. "Este alimento tu o comerás sob a forma de pães de cevada, assados à vista deles" (Ez 4, 12). Foram pães de cevada que Jesus multiplicou num dos seus milagres: "Há aqui um menino, que tem cinco pães de cevada e dois peixinhos; mas que é isso para tantas pessoas?" (Jo 6, 9). Também se fazia, com cevada, uma espécie de polenta, como a que Booz preparou para Rute, "uma polenta de grão torrado. Depois de ter comido à vontade, ainda sobrou" (Rt 2, 14). Cevada também alimentava animais: "Forneciam a cevada e a palha para os cavalos e os animais de tração, no lugar onde fosse preciso, e cada qual segundo o seu turno" (1Rs 5, 8). E servia, como oferta, no Templo de Jerusalém: "Tal homem conduzirá sua mulher diante do sacerdote e fará por ela uma oferenda de um décimo de medida de farinha de cevada" (Nm 5, 15).

O rei Salomão (1005-931 a.C.) tratou de aumentar sua produção, a partir da introdução do "arado com pontas de ferro, aumentando a produtividade do solo", segundo John Bright.[12] Passou, depois, a usar cevada nas trocas comerciais. "Estabeleceu com o Egito e a Cilícia um comércio de especiarias e ouro", segundo Montefiore.[13] Há registro de que o comércio se estendeu "até a cidade fenícia de Tiro", diz Giammellaro.[14] Foi usada, também, para pagar os operários que construíam o

Templo de Jerusalém, no monte Moriá. "Darei aos lenhadores que vão abater as árvores vinte mil coros de trigo, vinte mil coros de cevada, vinte mil batos de vinho e vinte mil batos de azeite, isso para o sustento de teus servos" (2 Cr 2, 9). O rei "ordenou a seus súditos que lhe fornecessem trinta mil operários e distribuiu de tal sorte a obra à qual se entregava que o trabalho não lhe podia ser difícil. Dez mil cortavam madeira durante um mês no monte Líbano, depois voltavam para suas casas e lá passavam dois meses. Outros dez mil tomavam os lugares deles e, depois de trabalhar durante um mês, retornavam também às suas casas. Os dez mil restantes dos trinta mil os sucediam", segundo Flávio Josefo.[15] Apesar de tudo, foram necessários sete anos para concluir essa obra.

Durante muito tempo, grãos de cevada funcionaram como moeda. Foi com dinheiro e cevada que Oseias comprou a adúltera Gômer, para ser sua esposa. "Comprei-a por quinze siclos de prata e um ômer e meio de cevada e lhe disse: 'Por muitos dias ficarás em casa para mim, não te prostituirás nem te entregarás a homem algum, e eu farei o mesmo contigo" (Os 3, 2). Em torno de 3000 a.C., na Suméria, um trabalhador do sexo masculino ganhava sessenta siclos de cevada por mês; trinta, se fosse do sexo feminino. Só bem depois esses grãos foram substituídos por pedaços de prata e ouro, pesados sempre em siclos. Judas traiu Jesus por trinta moedas de prata — que tinham, cada uma, o peso de um siclo; por trinta siclos, portanto. A moeda, propriamente dita, só apareceria por volta de 640 a.C. E a confiança nas moedas de Roma era tão forte que, mesmo fora das fronteiras do império, todos aceitavam de bom grado pagamentos em *denário*, palavra que passou a ser, depois, a própria denominação genérica para moedas — dinheiro.

ESPELTA (*Triticum spelta*) e **PAINÇO** (*Panicum miliaceum*). Semelhante ao trigo, a espelta era também conhecida como *trigo rústico* ou *trigo-vermelho*, e o painço, por ter grãos muito pequenos, como *milho-miúdo*. Passou a denominar-se *milheto* quando os descobridores do Novo Mundo de lá trouxeram outra variedade, com grão maior, do qual resultaram os milhos atualmente consumidos. Eles foram cereais rústicos, cultivados pelas civilizações antigas, embora bem menos valorizados que centeio, cevada e trigo. Na Bíblia, aparecem em duas citações. "Toma, pois, trigo, cevada, favas, lentilhas, painço e espelta: põe-nos todos em uma mesma vasilha e faze-te pães com eles" (Ez 4, 9). É que Ezequiel deveria alimentar-se deles, durante os 390 dias em que permaneceria deitado sobre o seu lado esquerdo, a mando de Yahweh, comendo vinte siclos por dia. E, numa parábola de Isaías, exaltava o trabalho do lavrador: "Não lança [o lavrador] na terra o trigo, o painço e a cevada e a espelta em uma faixa marginal?" (Is 28, 25).

TRIGO (*Triticum spp.*). Há registros de seu cultivo desde a Idade do Bronze. Na Palestina, trigo e cevada eram semeados no mesmo mês de *bul* (outubro/novembro), mas suas colheitas se davam em momentos diferentes. Por amadurecer, esse trigo, bem mais lentamente, era ceifado só no mês de *sivã* (maio/junho), já com clima quente e "calor ardente em plena luz do dia, como cerração no calor da ceifa" (Is 18, 4). Maior diferença, entre eles, ocorria com relação ao lugar de plantar. Enquanto a cevada cresce bem no solo pobre, pedregoso até, como nas colinas da Palestina, o trigo precisa de terras mais planas e férteis, como as da Galileia, exigindo maiores cuidados. Por isso, custava o dobro da cevada: "Uma medida de flor de farinha custará um siclo, e duas medidas de cevada, um siclo" (2 Rs 7, 1).

Seu intenso comércio estendia-se por grandes espaços, até onde chegavam as rotas das caravanas. O profeta Amós bradava, em nome de Deus, contra os falsificadores: "Quando passará a lua nova para que possamos vender o grão, e o sábado [dia em que eram interrompidas as transações comerciais] para que possamos vender o trigo, para diminuirmos o efá, aumentarmos o siclo e falsificarmos as balanças enganadoras?" (Am 8, 5).

Sua colheita era momento de alegria. "Os que semeiam com lágrimas, ceifam em meio a canções" (Sl 126, 5), com celebração na Festa da Colheita. Nesses dias, espigas tostadas ao fogo e pães do novo cereal eram dados em agradecimento a Deus. "Se ofereceres a Iahweh uma oblação de primícias, será sob a forma de espigas tostadas ao fogo ou de pão cozido com grãos moídos" (Lv 2, 14). A partir da Páscoa, "contareis cinquenta dias até o dia seguinte ao sétimo sábado e oferecereis então a Iahweh uma nova oblação. Trareis das vossas habitações o pão para ser oferecido em gesto de apresentação, feito em duas partes, de dois décimos de flor de farinha cozida com fermento" (Lv 23, 16-17). O trigo era servido só depois dessa oferenda. "Não comereis pão, nem espigas tostadas ou pão cozido antes deste dia, isto é, antes de terdes trazido a oferenda do vosso Deus" (Lv 23, 14). O produto usado nas oferendas tinha melhor qualidade. Quase sempre, com origem na Judeia (cidades de Hafaraim, Micmas e Zanoah). Fartura, na colheita, significava prosperidade: "Os campos cobrem-se de rebanhos, e os vales se vestem de espigas. Clama-se, cantam-se hinos!" (Sl 65, 14). Enquanto escassez era compreendida como um castigo de Deus: "O campo está devastado, a terra está de luto, porque o grão está devastado [...] envergonhais-vos, agricultores, lamentai-vos, viticultores, por causa do trigo e da cevada, pois a colheita do campo está perdida" (Jl 1, 10-11).

A colheita começava com o trigo já maduro: "Quando o fruto está no ponto, imediatamente se lhe lança a foice, porque a colheita chegou" (Mc 4, 29). O ceifeiro segurava, numa mão, um feixe de hastes do cereal; e, na outra, uma foice. "Quando entrares na plantação do teu próximo poderás colher as espigas com a mão, mas não passes a foice na plantação do teu próximo" (Dt 23, 26). O trigo colhido era posto ao sol para secar e, em seguida, debulhado, separando a palha do grão. "Que tem a palha em comum com o grão?" (Jr 23, 28). A palha era importante para proteger e sustentar o grão, durante seu crescimento e amadurecimento; mas inútil para o processo seguinte, da utilização do grão, e precisava ser arrancada. Para tanto, os povos dos tempos bíblicos (e até recentemente) colocavam os feixes de trigo sobre a eira [pedaço de terra plana, coberta de pedra], para ser batidos com varas ou pisados por animais, a fim de separar a palha do grão. A palha mais grossa era retirada com ancinhos até que ficava, na eira, só o grão, ainda com algumas impurezas que, em seguida, eram peneiradas. Aos poucos, o vento ia jogando fora toda a palha solta; enquanto o grão, por ser mais pesado, continuava sobre a eira. "A pá está na sua mão: limpará sua eira e recolherá seu trigo no celeiro, mas quanto à palha, a queimará num fogo inextinguível" (Mt 3, 12). Depois de limpos, secos e guardados em celeiros, aqueles grãos de trigo podiam ser consumidos de muitas maneiras — crus, às vezes, até na própria espiga — "Jesus passou, num sábado, pelas plantações. Os seus discípulos, que estavam com fome, puseram-se a arrancar espigas e a comê-las" (Mt 12, 1) — ou tostados — "Abigail tomou duzentos pães, dois odres de vinho, cinco ovelhas preparadas, cinco medidas de trigo tostado [...] arrumou tudo sobre jumentos e disse a seus servos: 'Ide na frente e eu vos seguirei'" (1 Sm 25, 18-19). Ou transformados em farinha, com os grãos esmagados e moídos. A essa farinha se acrescentava água, sal e azeite, para fazer o pão ázimo. "Tomarás um bezerro e dois carneiros sem mancha, pães ázimos, bolos ázimos, amassados com azeite, obreias ázimas untadas com azeite. Com flor de farinha de trigo os farás" (Ex 29, 1-2). Quando juntavam fermento àquela massa, tinham que esperar seu crescimento. Em ambos os casos, fermentada ou não, a massa era em seguida levada ao forno quente para ser assada.

O Novo Testamento usa esse trigo para dar lições aos cristãos. Ensinando ser preciso esperar, enfrentar dificuldades, aceitar as perdas, para depois renascer, como o trigo. "Não sabeis que um pouco de fermento leveda toda a massa? Purificai-vos do velho fermento para serdes nova massa, já que sois sem fermento. Pois, nessa Páscoa, Cristo, foi imolado. Celebremos, portanto, a festa, não com velho fermento, nem com fermento de malícia e perversidade, mas com pães ázimos, na pureza e na verdade" (1 Cor 5, 6-8).

Na Páscoa, segundo o ritual judaico, retirava-se todo o pão fermentado que se encontrasse em casa. Jesus usou a imagem do grão de trigo para lembrar sua morte e ressurreição. "Em verdade, em verdade, vos digo: se o grão de trigo que cai na terra não morrer, permanecerá só; mas se morrer produzirá muito fruto" (Jo 12, 24), como Ele, que haveria de dar sua vida em redenção de outras, mostrando um caminho. Depois que o grão é plantado vem longo tempo de espera, até que ressurja para produzir muitos outros grãos, com toda a palha sendo arrancada. Apesar de haver perdas, nesse processo, o resultado acabava sendo sempre bom. Com seu rompimento (a moagem), a essência (a farinha) se manifestava.

Jesus, nos seus ensinamentos, usava frequentemente o trigo como metáfora. Assim fez na "Parábola do joio", onde o trigo simbolizava o povo de Deus; e o joio (planta daninha), os ímpios. "O Reino dos Céus é semelhante ao homem que semeou boa semente no seu campo. Enquanto todos dormiam, veio seu inimigo e semeou o joio no meio do trigo e foi-se embora. Quando o trigo cresceu e começou a granar, apareceu também o joio. Os servos do proprietário foram procurá-lo e lhe disseram: 'Senhor, não semeaste boa semente no teu campo? Como então está cheio de joio?' Ao que este respondeu: 'Um inimigo é que fez isso.' Os servos perguntaram-lhe: 'Queres, então, que vamos arrancá-lo?' Ele respondeu: 'Não, para não acontecer que, ao arrancar o joio, com ele arranqueis também o trigo. Deixai-os crescer juntos até a colheita. No tempo da colheita, direi aos ceifeiros: Arrancai primeiro o joio e atai-o em feixes para ser queimado; quanto ao trigo, recolhei-o no meu celeiro'" (Mt 13, 24-30). Para Ele, "O que semeia a boa semente é o Filho do Homem. O campo é o mundo. A boa semente são as pessoas do Reino. O joio são as pessoas do Maligno. O inimigo que o semeou é o Diabo. A colheita é o fim do mundo. Os ceifadores são os anjos. Da mesma forma que se junta o joio e se queima no fogo, assim será no fim do mundo: o Filho do Homem enviará seus anjos e eles apanharão do seu Reino todos os escândalos e os que praticam a iniquidade e os lançarão na fornalha ardente. Ali haverá choro e ranger de dentes. Então os justos brilharão como o sol no Reino de seu Pai" (Mt 13, 37-43).

5.3. Leguminosas

"Trouxeram material de pousada, lã, utensílios, bem como trigo, cevada, farinha, grão torrado, favas, lentilhas" (2 Sm 17, 28).

Leguminosas são plantas que produzem grãos dentro de vagens. No Egito Antigo, já se consumia fava, grão-de-bico, lentilha e tremoço. As "ervilhas verdes foram introduzidas só no tempo do Novo Império, em torno de 1550 a.C.", segundo Edda Bresciani.[16] Havia também uma planta ornamental leguminosa, a giesta, cujas raízes, secas e moídas, eram usadas para fazer pão: "Fazendo pão com raízes de giesta" (Jó 30, 4). É provável que os israelitas se alimentassem de todas essas leguminosas. Mas, dessas, a Bíblia refere apenas fava e lentilha.

FAVA (*Vicia faba*). Nativa da região do mar Cáspio e do norte da África, foi cultivada, pelos habitantes do Egito e da Palestina, desde a mais remota Antiguidade. Plantada só depois das primeiras chuvas do outono, era colhida na primavera, perto da colheita do trigo. Pode ser consumida verde ou deixada secar, no caule, prolongando sua colheita até o fim da primavera. A fava está em duas passagens da Bíblia. Quando Davi se retirou de Jerusalém e cruzou o Jordão, por conta da revolta de Absalão, ele e seus companheiros foram acolhidos em Maanaim, por uma delegação que lhes ofereceu "grão torrado, favas, lentilhas" (2 Sm 17, 28). E durante o cerco de Jerusalém, quando Ezequiel mandou misturar favas com lentilhas e grãos para fazer um pão grosseiro, a ser consumido por peso, "de acordo com o número de dias em que houveres de estar deitado sobre o teu lado e os comerás durante os trezentos e noventa dias" (Ez 4, 9).

LENTILHA (*Lens culinaris* ou *Lens esculenta*). Foi dos primeiros vegetais cultivados pelo homem, na região do Oriente Médio. Logo depois da cevada e do trigo, segundo o *The Cambridge World History of Food*.[17] Há registros dela desde 9000 a.C., quando já era plantada por caldeus, povo semita que habitava região agrícola situada entre os rios Tigre e Eufrates. Egípcios costumavam colocar lentilhas nos túmulos, para alimentar as divindades. Estavam presentes em quase todas as mesas romanas, sendo, por conta disso, largamente cultivadas. "Os filisteus se haviam reunido em Lequi. Havia ali parte do campo coberta de lentilhas" (2 Sm 23, 11). Essa leguminosa cresce bem no solo fértil e seco. As vagens curtas, desenvolvidas a partir das flores, parecem com as da ervilha. E, com ela, são muitas vezes confundidas. Podem ser usadas, também, nas sopas. É famosa uma preparada por Jacó. "Certa vez, Jacó preparou um cozido e Esaú voltou do campo, esgotado. Esaú disse a Jacó: 'Deixa-me comer dessa coisa ruiva, pois estou esgotado' [...] Jacó disse: 'Vende-me primeiro teu direito de primogenitura.' Esaú respondeu: 'Eis que eu vou morrer, de que me servirá o direito de primogenitura?' Jacó retomou: 'Jura-me primeiro.' Ele lhe jurou e vendeu seu direito de primogenitura a Jacó. Então Jacó lhe deu pão e o cozido de lentilhas; ele comeu e bebeu, levantou-se e partiu. Assim desprezou Esaú seu direito de primogenitura" (Gn 25, 29-34). Mas não saiu perdendo, Esaú, com essa troca; por ter, depois, conseguido acumular grande fortuna, o que estimulou a crença na sorte financeira trazida pelas lentilhas. Era usada, também, para fazer pão, misturada com trigo, cevada, painço e espelta. Não custa lembrar que lentilhas estão bem no início do maior romance de todos os tempos, *O engenhoso fidalgo Don Quixote de la Mancha*, de Miguel de Cervantes (1547-1616):

Num lugarejo em La Mancha, cujo nome ora me escapa, não há muito que viveu um fidalgo desses com lança guardada, adarga antiga, rocim magro e cão bom caçador. Um cozido com mais vaca do que carneiro, salpicão no mais das noites, *duelos y quebrantos* aos sábados, lentilhas às sextas-feiras e algum pombinho por luxo aos domingos...[18]

5.4. Arbustos e árvores

"Deus fez crescer do solo toda espécie de árvores formosas de ver e boas de comer" (Gn 2, 9).

Na Palestina e em terras vizinhas havia diferentes árvores que, segundo a Bíblia, eram "formosas de ver e boas de comer" (Gn 2, 9). Parte delas hoje só existe na memória. "Muitas que cresciam em abundância na Terra Santa ou nos países das cercanias, nos tempos bíblicos, não mais existem ali, ou então crescem em números muito menores", segundo Harold e Alma Moldenke.[19] "Eu vos dou todas as árvores que dão frutos, que dão semente: isso será vosso alimento" (Gn 1, 29). Mas, para tanto, havia uma exigência de Deus: "Se vos conduzirdes segundo os meus estatutos, se guardardes meus mandamentos e os praticardes" (Lv 26, 3). Então "farei cair uma chuva no tempo certo, uma chuva abençoada. A árvore do campo dará o seu fruto, a terra produzirá a sua safra, e eles estarão seguros em sua terra e saberão que eu sou Iahweh" (Ez 34, 26-27). Cumpria ainda reservar um décimo desses frutos para manutenção do santuário e dos sacerdotes, posto que "todos os dízimos da terra, tanto dos produtos da terra como dos frutos das árvores, pertencem a Iahweh" (Lv 27, 30). Ao plantar uma árvore, o dono não poderia comer seus frutos durante os primeiros três anos; e, no quarto ano, os frutos deveriam ser selecionados, com os melhores indo para o dízimo. "Quando tiverdes entrado na terra e tiverdes plantado alguma árvore frutífera, considerareis os seus frutos como se fossem o seu prepúcio [o homem incircunciso era considerado impuro; por comparação, os frutos de uma árvore muito nova são também impuros antes de sua consagração a Deus]. Durante três anos serão para vós como coisa incircuncisa e não se comerá deles. No quarto ano, todos os frutos serão sagrados em uma festa de louvor a Iahweh. No quinto ano, podereis comer os seus frutos e recolher para vós mesmos o seu produto" (Lv 19, 23-25). E a cada ano era preciso levar, ao Templo de Iahweh, "as primícias de todos os frutos que recolheres do solo que Iahweh teu Deus te dará" (Dt 26, 2).

Na Bíblia, muitas vezes, árvores são invocadas em sentido figurado. "Enraizei-me num povo cheio de glória, no domínio do Senhor se encontra minha herança. Cresci como o cedro do Líbano, como o cipreste no monte Hermon. Cresci como a palmeira em Engadi, como roseira em Jericó, como formosa oliveira na planície, cresci como plátano. Como a canela e o acanto aromático exalei perfume, como a mirra escolhida exalei bom odor, como o gálbano, o ônix, o estoraque, como o vapor do incenso na Tenda. Estendi os meus ramos como o terebinto, meus ramos, ramos de glória e graça. Eu, como a videira, fiz germinar graciosos sarmentos e minhas flores são frutos de glória e riqueza. Eu sou a mãe do belo amor e do (belo) temor, do conhecimento e da santa esperança. A todos os meus filhos concedo bens eternos àqueles que ele escolheu" (Eclo 24, 12-18).

Os frutos são comparados à própria palavra de Deus. "Não é a produção de frutos que alimenta os homens, mas a tua palavra que sustenta os que creem em ti" (Sb16, 26). Ou "vinde a mim todos os que me desejais, fartai-vos de meus frutos" (Eclo 24, 19). Também a pessoas comuns, governantes e reinos. "Com quem te assemelhas na tua grandeza? Eis, tu és como um cipreste, um cedro no Líbano de bela ramagem — uma brenha sombria —, de alto porte, com seu cimo entre as nuvens. As águas lhe deram crescimento, o abismo lhe assegurou altura, fazendo jorrar suas águas abundantes em torno dele, ao conduzir os seus regatos a todas as árvores do campo. Por isso seu porte era mais elevado do que o de todas as árvores do campo, seus ramos se multiplicaram, seus galhos se alongaram, por causa das águas abundantes que lhe davam crescimento [...] Visto que, por se ter tornado tão alto, elevando seu cume por entre as nuvens, seu coração se encheu de orgulho devido a seu porte, [...] e eu o rejeitei" (Ez 31, 2-11). O rei Nabucodonosor sonhou com uma árvore e Daniel interpretou seu sonho. "Havia uma árvore no centro da terra, e sua altura era enorme. A árvore cresceu e tornou-se forte, sua altura atingiu o próprio céu e sua vista abrangeu os confins da terra inteira. Sua folhagem era bela, e abundante o seu fruto. Nela cada um encontrava alimento: ela dava sombra aos animais dos campos, nos seus ramos se aninhavam os pássaros do céu e dela se alimentava toda carne" (Dn 4, 7-9). Quando um anjo desceu do céu, disse "derrubai a árvore, cortai seus ramos, arrancai suas folhas, jogai fora seus frutos, fujam os animais do seu abrigo e os pássaros deixem seus ramos. Mas fiquem na terra o toco e as raízes" (Dn 4, 11-12). Assim foi interpretado o sonho pelo jovem profeta. "Esta árvore és tu, ó rei, que te tornaste grande e poderoso, e cuja grandeza cresceu até chegar ao céu, estendendo-se teu império até os confins da terra" (Dn 4, 19). Mas o rei deveria saber que "ele o dá a quem lhe apraz" (Dn 4, 22). Quanto à ordem de "deixar o toco e as raízes da árvore, ela significa que o teu reino será preservado para ti até que hajas reconhecido que os Céus é que detêm o domínio de tudo" (Dn 4, 23).

Usando a imagem da árvore, o poeta dos Salmos explica como deveria proceder um homem justo. "Ele é como árvore plantada junto a riachos: dá seu fruto no tempo devido e suas folhas nunca murcham; tudo o que ele faz é bem-sucedido" (Sl 1, 3), devendo explicitar seu compromisso da fé em Deus. A árvore que "lança suas raízes para a corrente: não teme quando chega o calor, sua folhagem permanece verde; em ano de seca não se preocupa e não para de produzir frutos" (Jr 17, 8). O tempo do povo de Deus era, também, comparado ao de uma árvore. "A duração da vida do meu povo será como os dias de uma árvore, meus eleitos consumirão eles mesmos o fruto do trabalho das suas mãos" (Is 65, 22). Santo Epifânio de Salamina (em *Panarion*), falando sobre os vários tipos de madeira de diferentes tipos de árvore, comparou a Igreja com o navio: "Um navio não é feito da mesma madeira, mas de madeiras diferentes: a quilha é feita da mesma madeira, ainda que não de um mesmo bloco; as âncoras são de outra madeira; os revestimentos internos, os soalhos, a armação, as torres, partes da proa, pavesada, velame e lemes freios e bancos, timão e outras coisas constituem um conjunto feito de diferentes madeiras."

No Jardim do Éden, a Árvore da Vida e a Árvore do Conhecimento (do Bem e do Mal) eram símbolos. O fruto da Árvore da Vida garantiria, àqueles a quem Deus permitisse comê-lo, uma vida eterna. Já o fruto da Árvore do Conhecimento, do Bem e do Mal, não podia ser provado pelo homem. Era o fruto proibido. O homem deveria decidir, por si mesmo, o que é o bem e o que é o mal, quando esse direito somente a Deus cabia. "Iahweh Deus tomou o homem e o colocou no Jardim do Éden para o cultivar e o guardar. E Iahweh Deus deu ao homem este mandamento: 'Podes comer de todas as árvores do jardim. Mas da árvore do conhecimento do bem e do mal não comerás, porque no dia em que dela comeres terás que morrer" (Gn 2, 15-17). Adão e Eva desobedeceram e foram expulsos daquele Jardim. Por conta disso, não mais poderiam provar do fruto da Árvore da Vida. "Que agora ele não estenda a mão e colha também da Árvore da Vida, e coma e viva para sempre!" (Gn 3, 22). Bom lembrar que somente para alguns Deus promete o fruto, no fim dos tempos, como recompensa. "Quem tem ouvidos, ouça o que o Espírito diz às igrejas: ao vencedor, conceder-lhe-ei comer da Árvore da Vida que está no paraíso de Deus" (Ap 2, 7).

João Batista também evocou árvores em algumas de suas pregações. "O machado já está posto à raiz das árvores e toda árvore que não produzir bom fruto será cortada e lançada ao fogo" (Mt 3, 10). E Jesus ensinou: "Por acaso colhem-se uvas dos espinheiros ou figos dos cardos? Do mesmo modo, toda árvore boa dá bons frutos, mas a árvore má dá frutos ruins. Uma árvore boa não pode dar frutos ruins, nem uma árvore má dar bons frutos. Toda árvore que não produz bom fruto é cortada e lançada ao fogo. É pelos seus frutos, portanto, que os reconhecereis" (Mt 7, 16-20). Em outra pregação, foram quase as mesmas palavras: "Ou declarais que a árvore é boa e o seu fruto é bom, ou declarais que a árvore é má e o seu fruto é mau. É pelo fruto que se conhece a árvore" (Mt 12, 33). Lucas confirma essa fala: "Não há árvore boa que dê fruto mau, e nem árvore má que dê fruto bom; com efeito, uma árvore é conhecida por seu próprio fruto;

não se colhem figos de espinheiros, nem se vindimam uvas de sarças. O homem bom, do bom tesouro do coração tira o que é bom, mas o mau, de seu mal tira o que é mau; porque a boca fala daquilo de que está cheio o coração" (Lc 6, 43-45). A seguir, algumas árvores mencionadas na Bíblia.

AMENDOEIRA (*Prunus dulcis*). Nas encostas das colinas de Israel, é a primeira árvore que floresce depois do inverno, em fins de janeiro, princípio de fevereiro. Daí amendoeira significar, em hebraico, literalmente, *aquela que desperta*. Tão bonitas são suas flores que estavam representadas no candelabro de ouro que iluminava o Santo Tabernáculo. "No candelabro havia quatro cálices em forma de flor de amêndoas, com os seus botões e flores: um botão debaixo dos dois primeiros braços que saíam do candelabro, outro debaixo dos outros dois e outro debaixo dos dois últimos que também saíam do candelabro" (Ex 37, 20-21). Um bastão de amendoeira foi usado para identificar aquele que Iahweh designou como sumo sacerdote. "O homem cujo ramo florescer será o que escolhi; assim não deixarei chegar até mim as murmurações que os israelitas proferem contra vós" (Nm 17, 20). O eleito foi Aarão, com o bastão sendo guardado no Santo Tabernáculo. Ali estava "a Arca da Aliança toda recoberta de ouro e, nesta, o vaso de ouro com o maná, o bastão de Aarão que florescera e as tábuas da aliança" (Hb 9, 4). Sem esquecer a visão que teve o profeta Jeremias quando Iahweh lhe perguntou: "'O que estás vendo, Jeremias?' E ele respondeu: 'Vejo um ramo de amendoeira.' Então Iahweh disse: 'Viste bem porque eu estou vigiando sobre a minha palavra para realizá-la'" (Jr 1, 11-12). Isaías explica: "Como a chuva e a neve descem do céu e para lá não voltam, sem terem regado a terra, tornando-a fecunda e fazendo-a germinar, dando semente ao semeador e pão ao que come; tal ocorre com a palavra que sai da minha boca: ela não volta a mim sem efeito; sem ter cumprido o que eu quis, realizado o objetivo de sua missão" (Is 55, 10-11).

AMOREIRA (*Morus alba*). Originária da Índia, migrou de lá para Egito, Líbano e Palestina. Os frutos (amoras) são vermelho-escuro, cor de sangue. Talvez por isso seu suco tenha sido usado para incitar os trinta e dois elefantes do rei Eupádor, antes da batalha de Bet-Zacarias: "Os exércitos dispuseram-se para o combate e fizeram ressoar as trombetas. Para instigar os elefantes à batalha, mostraram-lhes suco de uvas e de amoras" (1 Mc 6, 33-34). Nessa batalha, o rei lutava contra Judas Macabeu, que heroicamente resistia ao bloqueio do rei da Síria. A árvore foi também referida em outra luta, de Davi contra os filisteus. Antes da batalha, Davi consultou Deus e Ele respondeu: "Não os ataques. Vai para trás deles, a certa distância, contorna-os e cairás sobre eles diante das amoreiras. E quando ouvires um ruído de passos no alto das amoreiras, então darás início à batalha: é sinal de que Deus sai à tua frente para vencer o exército filisteu" (1Cr 14, 14-15). No Novo Testamento, Jesus fala dela quando os apóstolos "disseram ao Senhor: 'Aumenta em nós a fé!' O Senhor respondeu: 'Com a fé que tendes, como um grão de mostarda, se dissésseis a esta amoreira: 'Arranca-te e replanta-te no mar', e ela vos obedeceria" (Lc 17, 6).

CARVALHO (*Quercus coccifera*). Na Palestina, estavam por toda parte, sobretudo em Basã: "De carvalhos de Basã fizeram os teus remos" (Ez 27, 6). Em outros lugares também: "Jacó os enterrou [os deuses estrangeiros] sob o carvalho que está junto a Siquém" (Gn 35, 4). Ou "perto do carvalhal de Moré" (Dt 11, 30). Ou "tinha armado a sua tenda perto do carvalho de Saananim" (Jz 4, 11). Ou "Iahweh lhe apareceu no carvalho de Mambré, quando ele estava sentado na entrada da tenda, no maior calor do dia" (Gn 18, 1). É árvore nativa das regiões de clima temperado, vive muito e tem grande porte. Na Carolina do Sul (Estados Unidos) existe uma, hoje, com cerca de 1.400 anos. Entre todas as árvores, é a que tem aspecto mais viçoso. "Escolheu [...] um carvalho, permitindo que crescesse vigoroso entre as árvores da floresta" (Is 44, 14). Sua copa é generosa, tanto que ficam "debaixo do carvalho [...] pois a sua sombra é boa" (Os 4, 13). E suportam bem as adversidades do clima: "Era forte como os carvalhos!" (Am 2, 9). Quando derrubados, por conta de suas raízes profundas, brotam novamente. "Deixam apenas um toco; e esse toco será uma semente santa" (Is 6, 13). Os gauleses passaram a usar barris de carvalho para armazenar vinho por ser sua madeira resistente e impermeável. Com tantas qualidades, na Bíblia, muitas vezes é metáfora de temperança, resignação e submissão diante dos desígnios de Deus. "Absalão ia num burro, que se meteu debaixo dos galhos de um grande carvalho. A cabeça de Absalão prendeu-se no carvalho e ele ficou suspenso entre o céu e a terra enquanto o animal passava" (2 Sm 18, 9).

CEDRO (*Cedrela fissilis*). É das árvores mais citadas no Antigo Testamento, nativa das montanhas na região mediterrânea de Chipre, Síria, Turquia e Líbano, daí ser também chamada cedro-do-líbano. Salomão, com grande sabedoria, "falou das plantas, desde o cedro que cresce no Líbano até o hissopo que sobe pelas paredes" (1 Rs 5, 13). Sua madeira, lisa e sem nós, tem cor avermelhada. Por ser flexível e resistente, era usada pelos fenícios para fazer mastros de navios. "Tomaram um cedro do Líbano para construírem um mastro" (Ez 27, 5). Por ter beleza e durabilidade, era também usada na construção de moradias. No cântico atribuído a Salomão, o amante diz à amada: "As vigas da nossa casa são de cedro, e seu teto, de ciprestes" (Ct 1, 17). Seu pai, o rei Davi, cujo reinado durou quarenta anos, teve também uma casa de cedro. E, para isso, pediu ajuda a Hiram, rei de Tiro e de Sidônia, que enviou "mensageiros a Davi com madeira de cedro, com carpinteiros e pedreiros, que edificaram uma casa para Davi" (2 Sm 5, 11). Quando pronta, Davi disse: "Vê! Eu habito numa casa de cedro e a Arca de Deus habita numa tenda!" (2 Sm 7, 2). Coube a seu filho, Salomão, construir o Templo de Jerusalém, para abrigar a Arca. E este, novamente, pediu ajuda ao rei Hiram. "Ordena, pois, que cortem para mim cedros do Líbano; meus operários juntar-se-ão aos teus e eu pagarei o trabalho dos teus operários conforme pedires. Sabes, com efeito, que não há entre nós ninguém que entenda de corte de madeira como os sidônios [os de Sidon, cidade da Fenícia]" (1Rs 5, 20). Hiram respondeu a Salomão: "Recebi tua mensagem. Atenderei a todo o teu desejo referente às madeiras de cedro e de cipreste. Meus servos as descerão do Líbano até o mar e as farei transportar pelo mar, até o lugar que me indicares; ali, eu as desembarcarei e tu as receberás" (1 Rs 5, 22-23). Erguidas as paredes do Templo, "cobriu-o com um teto de pranchões de cedro. E construiu um anexo a todo o Templo; tinha cinco côvados de altura e estava ligado ao Templo por traves de cedro" (1 Rs 6, 9-10). Também "forrou com placas de cedro o lado interno das paredes do Templo — desde o pavimento até as vigas do teto, revestiu com madeira o interior" (1 Rs 6, 15). Nessa parte interna, "o cedro era esculpido com flores e festões [guirlandas]; tudo era de cedro e não se via pedra alguma" (1 Rs 6, 18). Salomão "recobriu de ouro o altar de cedro" (1 Rs 6, 20). E não só isso. Também construiu "o muro do pátio interior com três fileiras de pedra talhada e uma fileira de pranchões de cedro" (1 Rs 6, 36). Depois construiu outros palácios, a começar pelo seu. Para isso, "levou treze anos, até seu completo acabamento. Construiu a Casa da Floresta do Líbano [assim chamava seu palácio] com cem côvados de comprimento, cinquenta côvados de largura e trinta de altura, sobre quatro fileiras de colunas, de cedro, com pranchões de cedro sobre as colunas [...] Fez o pórtico do trono, onde ele administrava a justiça, chamado pórtico do julgamento; era revestido de cedro de uma extremidade à outra do pavimento" (1 Rs 7, 1-7). Quando o Templo foi destruído por Nabucodonosor II, rei da Babilônia (em 587 a.C.), logo pensaram em restaurá-lo. E obtiveram, novamente, madeira para essa reconstrução. "Depois deu-se dinheiro aos talhadores de pedra e aos carpinteiros; aos sidônios e tírios foram dados víveres, bebidas e óleo, para que transportassem pelo mar até Jafa madeiras de cedro vindas do Líbano" (Esd 3, 7). Tão usado foi esse cedro, em Jerusalém, que até parecia ser árvore nativa da região. Fez "os cedros tão numerosos como os sicômoros da planície" (1 Rs 10, 27).

Na Bíblia, também está em sentido figurado. "Um dia as árvores se puseram a caminho para ungir um rei [uma árvore] que reinasse sobre elas [...] E o espinheiro respondeu às árvores: 'Se é de boa-fé que me ungis como rei sobre vós, vinde e abrigai-vos à minha sombra. Se não, sairá fogo dos espinheiros e devorará os cedros do Líbano!" (Jz 9, 8-15). Comparar alguém ao cedro era reconhecer-lhe imponência: "Com quem te assemelhas na tua grandeza? Eis, tu és como um cipreste, um cedro no Líbano de bela ramagem — uma brenha sombria —, de alto porte, com seu cimo entre as nuvens" (Ez 31, 2-3). Também representava poder. "Abre tuas portas, ó Líbano, que o fogo devore os teus cedros. Lamenta-te, cipreste, porque caiu o cedro, porque os majestosos foram devastados" (Zc 11, 1-2). E era símbolo de força. "Vê a força de suas ancas, o vigor de seu ventre musculoso, quando ergue sua cauda como um cedro" (Jó 40, 16-17). Mais além, "no deserto estabelecerei o cedro, a acácia, o mirto e a oliveira; na estepe colocarei o zimbro, o cipreste e o plátano, a fim de que vejam e saibam, a fim de que prestem atenção e compreendam que a mão de Iahweh fez isto" (Is 41, 19-20). Joás, rei de Israel, desafiou Amasias, rei de Judá: "O espinheiro do Líbano mandou dizer ao cedro do Líbano: 'Dá tua filha por esposa a meu filho', mas os animais selvagens do Líbano passaram e pisaram o espinheiro. Obtiveste uma vitória sobre Edom e teu coração se enche de orgulho! Celebra tua glória e fica em casa. Para que provocar a desgraça e causar tua ruína e a de Judá contigo?" (2 Rs 14, 9-10). Ezequiel, então, propôs um enigma em que o reino e os príncipes de Judá são comparados ao topo de um cedro do Líbano, levado para a Babilônia. "A grande águia de grandes asas, de larga envergadura, coberta de rica plumagem veio ao Líbano e apanhou o cimo de um cedro; colhendo o mais alto dos seus ramos, trouxe-o para a terra dos mercadores onde o depôs em uma cidade de negociantes" (Ez 17, 3-4).

O messias é representado como um rebento do próprio cedro, que Iahweh planta num monte elevado. "Tomarei do cimo do cedro, da extremidade dos seus ramos um broto e plantá-lo-ei eu mesmo sobre monte alto e elevado. Plantá-lo-ei sobre o alto monte de Israel. Ele deitará ramos e produzirá frutos, tornando-se cedro magnífico, de modo que à sua sombra habitará toda espécie de pássaros, à sombra dos seus ramos habitará toda sorte de aves" (Ez 17, 22-23). Também o justo é comparado a ele: "O justo brota como a palmeira, cresce como o cedro do Líbano" (Sl 92, 13). E agradece ao Criador: "As árvores de Iahweh se saciam, os cedros do Líbano que ele plantou; ali os pássaros se aninham, no seu topo a cegonha tem sua casa" (Sl 104, 16-17). Com fé e confiança, "louvai a Iahweh na terra, monstros marinhos e abismos todos, raio e granizo, neve e bruma, e furacão cumpridor da sua palavra; montes e todas as colinas, árvore frutífera e todos os cedros" (Sl 148, 7-9). Por fim, era usado no ritual dos holocaustos: "O sacerdote tomará em seguida madeira de cedro, hissopo e escarlate de cochonila e os lançará no fogo onde arde a novilha" (Nm 19, 6).

CIPRESTE (*Cupressus sempervirens*). Comum na região da Palestina é, muitas vezes, citado no Antigo Testamento. O Senhor prometeu fazer com que árvores, normalmente de terras férteis, crescessem também em regiões desérticas, árvores que viriam a ser usadas no Santuário. "A glória do Líbano virá a ti, o zimbro, o plátano e o cipreste, todos juntos, para inundarem de brilho o lugar do teu santuário" (Is 60, 13). Sua folhagem é verde-escura — "Eu sou como um cipreste verdejante" (Os 14, 9) —, com ramos que se estendem para cima, "como o cipreste elevando-se até as nuvens" (Eclo 50, 10). Sua madeira, por ser muito resistente, foi empregada por cretenses, fenícios e gregos na construção de navios. "De carvalhos de Basã fizeram os teus remos, fizeram para ti um convés de marfim incrustado no cipreste trazido das ilhas de Cetim [assim os hebreus se referiam à ilha de Chipre e outras ilhas do Mediterrâneo]" (Ez 27, 6). Provavelmente, terá sido a madeira usada, por Noé, na construção da arca. "Faze uma arca de madeira resinosa; tu a farás de caniços e a calafetarás com betume por dentro e por fora" (Gn 6, 14). Essa *madeira resinosa*, segundo estudiosos, seria o próprio cipreste. Por ter, em suas folhas e ramos, uma diversificada mescla de resinas e ainda guardar grande quantidade de água. Por conta disso é comum, nos incêndios, serem as únicas árvores que resistem ao fogo. "Abre tuas portas, ó Líbano, que o fogo devore os teus cedros. Lamenta-te, cipreste, porque caiu o cedro, porque os majestosos foram devastados" (Zc 11, 1-2). A madeira foi utilizada, junto com a de cedro, no palácio do rei Salomão. E, na construção do Templo de Jerusalém, "Hiram forneceu a Salomão madeiras de cedro e de cipreste na quantidade que ele quis" (1 Rs 5, 24). Na forração do piso do Templo, "cobriu com tábuas de cipreste o assoalho do Templo" (1 Rs 6, 15) e "os dois batentes eram de cipreste" (1 Rs 6, 34). É referido, ainda, em sentido figurado, na morte do rei da Babilônia: "Todos rompem em gritos de alegria. Até os ciprestes se regozijam por causa de ti" (Is 14, 7-8). E, quando a sabedoria faz seu próprio elogio, ela diz: "Cresci [...] como o cipreste no monte Hermon" (Eclo 24, 13).

FIGUEIRA (*Ficus carica*). Foi, muitas vezes, referida na Bíblia. Primeiro, quando Adão e Eva "perceberam que estavam nus; entrelaçaram folhas de figueira e se cingiram" (Gn 3, 7). Depois, como um dos alimentos anunciados para a Terra Prometida, uma "terra de [...] figueiras" (Dt 8, 8). Os doze homens enviados por Moisés para explorar essa terra de lá trouxeram, entre outros frutos, "romãs e figos" (Nm 13, 23). A árvore se adapta bem a vários tipos de solo. Mas, para dar bons frutos, requer cuidados especiais. "Quem cuida de sua figueira comerá dos seus frutos" (Pr 27, 18). Assim está na "Parábola da figueira estéril": "Um homem tinha uma figueira plantada em sua vinha. Veio a ela procurar frutos, mas não encontrou. Então disse, ao vinhateiro: 'Há três anos que venho buscar frutos nesta figueira e não encontro. Corte-a; por que há de tornar a terra infrutífera?' Ele, porém, respondeu: 'Senhor, deixa-a ainda este ano para que cave ao redor e coloque adubo. Depois, talvez, dê frutos... Caso contrário, tu a cortarás'" (Lc 13, 6-9).

Quando o ramo da figueira "se torna tenro e as suas folhas começam a brotar, sabeis que o verão está próximo" (Mt 24, 32). Nele, "despontam figos na figueira" (Ct 2, 13). Esses figos colhidos eram consumidos ao natural. Os primeiros frutos maduros são muito doces. E por ser "um figo temporão [do latim *temporaneus*, que amadurecem antes do tempo]: quem o vê, devora-o mal o tem na mão" (Is 28, 4). Trata-se de "um figo precoce de que tanto gosto!" (Mq 7, 1). Os frutos maduros caem, facilmente, quando as árvores são sacudidas. "Todas as tuas fortalezas são figueiras com figos temporãos, se os sacodem, caem na boca de quem os come" (Na 3, 12). Mesmo verdes, não resistem aos ventos. "As estrelas do céu se precipitaram sobre a terra, como a figueira que deixa cair seus frutos ainda verdes ao ser agitada por um vento forte" (Ap 6, 13). Eram consumidos, também, como doce. "Abigail tomou [...] duzentos doces de figo, arrumou tudo sobre jumentos" (1 Sm 25, 18). Ou, depois de secos, em forma de passa, por se conservarem por mais tempo. "Deram-lhe, também, um pouco de massa de figos secos" (1 Sm 30, 12). Ou como ingrediente de um pão especial. "Tomai um pão de figos" (2 Rs 20, 7). Essa massa de pão de figo também podia ser usada como remédio, sobre feridas. Eles "tomaram um e o aplicaram sobre a úlcera e o rei [Ezequias] ficou curado" (2 Rs 20, 7). Figueira era igualmente apreciada por sua sombra generosa. "Eu te vi quando estavas sob a figueira" (Jo 1, 48), disse Jesus a Natanael quando se encontraram pela primeira vez.

Tão importante eram árvore e frutos que, muitas vezes, foram usadas em sentido figurado. Iahweh mostrou, a Jeremias, "dois cestos de figos colocados diante do Templo de Iahweh [...] Um cesto tinha ótimos figos, como os figos da primeira sazão; o outro cesto tinha figos estragados, tão estragados que não podiam ser comidos" (Jr 24, 1-2). E lhe perguntou: "'Que vês, Jeremias?' e ele lhe disse: 'Figos. Os bons são muito bons, e os estragados são tão estragados que não podem ser comidos'" (Jr 24, 3). Então, disse Iahweh: "Como a estes figos bons, assim olharei com bondade os exilados de Judá que mandei deste lugar para a terra dos caldeus [...] Mas como os figos estragados que, de tão estragados, não podem ser comidos, assim tratarei a Sedecias, rei de Judá, os seus príncipes e o resto de Jerusalém" (Jr 24, 5-8). Em outra lição, "eis que lhes enviarei a espada, a fome e a peste; e os farei semelhantes a figos podres que não podem ser comidos, de tão ruins que são" (Jr 29,17). A destruição da videira, ou da figueira, simbolizava a destruição da própria Terra Prometida. "Eu os suprimirei, não mais uvas na videira, não mais figos na figueira, a folhagem está seca" (Jr 8, 13). Vinha e figueira significavam fartura, paz, tranquilidade. "Judá e Israel viveram em segurança, cada qual debaixo de sua vinha e de sua figueira desde Dã até Bersabeia, durante toda a vida de Salomão" (1 Rs 5, 5). Jesus, para ensinar o poder da fé a seus seguidores, escolheu essa árvore. "E vendo uma figueira à beira do caminho, foi até ela, mas nada encontrou, senão folhas. E disse à figueira: 'Nunca mais produzas fruto!' E a figueira secou no mesmo instante. Os discípulos, vendo isso, diziam, espantados: 'Como assim, a figueira secou de repente?' Jesus respondeu: 'Em verdade vos digo: se tiverdes fé, sem duvidar, fareis não só o que fiz com a figueira, mas até mesmo se disserdes a esta montanha: 'Ergue-te e lança-te ao mar, isso acontecerá'" (Mt 21, 19-21). Alguns dias depois, passaram pelo mesmo lugar e "viram a figueira seca até as raízes. Pedro se lembrou e disse-lhe 'rabi, olha a figueira que amaldiçoaste: secou'. Jesus respondeu-lhes: 'Tende fé em Deus [...] Tudo quanto suplicardes e pedirdes, crede que já o recebestes'" (Mc 11, 20-24). A imagem da figueira foi também usada para ensinar que a mesma boca não pode bendizer o pai e amaldiçoar o homem: "Porventura uma fonte jorra, pelo mesmo olheiro, água doce e água salobra? Porventura, meus irmãos, pode a figueira produzir azeitonas ou a videira produzir figos? Assim, a fonte de água salgada não pode produzir água doce" (Tg 3, 11-12).

MACIEIRA (*Malus domestica*). "A vinha está seca e a figueira está murcha; romãzeira, tamareira, macieira, todas as árvores do campo secaram" (Jl 1, 12). Só não se sabe é se essa macieira, referida na Bíblia, seria a mesma que hoje conhecemos, por conta do clima quente e seco da Palestina. São poucas referências a ela no livro sagrado. E não procede a informação, largamente difundida, de que terá sido maçã o fruto proibido no jardim do Éden. Está presente em um dos provérbios de Salomão: "Maçãs de ouro com enfeites de prata é a palavra falada em tempo oportuno" (Pr 25, 11). No "Cântico dos Cânticos", o amante celebra seu amor comparando a amada com o sabor doce e o aroma agradável do fruto. "O sopro das tuas narinas perfuma como o aroma das maçãs" (Ct 7, 9). Em outro verso, o amante do Cântico é comparado a ela: "Macieira entre as árvores do bosque, / é meu amado entre os jovens; / à sua sombra eu quis assentar-me, / com seu doce fruto na boca" (Ct 2, 3).

MANDRÁGORA (*Mandragora officinarum*). Arbusto que dá um fruto vermelho-amarelado, pequeno e de cheiro forte. "As mandrágoras exalam seu perfume; à nossa porta há de todos os frutos: frutos novos, frutos secos, que eu tinha guardado, meu amado, para ti" (Ct 7, 14). Esse fruto, em hebraico, tem a mesma raiz da palavra *amor*, sendo considerado afrodisíaco. Também é utilizado como remédio para infertilidade. "Tendo chegado o tempo da ceifa do trigo, Rúben encontrou nos campos mandrágoras, que trouxe para sua mãe Lia. Raquel disse a Lia: 'Dá-me, por favor, as mandrágoras de teu filho.' Mas Lia lhe respondeu: 'Não é bastante que me tenhas tomado o marido e queres tomar também as mandrágoras de meu filho?' Raquel retomou: 'Pois bem, que ele durma contigo esta noite em troca das mandrágoras de teu filho.' Quando Jacó voltou dos campos, de tarde, Lia foi ao seu encontro e lhe disse: 'É preciso que durmas comigo, pois paguei por ti com as mandrágoras de meu filho.' E ele dormiu com ela naquela noite" (Gn 30, 14-16). As muitas lendas em torno dessa planta, provavelmente, originaram-se do fato de possuir uma raiz principal bifurcada, com ramificações, muitas vezes, assemelhando-se à forma humana. Em 1514, Maquiavel (Niccolò di Bernardo dei Machiavelli, 1469-1527) escreveu A *mandrágora* — uma sátira à corrupção da sociedade italiana da época. É a história de um jovem florentino (Callimaco Guadagni) que, por conta de uma aposta, se apaixona por uma mulher casada (Lucrezia) que não consegue ter filhos com seu marido (sr. Nícia). Para conquistá-la, finge ser médico e receita um tratamento à base de mandrágora.

MELOEIRO (*Cucumis melo*). Há uma única referência, na Bíblia, e apenas a seu fruto, quando os que vagavam pelo deserto se queixaram a Moisés: "Lembramo-nos do peixe que comíamos por um nada no Egito, dos pepinos, dos melões, das verduras [...] Agora estamos definhando, privados de tudo" (Nm 11, 5-6).

NOGUEIRA (*Juglans regia*). Seu fruto, também chamado *noz-persa*, era muito usado na fabricação de licores. "Desci ao jardim das nogueiras para ver os brotos dos vales, ver se a videira florescia, se os botões das romeiras se abriam" (Ct 6, 11).

OLIVEIRA (*Olea europaea*). Ver **AZEITE**.

ROMÃZEIRA (*Punica granatum*). Árvore nativa da Ásia muitas vezes referida no Antigo Testamento. O povo de Deus, vagando no deserto, perguntou a Moisés: "Por que nos fizeste subir do Egito para nos conduzir a este terrível lugar? É lugar impróprio para semeadura, sem figueira, nem vinhas, nem romãzeiras e até mesmo sem água para beber" (Nm 20, 5). Era muito apreciada — "Saul estava sentado no limite de Gabaá debaixo da romãzeira que está em Magron" (1 Sm 14, 2) —, bem como seus frutos — "Pomar de romãs com frutos preciosos" (Ct 4, 13). Com os grãos, fazia-se um licor muito doce, usado como afrodisíaco. "[Eu] dar-te-ia a beber [...] meu licor de romãs" (Ct 8, 2). Por ter casca lisa e rosada, seus frutos chegaram a ser comparados com o rosto da mulher amada. "Teus lábios são fita vermelha, tua fala melodiosa; metades de romã são tuas faces escondidas sob o véu" (Ct 4, 3). Romãs eram reproduzidas em bordados e na bainha do manto usado, pelo sumo sacerdote, para o serviço religioso. "Haverá em toda a orla do manto uma campainha de ouro e uma romã, outra campainha de ouro e outra romã" (Ex 28, 34). O povo percebia a chegada do sumo sacerdote pelo barulho das campainhas (sinos) e lhe prestava reverência. Também foram esculpidas, em bronze, nas colunas do Templo de Salomão: "Havia duas fileiras de romãs em torno de cada rede [festões em forma de redes, esculpidos nas colunas], quatrocentas ao todo, aplicadas no centro que ficava por detrás das redes; havia duzentas romãs em torno de um capitel, e o mesmo número em torno do outro" (1 Rs 7, 18). Havia guirlandas colocadas "no alto das colunas, e fez cem romãs para colocar nas guirlandas" (2 Cr 3, 16). Tão importante era o fruto (em hebraico, *rimmôn*), para o povo de Israel, que dela derivaram nomes de algumas cidades: "Remon" (Js 15, 32), "Gat-Remon" (Js 19, 45), "En-Remon" (Ne 11, 29).

SALGUEIRO (*Salix babylonica*). Da China, foi trazido para a Babilônia, onde se adaptou bem. Já eram numerosos quando os israelitas lá estiveram exilados (de *exilium*, deportados): "À beira dos canais da Babilônia nos sentamos, e choramos com saudades de Sião; nos salgueiros que ali estavam penduramos nossas harpas" (Sl 137, 1-2). Depois, espalhou-se por toda a Palestina, crescendo, principalmente, nas margens de rios e riachos. "Eles brotarão por entre a erva como os salgueiros junto a correntes de água" (Is 44, 4). Sua copa oferece generosa sombra. "Dão-lhe sombra os lótus, e cobrem-no os salgueiros da torrente" (Jó 40, 22). Os ramos são usados, como decoração, nas festas das Tendas (dos Tabernáculos, ou das colheitas, o Sucot, no outono). "No primeiro dia tomareis frutos formosos, ramos de palmeiras, ramos de árvores frondosas e de salgueiros das ribeiras e vos regozijareis durante sete dias na presença de Iahweh vosso Deus" (Lv 23, 40). Em parábola, Ezequiel lembra a videira plantada, junto às águas, como um salgueiro: "Em seguida apanhou uma dentre as sementes da terra e a plantou em terra preparada, junto a corrente de águas abundantes, plantando-a como um salgueiro" (Ez 17, 5). A Bíblia menciona uma *Torrente dos Salgueiros*, curso d'água situado na fronteira do território de Moab, onde seriam muito numerosos. "Eis a razão por que reuniram o que ainda conseguiram salvar dos seus bens e o transportaram para além da Torrente dos Salgueiros" (Is 15, 7).

SICÔMORO (*Ficus sycomorus*). Árvore nativa da África, também conhecida como figueira selvagem, adaptou-se muito bem na planície costeira da Palestina. Salomão "fez com que a prata fosse tão comum em Jerusalém quanto as pedras, e os cedros tão numerosos como os sicômoros da planície" (1 Rs 10, 27). Também no vale do Jordão, "Correu então à frente e subiu num sicômoro para ver Jesus que passaria por ali" (Lc 19, 4). Sua madeira era usada na marcenaria. Davi chegou até a nomear um "responsável pelas oliveiras e sicômoros na planície" (1 Cr 27, 28). Apesar de ter qualidade inferior à do cedro, "os sicômoros foram derrubados, substituí-los-emos por cedros" (Is 9, 9). Seu fruto, semelhante ao figo (embora menos saboroso), é comestível, depois de tratamento especial, com talhos no fruto antes de amadurecer.

TAMAREIRA (*Phoenix dactylifera*). Essa palmeira (em hebraico *Tamar*), com origem no norte da África, tem forte presença em todo o Egito. Na Palestina, cresce pela planície costeira e no vale do rio Jordão. Entre as cidades desse vale está "Jericó, a cidade das palmeiras" (2Cr 28, 15). Nas montanhas de Efraim, Débora, uma profetisa, a única mulher citada na Bíblia a ter o status de juíza, "tinha a sua sede à sombra da palmeira" (Jz 4, 5). Cresce, também, nos oásis do deserto. A Bíblia fala, por exemplo, de palmeiras existentes no oásis de Elim, "onde havia doze fontes de água e setenta palmeiras" (Ex 15, 27). Podem alcançar até 30 metros de altura. Suas largas folhas protegem os homens do sol, servindo como abrigo na Festa das Tendas. "Trazei ramos de oliveira, pinheiro, murta, palmeira e de outras árvores frondosas, para fazer cabanas, como está prescrito" (Ne 8, 15). E nas procissões triunfais. "Finalmente nela entraram [na cidade de Gazará, atual Géser] no vigésimo terceiro dia do segundo mês do ano cento e sessenta e um, entre aclamações e palmas, ao som de cítaras, címbalos e harpas, e entoando hinos e cânticos, porque um grande inimigo havia sido esmagado e expelido fora de Israel" (1 Mc 13, 51). O autor do Apocalipse colocou ramos de palmeira nas mãos dos eleitos no céu. "Eis que vi uma grande multidão, que ninguém podia contar, de todas as nações, tribos, povos e línguas. Estavam de pé diante do trono e diante do Cordeiro, trajados com vestes brancas e com palmas na mão" (Ap 7, 9). Estavam na procissão que acompanhou Jesus, quando entrou em Jerusalém. "No dia seguinte, a grande multidão que viera para a festa, sabendo que Jesus vinha a Jerusalém, tomou ramos de palmeira e saiu ao seu encontro, clamando: 'Hosana! Bendito o que vem em nome do Senhor'" (Jo 12, 12-13). A palma é símbolo da vitória travada, pelo espírito, contra a carne. Assim, desde a Antiguidade, a iconografia cristã representa os mártires com uma palma na mão. Debaixo das palmas, pendem cachos de tâmaras — uma frutinha alaranjada e com sabor agridoce. "Tomareis frutos formosos, ramos de palmeiras, ramos de árvores frondosas" (Lv 23, 40).

Na refeição do *Pessach*, eram usadas em pães e no *charoset* — espécie de geleia agridoce com frutas secas (tâmaras, figos, passas), vinho e especiarias (canela, cravo) ou para decoração. "Em todas as paredes do Templo, ao redor, tanto no interior como no exterior, mandou esculpir figuras de querubins, palmas e flores" (1 Rs 6, 29). E "mandou cobrir de ouro" (1 Rs 6, 32) essas figuras. "Sobre os painéis das travessas e sobre as molduras mandou gravar querubins, leões e palmas" (1 Rs 7, 36). Salomão, na "grande sala, revestiu-a de madeira de cipreste que recobriu de ouro puro e mandou esculpir por cima palmas e guirlandas" (2 Cr 3, 5). Havia, lá, "janelas com grades nos cubículos e sobre os seus pilares, voltadas para o interior do pórtico, ao redor; e do mesmo modo, no vestíbulo havia janelas em torno e palmeiras sobre os pilares" (Ez 40, 16). Ramos de palmeira, com uma coroa de ouro, eram sinais de paz e de amizade entre os povos. "Recebemos a coroa de ouro e a palma que nos enviastes, e estamos prontos a celebrar convosco uma paz duradoura" (1Mc 13, 37). A árvore foi usada, também, para comparações. "O justo brota como a palmeira" (Sl 92, 13). Seu porte e beleza explicam por que a esposa do "Cântico dos Cânticos" é comparada a ela: "Como és bela / quão formosa, / que amor delicioso! / Tens o talhe da palmeira, / e teus seios são os cachos. / Pensei: Subirei à palmeira para colher dos seus frutos!" (Ct 7, 7-9). Tamar (palmeira) é, por fim, nome de mulher: "Judá tomou uma mulher para seu primogênito Her; ela se chamava Tamar" (Gn 38, 6).

TAMARGUEIRA (*Alchornea glandulosa*). Também conhecida como *tamarisco* ou *arbusto solitário*, sobrevive, no deserto, em dunas de areia e mesmo em lugares salgados, perto do mar. "Habita os lugares secos no deserto, terra salgada, onde ninguém mora" (Jr 17, 6). Suas raízes podem se estender por mais de 80 metros, em busca de água (doce ou salgada). "Lança suas raízes para a corrente: não teme quando chega o calor, sua folhagem permanece verde" (Jr 17, 8). Na primavera, ficam cobertas de flores, brancas ou rosas; oferece, aos viajantes do deserto, sombra e frutos — pequenos e doces, parecidos com tâmaras. Quando caem na areia quente do deserto, ficam ainda mais doces. Dos seus ramos saem gotículas de seiva que condensam quando caem no solo, durante a noite. A Bíblia nos conta que "Abraão plantou uma tamargueira em Bersabeia, e aí invocou o nome de Iahweh, Deus de Eternidade" (Gn 21, 33). O rei Saul "estava em Gabaá, sentado debaixo da tamargueira no alto da colina" (1Sm 22, 6). Depois de morto, "recolheram os seus ossos e os enterraram debaixo da tamargueira de Jabes" (1Sm 31, 13).

TEREBINTO (*Pistacia palaestina*). Nativa da região do Mediterrâneo, desde o Ocidente (Espanha, Ilhas Canárias, Marrocos, Portugal) até o Oriente (Síria, Turquia). Encontra-se mesmo nas florestas do vale do Jordão, em Israel. É árvore de grande porte, podendo chegar a 15 metros de altura. Do seu tronco grosso saem muitos ramos. "Estendi meus ramos como o terebinto, meus ramos, ramos de glória e graça" (Eclo 24, 16). Tem sombra muito apreciada. "Debaixo [...] do terebinto, pois a sua sombra é boa" (Os 4, 13). O anjo de Iahweh "veio e assentou-se debaixo do terebinto de Efra" (Jz 6, 11). Muito resistente ao inverno, suas folhas não caem com o frio e mudam só na primavera. "Sereis como o terebinto cujas folhas estão murchas, como jardim sem água" (Is 1, 30). Pertence à mesma família do carvalho, mas, diferentemente dele, exala forte perfume. Se perde um pedaço da casca, libera uma seiva medicinal (antisséptica e anti-inflamatória). Quanto mais é ferido, mais exala perfume e ajuda a curar. Dela se extrai, também, a terebintina — uma resina aromática usada como solvente de tinta e vernizes. Foi no vale do Terebinto (ou vale de Elah, no centro de Israel) que se enfrentaram Davi e Golias. "Saul e os homens de Israel reuniram-se e acamparam no vale do Terebinto, e se puseram em ordem de batalha diante dos filisteus" (1 Sm 17, 2). Mas "saiu do acampamento filisteu um grande guerreiro. Chamava-se Golias" (1 Sm 17, 4), um gigante que ali foi morto com uma pedrada certeira de Davi.

VIDEIRA (*Vitis sp*). Ver **VINHO**

6. Preparação dos alimentos

> *"Ela tomou a farinha, amassou-a e preparou os pastéis na sua presença. Depois levou-os ao fogo. Em seguida, pegou a panela e despejou-a no prato diante dele, mas ele não quis comer"* (2 Sm 13, 8-9).

Tudo começou com o controle do fogo. Richard Wrangham,[1] com base em escavações arqueológicas, sustenta que isso teria ocorrido entre 1,6 e 1,9 milhão de anos atrás. Assim, "passamos a cozinhar antes de nos tornarmos homens, e nos tornamos homens porque passamos a cozinhar", segundo Lévi-Strauss,[2] na sua *Teoria do cozimento*. Para o antropólogo francês, usar fogo, na preparação de alimentos, "marca não apenas a transição da natureza para a cultura; mas também, por meio dessa ação e com a sua ajuda, a condição humana pode ser definida com todos os seus atributos", por ser apenas o homem capaz de alterar os alimentos. "Cozinhar transforma a natureza", escreveu Michael Pollan.[3] Ao converter "o produto *da natureza* em algo profundamente diverso: as modificações químicas provocadas pelo cozimento e pela combinação de ingredientes permitem levar à boca um alimento, se não totalmente *artificial*, seguramente *fabricado*", complementa Massimo Montanari.[4] Tanto que Hipócrates (460-377 a.C.) definiu comida como uma *res non naturalis* ("coisa não natural").

As primeiras cozinhas nasceram em espaços abertos, com o fim específico de guardar vivo aquele fogo. No início, não sabiam como fazê-lo. Apenas aproveitavam o que encontravam na natureza. Depois, aprenderam que isso era possível pelo atrito de pedras ou pedaços de madeira: "Neemias ordenou que se derramasse o resto da água sobre grandes pedras. Apenas feito isto, acendeu-se uma chama" (2 Mc 1, 31-32). Esse fogo era mantido por diferentes tipos de combustível, "como a chama devora a palha, como o feno se incendeia e se consome" (Is 5, 24), além de galhos secos: "Estou ajuntando uns gravetos, vou preparar esse resto [de pão] para mim e meu filho" (1 Rs 17, 12). Fogo e carvão em brasa eram, então, bens preciosos. Guardados em buracos feitos no chão ou em poços já secos: "Tomaram do fogo do altar secretamente e o ocultaram na cavidade de um poço esgotado. Ali o deixaram em segurança" (2 Mc 1, 19). Muitas vezes era transportado, em pequenas viagens, utilizando caveiras de animais. Abraão levava "o fogo e o cutelo" (Gn 22, 6) quando foi sacrificar seu filho no monte Moriá (local, mais tarde, escolhido pelo rei Salomão para construir o Templo de Jerusalém). "Eis o fogo e a lenha" (Gn 22, 7), disse ele.

Aos poucos foram reservando, no interior das casas, um espaço próprio para cozinhar. Surgiam, assim, as primeiras cozinhas propriamente ditas. Por muito tempo, apenas "um buraco sujo, enegrecido pela fuligem e pela fumaça, que impregnava o ambiente com o chão lamacento", segundo John Mawe.[5] E, não obstante, já era desde então o mais importante lugar das moradias. "O fogo ocupa o centro físico e simbólico da casa. A presença do fogo transforma uma casa num lar", diz Mariana Sanchez.[6] É seu ponto focal, palavra que vem do latim *focus* (fogo). Não por acaso, lar é a pedra em cima da qual se acende a lareira e se faz o fogo. E *Lares* (é mais comum a forma no plural, em referência ao latim *Lares familiares*), na mitologia etrusca e romana, as divindades protetoras da casa e da família. A cozinha se converte em um espaço de convivência onde foram se transformando, de acordo com as necessidades, argila em cerâmica, metal em utensílios, alimento cru em cozido.

Ao tempo do Antigo Testamento, essas cozinhas eram ainda rudimentares: "Não havia uma lareira de verdade; o fogo ardia num buraco cavado no chão de terra", segundo John Drane.[7] Por ser proibido cozinhar aos sábados (em hebraico, *shabat*), "não acendereis fogo em nenhuma de vossas casas" (Ex 35, 3) nesse dia. Nem nas tendas usadas por nômades: "Enquanto os israelitas estavam no deserto, um homem foi surpreendido apanhando lenha no dia de sábado. Aqueles que o surpreenderam recolhendo lenha trouxeram-no a Moisés, a Aarão e a toda a comunidade" (Nm 15, 32-33). *Shabat* significa "descansar", "cessar", mesma raiz de *sheva* (sete), *shibim* (setenta), *shebii* (período de sete semanas) e *Shavuot* (festa das sete semanas). "Deus concluiu no sétimo dia a obra que fizera e no sétimo dia descansou, depois de toda a obra que fizera" (Gn 2, 2). Era, para o povo de Deus, um dia abençoado, de estar a família reunida, com o alimento preparado no dia anterior. "Amanhã é repouso completo, um santo sábado pra Iahweh. Cozei o que quiserdes cozer, e fervei o que quiserdes ferver, e o que sobrar, guardai-o de reserva para a manhã seguinte" (Ex 16, 23).

Ainda segundo John Drane,[8] "o térreo das casas comuns era dividido em dois cômodos. Os animais, durante o inverno, eram trazidos para dentro da parte mais baixa, perto da porta. A família vivia numa plataforma elevada, o mais longe possível dessa porta. O espaço sob a plataforma devia ser usado para guardar ferramentas e jarras", quase sempre de barro. Jarras, para estocar farinha e azeite; potes, para transportar e guardar água; bacias, vasos e tigelas para servir a comida. A imagem do barro e do oleiro, juntos, simbolizava uma espécie de relação entre os homens e seu criador: "Então Iahweh Deus modelou o homem com a argila do solo" (Gn 2, 7). Nas casas mais ricas, alguns desses objetos passaram a ser feitos de outros materiais. "Numa grande casa não há somente vasos de ouro e de prata; há também de madeira e de barro; alguns para uso nobre, outros para uso vulgar" (2 Tm 2, 20). Lenha também eram estocada, no lugar: "Amontoa lenha bastante, acende o fogo" (Ez 24, 10).

6.1. Fogão

Os primeiros objetos que podemos chamar de fogão eram bem baixos e primitivos. Com o trabalho de manter vivo o fogo e de vigiar o que estava sobre ele, o cozinheiro se via obrigado a ficar agachado, por vezes até sentado no chão. Tinham só a função de aquecer pedras lisas onde punham cereais amassados com água. "Toma a carne e os pães sem fermento e coloca-os sobre esta pedra e derrama caldo sobre eles" (Jz 6, 20). Daí resultando não ainda o pão, propriamente dito, mas uma espécie de bolacha dura e seca. "A primeira solução do cozinheiro foi usar o fogo para aquecer as pedras e cozinhar os alimentos sobre essas pedras quentes", diz Fernández-Armesto.[9] Em seguida, os homens descobriram que poderiam colocar essas pedras quentes em recipientes naturais (casca dura de vegetais, odres feitos do estômago de animais), fora do fogo, para aquecê-los. Por bom tempo, carnes cruas eram postas diretamente sobre o fogo, a mais antiga e primitiva forma de cozinhar. Ou assadas em espetos de madeira, e não apenas por ser operacional, mas também porque as madeiras e suas cinzas lhes davam um gosto especial. Assim ocorreu até quando surgiram os primeiros "fogões", construídos dentro das cozinhas, alimentados por galhos de árvore, capim seco, lenha ou carvão vegetal. "Sem lenha o fogo se apaga" (Pr 26, 20). Em seguida, os romanos ensinaram a usar um fogão diferente, com as bocas do fogo separadas do forno.

6.2. Forno

A história do forno foi diferente. Desde a pré-história, o homem defumava carnes e peixes como forma de conservar os produtos da caça e da pesca, durante os longos invernos. Depois desses fumeiros, vieram os fornos de argila, também no exterior das casas, cuja evolução variou de lugar para lugar. Há registros de buracos no chão onde colocavam pedras e, sobre elas, acendiam o fogo. "Essa novidade exigiu uma certa engenhosidade para ser inventada, mas nenhuma ferramenta — a não ser alguma coisa para ajudar a cavar — para executá-la", segundo Fernández-Armesto.[10] Tão importante foi a descoberta do forno que "romanos chegaram ao ponto de ter uma deusa do forno, *Fornax*, que fazia parte do conjunto das *deae matres*, as divindades maternais", segundo Eduard Jacob.[11] Em seu interior, forrado com folhas, colocavam carnes, peixes ou raízes, envolvidos com outras folhas: "A erva do campo que existe hoje e amanhã será lançada ao forno" (Mt 6, 30). Deixava-se tudo cozinhar, lentamente, pelo calor irradiado naquele interior ainda quente. "O forno põe à prova as vasilhas de barro" (Eclo 27, 5). Em alguns casos, salpicavam água para provocar vapor. Casas, mesmo as mais simples, passaram a ter em seu pátio interno um forno em terracota, quase sempre cilíndrico. Neles, "a abertura na parte superior tinha que ser ampla o bastante para manter o fogo alimentado com oxigênio, mas estreita o suficiente para ser convenientemente selado com uma tampa pesada sem muita perda de temperatura", explica Fernández-Armesto.[12] Só as casas mais ricas tinham fornos de barro, com fogo na parte de baixo, sendo o alimento posto na parte de cima. Já na geração seguinte, fornos e fogões passaram a usar, como material, ferro fundido.

6.3. Utensílios

No início, os homens contavam apenas com as próprias mãos. "O homem pensa porque tem as mãos", dizia o filósofo grego Anaxágoras (500-428 a.C.), segundo Aristóteles.[13] Com mãos faziam fogo, arrancavam galhos de árvores para alimentar esse fogo, colhiam frutas ou caçavam animais. E os levavam à boca. "O preguiçoso põe a mão no prato, mas não consegue levá-la à boca" (Pr 19, 24). Usando ossos e cascos de animais, madeira e, depois, bronze ou ferro, foram criando utensílios que ajudavam na preparação dos alimentos. "Vale mais ser um rei que pode mostrar a sua coragem, ou um utensílio que é útil em casa e do qual se serve seu dono?" (Br 6, 58). Alguns desapareceram, com o tempo; outros, ainda permanecem. Nasceram grelhas para assar carnes e pão, privilégio, no começo, apenas de casas abastadas, e também assadeiras (espécie de panela bem rasa), semelhantes àquelas primeiras pedras colocadas sobre o fogo. "Se a tua oferenda for uma oblação cozida na assadeira, a flor de farinha amassada com azeite será ázima" (Lv 2, 5). A

Bíblia faz referência a "oferendas que se coziam na sertã [panela larga e ainda mais rasa, lembrando uma frigideira] (1 Cr 9, 31). Ali começaram a misturar alimentos, de acordo com o que tinham disponível. "Uma caçarola é um estômago externo", sugere Steve Jones.[14] Depois surgiram as panelas como hoje as conhecemos: "Se a tua oferenda for uma oblação cozida na panela, a flor de farinha será preparada com azeite" (Lv 2, 7). Eram feitas de pedra, barro natural ou cerâmica — e metal, cobre ou bronze (mistura de cobre e estanho). "Coloca a panela vazia sobre as brasas, para que fique quente e seu cobre chegue a arder" (Ez 24, 11). Só bem mais tarde vieram as de ferro, com vantagem sobre as anteriores. "Que tem em comum a panela de barro com a panela de ferro? Esta esbarrará naquela e ela se quebrará" (Eclo 13, 2). Utilizadas para preparar caldos e papas com cereais, eram de todos os tamanhos. Até enormes caldeirões de bronze — privilégio de poucos, por serem caros, como o caldeirão de Battersea, de 800 a.C., recentemente descoberto por arqueólogos, ainda intacto. "Cortaram-no como carne na panela e como vianda dentro do caldeirão" (Mq 3, 3). Com o mesmo material das panelas, faziam coadores (para filtrar molhos), escumadeiras (para escorrer alimentos cortados em pedaços), fôrmas de bolos e ganchos (para recolher peças de carnes cozidas na água).

Utensílios de madeira foram muitos. "Eis um carpinteiro: ele serra uma árvore fácil de manejar, raspa-lhe cuidadosamente toda a casca, convenientemente a trabalha e dela faz um utensílio para os usos da vida" (Sb 13, 11). Também baldes, colheres, conchas, fôrmas de queijos, peneiras, saleiros, tábuas, tampas de panelas, vinagreiras e amassadeiras, usadas na preparação do pão: "O povo levou, pois, a farinha amassada, antes que se levedasse, e as suas amassadeiras atadas em trouxas com seus mantos, sobre os ombros" (Ex 12, 34). Especiarias ou pequena quantidade de cereais eram amassados "num pilão; cozia-o em panelas e fazia bolos" (Nm 11, 8). E almofariz (mó), usado para triturar maior quantidade de grãos (quase sempre com casca) — aveia, centeio, trigo. "Toma a mó e mói a farinha" (Is 47, 2). Era formado por duas pedras redondas, chatas e sobrepostas, geralmente feitas de basalto (*basanites*, que significa "rocha muito dura") de origem vulcânica. A pedra inferior era ligeiramente convexa e mais pesada, com um pino ao centro, servindo como eixo para que a pedra superior (côncava pelo lado de baixo) girasse sobre ela. Havia uma abertura circular, no centro, onde colocavam os grãos. E uma manivela de madeira, para fazer a pedra girar. Esse almofariz manual era, muitas vezes, operado em parceria. "Duas mulheres estarão moendo juntas" (Lc 17, 35). Enquanto uma cuidava da manivela (para fazer girar a pedra superior) a outra, sentada em frente, com a mão livre colocava o cereal entre as pedras para, depois, recolher toda essa farinha moída. Os almofarizes maiores precisavam da força de homens, para girar. Sansão, cego, "girava a mó no cárcere" (Jz 16, 21). Ou de animais. Jesus mencionou a "mó que os jumentos movem" (Mc 9, 42). Foi usada, inclusive, em sentido figurado: "Mesmo que pises o estulto no almofariz, sua idiotice não se separa dele" (Pr 27, 22). Tão importantes eram essas pedras de mó que nunca poderiam ir à mão dos credores. "Não tomarás como penhor as duas mós, nem mesmo a mó de cima, pois assim estarias penhorando a vida" (Dt 24, 6).

Árabes aproveitaram essa invenção romana e conceberam grandes moinhos compostos por duas mós giratórias, sobrepostas, sendo a de baixo fixa e a de cima giratória. Isso permitia moer cereais, agora em quantidades maiores. Os primeiros eram manuais ou usavam a força dos cavalos (*atafonas*), passando, mais tarde, a ser movidos a água (*azenhas*), só em seguida nascendo moinhos de vento. O aparecimento de todos esses utensílios facilitou a preparação dos alimentos, tornando as receitas mais variadas. "O homem pôde então iniciar-se na culinária propriamente dita, cozinhando os alimentos e condimentando-os com ervas e sementes aromáticas, para melhorar e ativar o gosto", segundo Maria Leonor Soares.[15] O sal também começou a ser extraído e largamente usado para temperar alimentos.

6.4. Métodos de cozimento

Lévi-Strauss[16] distinguia dois modos básicos de transformar um alimento natural, "cozinhar direto no fogo ou cozinhar num recipiente com líquido". Este último, por ser elaborado, seria bem mais *civilizado*. Chegou até a dizer que "o alimento fervido é vida, o alimento assado é morte". Cozinhando carnes em água, provavelmente, descobriram a gordura animal. "Na terra do Egito quando estávamos sentados junto à panela de carne" (Ex 16, 3). Mais tarde, essa gordura foi refinada e usada em assados e cozidos. "Põe no fogo a panela, põe-na e deita-lhe água. Junta-lhe pedaços, tudo quanto é pedaço bom, como coxa e espádua, enche-a de ossos escolhidos, toma o que há de mais escolhido do rebanho. Por baixo amontoa lenha, ferve muito bem, até que fiquem cozidos os ossos que ela contém" (Ez 24, 3-5). Só em torno do século V a.C. o homem conheceu a técnica da fritura, em gordura vegetal ou animal. Foi quando percebeu que as ditas gorduras atingiam temperaturas tão mais altas em relação à água que o alimento ficava pronto em menor tempo. "Na transição para os primeiros *processos civilizatórios*, um passo ainda maior que a fervura foi dado com a fritura", segundo Fernández-Armesto.[17] Assim também se deu na Roma Antiga. Primeiro veio o assado (*assus*), depois o cozido (*elixus*), em seguida o cozido em fogo brando (*ex iure*) e, por fim, os fritos (*frigere*). Nos tempos bíblicos, segundo John Drane,[18] "a comida normalmente era preparada por fervura, numa panela sobre o fogo. Alguns alimentos eram escalfados em azeite, e o pão era assado. Muitos legumes eram comidos crus. As lentilhas e vagens foram sendo fervidas em água e azeite. E o mingau de trigo, feito com água, sal e manteiga".

6.5. Cozinheiros

Preparar alimentos requeria qualidades especiais. "O cozinheiro precisa conhecer bem sua profissão, ter longa experiência e não se incomodar com o esforço. Precisa querer ser apreciado pela obra que faz. Que seja limpo e asseado, saiba distinguir à perfeição as qualidades e propriedades da carne, dos peixes e das verduras, para saber quais devem ser cozidos, quais assados e quais fritos. Precisa ser versado em avaliar o sabor dos alimentos", segundo Bartolomeu Sacchi — mais conhecido como Bartolomeu Platina (nome latino de sua cidade natal, Piàdena), autor do *De honesta voluptate et valetudine* (*O prazer honesto e a boa saúde*),[19] um livro de grande sucesso, na Europa, por volta dos séculos XV e XVI. Mais tarde foi nomeado, pelo papa Sisto IV (1471), prefeito da Biblioteca Vaticana — ofício que exerceu até sua morte, em 1481. (O cargo, ainda hoje, de enorme prestígio, atualmente é ocupado pelo cardeal português Dom José Tolentino Mendonça.)

A profissão de cozinheiro, em todas as culturas, foi sempre exaltada. As primeiras receitas de que se tem registro vieram da Mesopotâmia (região que abrange atualmente Irã, Iraque e Síria), há 4 mil anos. Em escrita cuneiforme, ensinavam o preparo de caldos. Mas foram "os gregos os primeiros a reconhecer a culinária como uma das habilidades e artes básicas da vida humana", segundo Roy Strong.[20] Todos os grandes pensadores da Antiguidade valorizavam a preparação dos alimentos. Os heróis de Homero — em Corfu, Ítaca ou Troia — faziam suas próprias refeições. Quem cozinhava era chamado de *mageiro*, palavra que também usavam para designar *sacerdote*, não por acaso, com a mesma raiz de *magia*. Platão chegou a equiparar a arte da cozinha à da oratória. "Um dos seus diálogos magníficos envolve nos mesmos louvores os que guisam e apresentam bem as ideias e os alimentos", segundo Eça de Queiroz.[21] Cozinheiros profissionais surgiram só no final do século V a.C., segundo Amouretti,[22] a começar pelo poeta Arkhestratus, da Sicília (naquela época território grego), contemporâneo de Aristóteles. Não se tratava propriamente de um cozinheiro, como hoje conhecemos. Era, sobretudo, um apreciador da boa mesa. Costumava viajar para estudar alimentos e cozinhas de cada lugar. Conhecedor da estreita relação entre hábitos alimentares e civilizações, escreveu *Hedypatheia* (*Tratado dos prazeres*), narrando experiências e descobertas. Foi o primeiro a usar a palavra "gastronomia" ao dizer que o estômago (*gaster*) era regido por leis (*nomos*). Ainda estava longe do sentido atual, no entanto. Este só veio em 1801, com o poema "La Gastronomie ou l'homme de champs à table" ("A gastronomia ou os prazeres da mesa"), de Joseph Berchoux, em quatro cantos. Fala dos prazeres da mesa e dos direitos e deveres do convidado e do anfitrião:

> À minha mesa os meus amigos prendam,
> E que estes, saboreando as iguarias,
> Louvem meus gostos, meus talentos vários,
> E se extasiem com as graças minhas
> Inda as naus fúteis, logo que as profira;
> Enfim faze que os céus eu agradeça
> Depois que jante, o egrégio cozinheiro
> Que eles benignamente me outorgarão

Cozinhar, na Roma Antiga, era sobretudo "a arte do complicado e da metamorfose", escreve Mireille Corbier.[23] O bom cozinheiro seria, pois, quem tornava o alimento irreconhecível, com misturas e cheiros inusitados. Nada era mais o que aparentava ser. Em *Satíricon*, no capítulo "A ceia de Trimálquio", o poeta latino Petrônio[24] (27-66 d.C.) descreve alguns desses pratos: moreia, línguas de aves, vulva de porca. "Em uma bandeja que continha um arranjo em forma de galinha de madeira esculpida, cujas asas, abertas e dispostas em círculo, pareciam realmente esconder ovos... os convidados quebraram os ovos, cobertos com uma pasta fina que imitava com perfeição a casca" e, ali dentro, estava "um papa-figo bem gordo imerso em gema de ovo apimentada". Tanto sucesso faziam os cozinheiros que, na época do imperador Tibério Cláudio (reinou de 14 a 37), em Roma, havia mais escolas de cozinha que de filosofia. Alguns cozinheiros, inclusive, eram funcionários de Estado. E muito bem pagos.

Esses profissionais também foram reverenciados na Etrúria, pequeno pedaço de terra entre os rios Arno e Tibre (na atual Toscana, Itália). Registros históricos nos revelam o estilo de vida suntuoso daquela pequena comunidade e a perfeita organização no trabalho, inclusive dos cozinheiros. Assim está em pinturas no túmulo de Golini I, em Velzna (Orvieto), na primeira metade do século IV a.C. "Na parede do fundo, um homem leva ao fogo uma espécie de frigideira sob o olhar atento de um outro, que parece supervisionar toda essa complexa organização", descreve Sassatelli.[25] Havia também panelas de variados tamanhos e formas. Do Egito, foram obtidas informações a partir de pinturas em túmulos. No de Rekhmire, nobre oficial do faraó Tutmés III (1482-1425 a.C.), há uma receita de bolo destinado à mesa dos deuses, preparado, na pastelaria do Templo, por cozinheiros especiais. Segundo Bresciani:[26] era preciso

> Pilar uma porção de tubérculos de junça em um pilão;
> Peneirar a farinha cuidadosamente;
> Acrescentar uma taça de mel e amassar;
> Colocar a massa em uma caçarola de metal;
> Levá-la ao fogo juntando um pouco de gordura
> Cozer em fogo brando, até que a massa fique consistente;
> Dourar com cuidado para não queimar;
> Deixar esfriar e fazer pães cônicos.

Também receitas de curar doenças, como indisposições do estômago: "Tomar o lírio, misturá-lo à carne de pombo cozida com carne de ganso, funcho, uma porção de favas, água quente, farinha absorvente; juntar uma infusão de trigo e dois pés de chicória; cortar em pedaços bem miúdos, coar, beber."

Na Palestina, e em quase todas as civilizações do Crescente Fértil, cozinhar era tarefa de mulheres. Talvez por isso "muitas são honradas com nomes culinários. O de Rebeca (*Ribqah*, mulher de Isaac, mãe de Esaú e de Jacó), significa *vaca*. E o de Raquel (*Rahel*, mulher de Jacó, uma das matriarcas das Doze Tribos) pode ser traduzido por *ovelha*", segundo Steve Jones.[27] Abraão disse a Sara, sua esposa, "faze pães cozidos" (Gn 18, 6). Rebeca, mulher de Isaac, "preparou um bom prato, a gosto de seu pai" (Gn 27, 14). Disse "Raguel à sua esposa que fizesse muitos pães; e foi ao estábulo, tomou dois bois e quatro carneiros e mandou aprontá-los. E assim começaram os preparativos" (Tb 8, 19). Abigail "tomou duzentos pães, dois odres de vinho, cinco ovelhas preparadas, cinco medidas de trigo tostado, cem cachos de passas, duzentos doces de figo, arrumou tudo sobre jumentos" (1 Sm 25, 18). Em situações especiais, homens também cozinhavam. *Tabbāh* podia ser tanto aquele que sacrificava animais quanto o que preparava o alimento. "Depois correu Abraão ao rebanho e tomou um vitelo tenro e bom; deu-o ao servo que se apressou em prepará-lo" (Gn 18, 7). Ló preparou, para os dois anjos, "uma refeição, fez cozer pães ázimos, e eles comeram (Gn 19, 3). Jacó fez um cozido de lentilhas. Quando Esaú voltou da caça, "também ele preparou um bom prato e o trouxe a seu pai" (Gn 27, 31). Moisés disse a Aarão e seus filhos "Cozei a carne na entrada da Tenda da Reunião; ali a comereis, com o pão que está no cesto do sacrifício" (Lv 8, 31). O juiz Gedeão "preparou um cabrito e, com um almude de farinha, fez pães sem fermento" (Jz 6, 19). Booz cozinhou "uma polenta de grão torrado" para Rute (Rt 2, 14). Daniel "tomou pez [tipo de resina], gordura e pelos, e cozinhou tudo junto" (Dn 14, 27). Habacuc "havia acabado de cozinhar um caldo e de colocar pães em pedaços numa cesta e se dispunha a ir ao campo a fim de os levar aos ceifeiros" (Dn 14, 33). Samuel recomendou a seu cozinheiro: "Dá a parte que eu te dei, da qual eu te disse: 'Põe-na à parte.' Então o cozinheiro separou o pernil e o que está embaixo, colocou-os diante de Saul e lhe disse: 'Eis o resto colocado diante de ti. Come, pois é para esta reunião que isso foi reservado para ti'" (1 Sm 9, 23-24).

O ato de cozinhar até serviu para ilustrar uma parábola, em que se fala do cerco de Jerusalém pelo rei da Babilônia:

"Cozinha bem a carne, prepara as especiarias. Fiquem os ossos bem queimados. Coloca a panela vazia sobre as brasas, para que fique quente e seu cobre chegue a arder, de modo que se derretam suas impurezas e sua ferrugem se consuma" (Ez 24, 10-11). Ezequiel comparou a "cidade sanguinária" com "a panela enferrujada (Ez 24, 6). Uma "ferrugem [que] não sairá com o fogo. As suas impurezas são uma infâmia. Com efeito, procurei purificar-te, mas tu não ficaste pura das tuas impurezas" (Ez 24, 12-13).

7. Refeição

"Tendo lavado o rosto, voltou e, contendo-se, ordenou: 'Servi a refeição'" (Gn 43, 31).

Os primeiros homens se alimentavam quando tinham fome. E a qualquer hora do dia. Muito depois, começaram a comer em horários definidos que variavam conforme cada lugar. "A regularidade temporal das refeições terá sido a primeira conquista civilizada, opondo-se ao consumo primitivo, impulsivo e biológico", escreve Mariana Sanchez.[1] Transformava-se essa "ocasião em um momento de sociabilidade, um ato carregado de forte conteúdo social e de grande poder de comunicação", completa Massimo Montanari.[2] Na refeição, "é a partilha que importa, mais do que a própria composição da refeição", palavras de Francis Joannès,[3] por revelar afeto, companheirismo, comunhão. A Bíblia nos dá exemplos disso. "Não vos esqueçais da hospitalidade, porque graças a ela alguns, sem saber, acolheram anjos" (Hb 13, 2). Assim se dava em aniversários. No "do Faraó, este deu um banquete a todos os seus oficiais" (Gn 40, 20). O mesmo em casamentos. "Labão reuniu todos os homens do lugar e deu um banquete. Mas eis que de noite ele tomou sua filha Lia e a conduziu a Jacó; e este uniu-se a ela!" (Gn 29, 22-23). Também em colheitas e vindimas: "Estes saíram ao campo para vindimar as suas vinhas, pisaram as suas uvas, promoveram festas e entraram no templo do seu deus. Aí comeram e beberam" (Jz 9, 27). Também em situações de conciliação e de perdão, como no reencontro de José com seus irmãos: "Conduze esses homens à casa, abate um animal e prepara-o, porque esses homens comerão comigo ao meio-dia" (Gn 43, 16). Ainda, em sentido figurado: "Feliz aquele que tomar refeição no Reino de Deus!" (Lc 14, 15). Ou "o coração contente tem perpétuo banquete" (Pr 15, 15).

Comer e beber juntos não apenas fortalecia laços de amizade entre iguais. Servia, também, para "reforçar as relações entre senhor e vassalos, seus tributários, seus servidores e até os servidores de seus servidores. Da mesma forma, em nível social mais baixo, os mercadores selavam seus acordos comerciais na taberna, diante de uma panela", lembra Jean-Louis Flandrin.[4] Essas tabernas eram frequentadas só por homens, habitantes do lugar ou viajantes, embora fossem dirigidas por mulheres. Na *Epopeia de Gilgámesh*[5] há muitas referências a Shidúri, "a taberneira que à margem do mar morava". O Código do rei Hamurabi (1772 a.C.), da Babilônia, chegou a proibir que mulheres frequentassem essas tabernas, especialmente as que exerciam funções religiosas. "Se uma sacerdotisa não enclausurada abrir a porta de uma taberna ou entrar lá para beber cerveja, essa mulher será queimada." Mas desproporções como essa, entre crimes e penas, aos poucos foram sendo ajustadas. Em seu código, que abrangia todo o direito público e privado daquele tempo, destaque para a Lei de Talião (*Lex Talionis*), primeiro sistema civilizatório de limitação ao poder do Estado, prevendo, tão somente, "olho por olho, dente por dente, pé por pé, queimadura por queimadura, ferida por ferida, golpe por golpe" (Ex 21, 23-24). E não mais mortes indiscriminadas, somente "vida por vida". Esse conjunto de leis, gravadas em uma grande *estela* — um monolito com 2,25 metros de altura, circunferência de 1,60 metro na parte de cima e 1,90 metro embaixo —, com 21 colunas e 282 cláusulas, encontra-se hoje no Museu do Louvre, levado para lá, em 1901, pelo arqueólogo Jacques de Morgan. Refeições evidenciavam, também, diferenças entre classes sociais. "Havia um homem rico que se vestia de púrpura e linho fino e cada dia se banqueteava com requinte. Um pobre, chamado Lázaro [forma grega de *Eleazar*, que significa 'Deus ajudou'], jazia à sua porta, coberto de úlceras. Desejava saciar-se do que caía da mesa do rico" (Lc 16, 19-21). São João Crisóstomo (em *Homilia 2, in Epist ad Phil*) falou sobre essa passagem: "Diz Nosso Senhor [que] 'havia um homem rico' e não 'há um homem rico', porquanto sua vida foi como uma sombra que passa. Mas nem toda pobreza é santa, assim como nem toda a riqueza é fruto do crime." Jesus chama atenção para o perigo que é a indiferença para com os outros e os que sofrem — o que papa Francisco chama muitas vezes de *cultura do descarte* (Homilia de 17 de março de 2018).

7.1. Regras de etiqueta

Comensal é quem come, à mesa, com outro ou outros. Vem do latim *cum* (com) e *mensa* (mesa). Numa partilha que, desde os primeiros tempos, obedece a regras bem definidas, mesmo quando "entendidas de forma diferente pelas diferentes classes sociais", segundo Mariana Sanchez.[6] Entre os mais carentes, a preocupação era sobretudo com a repartição do alimento em si, cumprindo regras simples, enquanto para as classes elevadas tudo era mais sofisticado, estabelecendo-se um código complexo do bem se portar à mesa.

A Bíblia fala sobre isso. Ensina, por exemplo, que, antes de entrar na casa do anfitrião, deve-se bater à porta: "Eis que estou à porta e bato: se alguém ouvir minha voz e abrir a porta, entrarei em sua casa e cearei com ele, e ele comigo" (Ap 3, 20). Ou usar roupas especiais, que variavam conforme a ocasião: "Quando o rei entrou para examinar os convivas, viu ali um homem sem a veste nupcial e disse-lhe: 'Amigo, como entraste aqui sem a veste nupcial?'" (Mt 22, 11).

Nessas regras, constavam também rituais de purificação. "Os fariseus, com efeito, e todos os judeus, conforme a tradição dos antigos, não comem sem lavar o braço até o cotovelo e, ao voltarem da praça pública, não comem sem antes se aspergir, e muitos outros costumes que observam por tradição: lavação de copos, de jarros, de vasos de metal" (Mc 7, 3-4). Gesto compreensível por serem as mãos o principal instrumento para comer. Purificavam também os pés. "Traga-se um pouco de água, e vos lavareis os pés" (Gn 18, 4). Cada casa tinha uma jarra d'água só para isso. "Havia ali seis talhas de pedra para a purificação dos judeus, cada uma contendo de duas a três medidas" (Jo 2, 6). Devia-se, ainda, perfumar a cabeça com óleo odorífero, reproduzindo velho costume de hospitalidade oriental. "Diante de mim preparas a mesa, à frente dos meus opressores; unges minha cabeça com óleo" (Sl 23, 5). O lugar de se acomodar à mesa marcava o prestígio do convidado, não sendo escolhido ao acaso. "Quando alguém te convidar para uma festa de casamento, não te ponhas no primeiro lugar; [para que] não aconteça que alguém mais importante do que tu tenha sido convidado por ele, e quem convidou a ti e a ele venha a te dizer: 'Cede-lhe o lugar.' Deverás, então, todo envergonhado, ocupar o último lugar. Pelo contrário, quando fores convidado, ocupa o último lugar, de modo que, ao chegar quem te convidou, te diga: 'Amigo, vem mais para cima.' E isso será para ti uma honra em presença de todos os convivas. Pois todo aquele que se exalta será humilhado, e o que se humilha será exaltado" (Lc 14, 8-11). Quando Samuel introduziu Saul e seu servo na sala de refeição, ele "os fez sentar em lugar preeminente sobre os convidados, que eram uns trinta homens" (1 Sm 9, 22). Essa regra permaneceu. Conta-se até que Dante Alighieri, na corte de Nápoles, se retirou de um banquete oferecido por Roberto d'Angiò (conhecido como *Il Saggio*, o Sábio), rei de Nápoles e da Sicília, filho de Carlos II. É que, por ter se apresentado modestamente vestido (como costumavam fazer os poetas) e não sendo reconhecido, foi acomodado na extremidade da mesa. Voltou logo depois, todo paramentado, e o puseram junto do anfitrião. Foi quando escandalizou a todos, lambuzando de propósito as vestes com comida e vinho. Porque, segundo ele, a honra não seria para si, mas para suas roupas. Era justo, então, fazê-las participar do banquete. Mas essa é outra história.

A Bíblia recomendava que o convidado, "como homem bem-educado" (Eclo 31, 16), deveria comer tudo "o que vos servirem" (Lc 10, 8). Mas sempre com limites. "Em todas as tuas ações sê moderado" (Eclo 31, 22); "Não sejas ávido de toda delícia, nem te precipites sobre iguarias, porque na alimentação demasiada está a doença" (Eclo 37, 29-30). Até porque "pouca coisa é suficiente a um homem bem-educado" (Eclo 31, 19). Mas se "fostes forçado a comer muito, levanta-te e vomita, isso te aliviará" (Eclo 31, 21).

Havia regras, também, para o consumo do vinho, prevenindo exageros. "Não te faças de valente com o vinho, porque o vinho arruinou a muita gente" (Eclo 31, 25). Pois "o vinho é vida para o homem, quando o bebe com moderação" (Eclo 31, 27). Usando a prudência, "não te assentes nunca à mesa com mulher casada, não banqueteies com ela tomando vinho, a fim de que o desejo não te desvie para ela, e, na tua paixão, escorregues para a perdição" (Eclo 9, 9).

Havia mais outras regras. "Não abras demais a boca" (Eclo 31, 12). "Se outro fala não tagareles muito" (Eclo 32, 9). "Não estendas a mão para onde teu hospedeiro olha" (Eclo 31, 14). "Em um banquete não repreendas teu vizinho, não o desprezes na sua alegria, não lhe digas palavras de reprovação, não o irrites com reclamações" (Eclo 31, 31), porque "uma boca agradável multiplica os amigos" (Eclo 6, 5). "Acaba primeiro por educação" (Eclo 31, 17). "Chegada a hora, levanta-te e não sejas o último a sair" (Eclo 32, 11). Regras não só para convidados, mas também para os anfitriões. "Sê com os convivas como um dentre eles, ocupa-te deles e depois senta-te" (Eclo 32, 1). "Provê a cada um o necessário e acomoda-te" (Eclo 32, 2). Age com "discrição!" (Eclo 32, 3). "Sê como alguém que sabe e ao mesmo tempo cala-se" (Eclo 32, 8). "Sê conciso em teu discurso, dize muito em poucas palavras" (Eclo 32, 8), pois "o homem falador é detestado, acabará morrendo de fome" (Eclo 37, 20). Não se devia esquecer que um ambiente de afeto contribui para o prazer da refeição. "Mais vale um prato de verdura com amor, do que um boi cevado com ódio" (Pr 15, 17). No fim da refeição, o dono da casa deve agradecer a Deus. "Comerás e ficarás saciado, e bendirás a Iahweh teu Deus" (Dt 8, 10). Porque, quando tudo acabava bem, ele recebia "a coroa pela boa ordem" (Eclo 32, 2).

7.2. Horário das refeições

As civilizações ao redor do Mediterrâneo (sumérios, egípcios, hebreus, assírios, babilônios, fenícios, persas, gregos, romanos) tinham hábitos alimentares muito semelhantes. Influenciavam-se, reciprocamente, em todas as classes sociais. As principais refeições do dia eram duas. Uma pela manhã, antes do trabalho, simples e substanciosa, feita, sobretudo, com produtos da terra — "trigo, cevada, farinha, grão torrado, favas, lentilhas, mel, manteiga, ovelhas e porções de boi" (2 Sm 17, 28). E outra, no final da tarde, ao voltar para casa, com a família já reunida — frutas, azeitonas, pão, ensopado de legumes, polenta. "Booz também [fez para Rute] uma polenta de grão torrado" (Rt 2, 14).

Em ocasiões especiais, podia-se acrescentar carne à panela. São muitas as referências, na Bíblia, a essas duas refeições. Moisés disse: "Iahweh vos dará esta tarde carne para comer, e pela manhã pão com fartura" (Ex 16, 8). Na torrente de Carit (a leste do Jordão), onde viveu três anos de seca, o profeta Elias (Eliyyahu) foi alimentado por corvos que lhe traziam "pão e carne de manhã, pão e carne de tarde" (1 Rs 17, 6). Assim era, também, na Roma Antiga. Alguns iam trabalhar muito cedo, ainda em jejum (*impransus*), enquanto outros faziam a primeira refeição, o *Ientaculum*, com frutas secas, mel, pão e queijo. Além da muito apreciada *epityra* (azeitonas picadas e marinadas em óleo, vinagre, alho-poró, coentro, cominho, hortelã), servida sobre fatias de queijo — receita do político, escritor e glutão Marcus Porcius Cato (234-149 a.C.), mais conhecido como Catão,[7] o Velho, no seu *De agri cultura*, um importante inventário do que os romanos plantavam e levavam à mesa.

Na volta do trabalho, era a *uesperna*. Mas, com o tempo, no fim da manhã, veio também o *prandium*, refeição leve que se comia em pé (*sine mensa*): legumes, ovos e peixes. Sem contar as papas (*puls*), base da alimentação na época, ora como prato único, ora como acompanhamento. E, também, fatias de carne fria, muitas vezes de porco, a carne favorita dos romanos, segundo Marcus Gavius Apicius (30 a.C.-37 d.C.), em seu *De re coquinaria*[8] — mais antigo tratado latino de culinária que chegou até nós. Ele até "mandava alimentar suas leitoas com figos secos e mel. Séculos depois, seriam realizados procedimentos similares com os gansos, daí se originando o *foie gras*", segundo Eva Celada.[9] O livro de Apicius foi preservado através de cópias manuscritas por monges medievais; e voltou à Itália só quando o humanista Enoch de Ascoli, junto com outros estudiosos, viajou por toda a Europa em busca de textos clássicos. Encontra-se, hoje, na Biblioteca do Vaticano.

O final da tarde, ao pôr do sol, foi determinante para definir o horário da ceia (*coena*). Era "costume considerar que o dia termina na hora do crepúsculo, que varia segundo a estação. Nos fins de janeiro, o sol se põe por volta das cinco da tarde: essa seria, portanto, a vigésima quarta hora", segundo Montanari.[10] Jesus disse: "Não são doze as horas do dia?" (Jo 11, 9). É que o dia de então, desde o levantar até o pôr do sol, se dividia nessas doze horas. A ceia era um "ato religioso por excelência, configurando um ritual doméstico oficiado pelo *pater familias*", segundo Inês de Ornelas e Castro,[11] um momento de compartilhar. A última ceia foi uma dessas refeições, a comunhão (do grego *koinonia*) simbólica do corpo e do sangue de Cristo.

Nas casas mais ricas, as ceias podiam durar horas. Todos os banquetes (*convivium*) do império romano ocorriam à hora da ceia. "A etimologia da palavra *convívio* identifica o viver junto (*cum vivere*) com o comer junto", de acordo com Montanari.[12] Segundo Eça de Queiroz,[13] "nos dias de Cícero, *convivium* significava indiferentemente a sociabilidade moral, que liga os homens, e o banquete, que os reúne materialmente em torno do mesmo guisado". Já a palavra *banquete* surgiu bem mais tarde e vem do italiano *banchetto* (pequeno banco). "São denominados assim porque os alimentos eram dispostos em bancos corridos", segundo Eva Celada.[14] Aos poucos, por serem grandes as tentações terrenas, as ditas ceias foram perdendo seu sentido religioso, passando a ocorrer apenas pelo prazer de comer e celebrar a vida.

Essas refeições, com o tempo, foram recebendo novas denominações. *Almoço* (*al-morsus*) vem do latim *ad morsus* (às dentadas) e significa, literalmente, "começar a morder". Era a primeira refeição. E *jantar* era a segunda, sempre "a oras de mediodia, quando yantava la gente", palavras do poeta espanhol Juan Ruiz,[15] conhecido como Arcipreste de Hita (1284-1351). Em alguns lugares, a denominação permanece até hoje. Na Suíça, por exemplo, almoço continua *dîner*. Só depois, como vimos, surgiu a *ceia*. Francisco da Fonseca Henriquez,[16] mais conhecido como dr. Mirandela (por ter nesta cidade nascido), médico da corte de dom João V, escreveu (em 1721): "A maior parte dos homens come ao jantar e à ceia, e é o que basta para a conservação da natureza e conservação do corpo." Conselho similar foi atribuído a Henrique IV, rei da França: "Lever à six; Dîner à dix; / Souper à six; Coucher à dix. / Fait vivre l'homme dix fois dix (Levantar às seis; jantar às dez / Cear às seis, deitar às dez. / Faz o homem viver dez vezes dez)", segundo Câmara Cascudo.[17]

Assim foi até a Revolução Francesa, de 1789, quando grandes alterações ocorreram no horário (e no conteúdo) das refeições parisienses. Deputados, intelectuais e todos os que estavam comprometidos com as transformações sociais então em curso começaram a ter novos hábitos alimentares. Por conta da Assembleia Nacional Constituinte, o parlamento funcionava do meio-dia às seis da tarde. A prática continuou, em 1802, quando Napoleão foi feito cônsul e tiveram início os debates do que viria a ser o Código Civil de 1804. Certo é que, por esse tempo, dormia-se mais tarde e acordava-se mais tarde. Muitos passaram a preferir um almoço reforçado, no fim da manhã, antes dos trabalhos parlamentares. Jantar só na volta, à noitinha. Depois, saíam para confraternizar, quase todas as noites, e ceavam só na volta para casa. O mesmo dr. Francisco da Fonseca Henriquez[18] anotou estas mudanças: "Os cavaleiros a quem sempre amanhece mais tarde almoçam pelas onze horas, jantam pelas sete e vêm a cear pela meia-noite."

Trabalhadores e outros pobres mortais, a quem não era dado trocar o dia pela noite, viviam em outro universo. Mas esses horários tão diferentes de refeição, entre elite e gente simples, aos poucos acabaram padronizados. Na culinária judaica, as principais refeições obedecem também a esses horários: *haruatboker* (café da manhã), *haruatshraim* (almoço) e *haruaterev* (jantar).

7.3. A mesa dos homens comuns

As casas mais simples "tinham uma única sala, sem janelas, dividida em duas — um espaço para a família, outro para os animais — feitas de barro caiado e pedras e com um telhado plano, onde os moradores se reuniam", segundo Reza Aslan.[19] Ali, por vezes, faziam as refeições. Todos sentados no chão em esteiras, de palha ou pele de animal, onde os alimentos eram colocados. Mas, também, comiam ao ar livre. "Jacó ofereceu um sacrifício sobre a montanha e convidou seus irmãos para a refeição. Eles comeram e passaram a noite sobre a montanha" (Gn 31, 54). Rodelas individuais de pão antecipavam os pratos de hoje. Sobre elas, colocavam os alimentos distribuídos pelo chefe da casa, sendo esse pão saboreado, no fim, já enriquecido por molhos e restos de comida. Depois, vieram os pratos propriamente ditos — primeiro, de madeira; mais tarde, em cerâmica. Tigelas eram usadas para cozinhar e servir a comida, feitas por oleiros, com argila marrom-avermelhada. Era uma louça em terracota, muito popular até o século III d.C., típica das olarias do mar Egeu (especialmente as da ilha de Samos). Faziam ainda jarras e bilhas para guardar água, azeite ou vinho. Restos desta cerâmica, encontrados em escavações, mostram ser grande sua variedade. E a comida, com frequência, vinha servida em prato comum. Jesus revelou quem o entregaria, ao dizer: "Um dos Doze, que põe a mão no mesmo prato comigo" (Mc 14, 20).

Todos se serviam com as mãos, por não haver ainda talher. "O preguiçoso põe a mão no prato, mas não consegue levá-la à boca" (Pr 19, 24), à espera, na certa, de que outro o fizesse por ele. Ainda hoje se diz, de uma boa comida, que ela é de *lamber os dedos*. Essas mãos eram lavadas muitas vezes, durante as refeições, em bacias simples de madeira, até que, aos poucos, tudo foi mudando e surgiram utensílios próprios que facilitaram o ato de comer.

FACA. Primeiro nasceu a faca (do árabe *farha*). Ela e um machado rústico são os mais antigos objetos feitos pelo homem.

No início, eram apenas lascas de pedra com bordas afiadas e assim foram usadas por muito tempo. Até nos rituais de circuncisão: "Iahweh disse a Josué: 'Faze facas de pedra e circuncida de novo os israelitas.' Josué fez então facas de pedra e circuncidou os israelitas na colina dos Prepúcios" (Js 5, 2-3). Em seguida, evoluíram para lâminas de bronze ou ferro. Para abater animais, usavam um tipo de faca larga e curta (parecida com um machado), a que chamavam *cutelo*. Abraão empunhou um cutelo quando esteve a ponto de sacrificar seu filho. "Abraão tomou a lenha do holocausto e a colocou sobre seu filho Isaac, tendo ele mesmo tomado nas mãos o fogo e o cutelo" (Gn 22, 6). Havia, também, uma muito afiada e fina, a que chamavam *navalha*. "E tu, filho do homem, toma uma espada afiada, usa-a como navalha de barbeiro, passando-a na cabeça e na barba" (Ez 5, 1). Vestígios delas foram encontrados, mais tarde, por toda a Palestina. Depois evoluíram e ganharam cabos, em uma das extremidades, para ser manuseadas mais facilmente. Essas primeiras facas funcionavam apenas como ferramenta ou instrumento de defesa. Só bem depois passaram a ter serventia, nas mesas, quando pedaços de alimentos, sobretudo carnes, eram espetados com elas e levados à boca. A ponta dessa faca mudou só em 1637, quando o cardeal Richelieu, primeiro-ministro do rei Luís XIII da França, horrorizado por ver o chanceler Pierre Séguier (membro da recém-criada Academia Francesa) usar uma delas para palitar os dentes, mandou arredondar todo o estoque de facas da coroa francesa, algo que logo acabou imitado pela nobreza do reino.

COLHER. Depois da faca, veio a colher. A palavra deriva do grego *kokhliárion*. Os homens primitivos já usavam conchas (*kokhlías*) de moluscos para tomar caldos e foram nascendo, naturalmente, os primeiros ancestrais das colheres de hoje. Mais tarde, passaram a ser fabricadas em osso, pedra e madeira. E foram se sofisticando, tanto no material como na forma. Câmara Cascudo[20] descreve esses utensílios: "Na hierarquia do talher, a faca é presença agressiva; enquanto a colher, para o povo, é a mão com os dedos unidos, assegurando a concavidade receptora e natural."

GARFO. Até que surgiu o garfo, "sem possuir a prestigiosa popularidade da colher", ainda segundo Cascudo.[21] O fonema vem do árabe *garf* (punhado). Ou do latim *graphium*, um instrumento originalmente usado, pelos romanos, para escrever em cerâmica, xisto ou tábuas de madeira — daí vem, também, a palavra *grafia*. Assim escreveu Camilo Castelo Branco: "Os garfos primitivos foram de ferro, de uma só ponta, à semelhança de ponteiros em estilos com que se escrevia nas tábuas enceradas."[22] A Bíblia se refere ao garfo como utensílio usado no ritual de sacrifício, não como talher. "Far-lhe-ás também recipientes para recolher a gordura incinerada; e pás, bacias para aspersão, garfos e braseiros; farás todos esses acessórios de bronze" (Ex 27, 3). No início, tinha apenas dois "dentes"; em seguida foi ganhando, aqui e ali, mais um, por funcionar melhor no ajuntamento dos alimentos. "Enquanto se cozinhava a carne, o servo do sacerdote vinha com um garfo de três dentes, metia-o no caldeirão, ou na panela, ou no tacho, ou na travessa, e tudo quanto o garfo trazia preso o sacerdote retinha como seu" (1 Sm 2, 13-14). Os primeiros usados nas mesas surgiram em Veneza, no século XI, trazidos de Bizâncio no enxoval de Theodora Ana Ducena (filha de Constantino X), ao se casar com Domenico Selvo, doge (do latim *dux*, "chefe") de Veneza (entre 1071 e 1084). A noiva impressionou a todos por sua beleza e sofisticação — sobretudo quando a viam usar, nas mesas, um garfo de ouro. Mas não fizeram, então, muito sucesso, especialmente por conta da Igreja. São Pedro Damião (1007-1072), monge e cardeal muito influente junto ao papa (Leão X), chegou a proibir o seu uso por substituir "as mãos que nos foram providas por Deus", segundo Frugoni.[23] Ainda, segundo ele, ela "não tocava os acepipes com as mãos, mas fazia com que os eunucos lhe cortassem os alimentos em pequenos pedaços. Depois mal os saboreava, levando-os à boca com garfos de ouro de dois dentes. A morte terrível da jovem (provavelmente de peste), cujas carnes gangrenaram lentamente, foi vista como justa punição divina para tão grande pecado". São Boaventura (1218-1274) — filósofo, bispo, cardeal e "doutor Seráfico" — também o considerava "castigo de Deus", um "objeto do pecado" por lembrar, em sua forma, o tridente do diabo. Sua popularidade começou a crescer na França, ao tempo de Catarina de Médici (1519-1585), casada com o rei da França Henrique II. Passou, no reinado de Fernando III da Sicília (de 1759 a 1825), a ter o formato definitivo de quatro dentes, graças a Germano Spadaccini, seu *despenseiro real*. Apenas no século XVIII, portanto, formou-se o talher como hoje o conhecemos — juntando faca, colher e garfo.

7.4. A mesa dos nômades

Nômades tinham hábitos alimentares semelhantes. Não tendo habitações fixas, viviam em tendas feitas com pele de ovelha, de cabra ou de camelo, sempre com o pelo voltado para o lado de fora. "Farás para a tenda uma cobertura de peles de carneiro tingidas de vermelho, e uma cobertura de couro fino por cima" (Ex 26, 14), com anéis de madeira costurados, ao longo da borda e do centro, para encaixe de nove estacas em três filas. A central, mais alta, tinha cerca de um metro e oitenta de altura (os homens daquele tempo eram menores que os de hoje), com duas laterais mais baixas, para que escorresse a água da chuva. Tendas maiores tinham dois compartimentos: ao fundo, ficava a moradia; e, na frente, uma espécie de varanda aberta para receber visitantes bem-vindos. "Vem cá, forasteiro, põe a mesa; se tens alguma coisa, dá-me de comer" (Eclo 29, 26). Os alimentos básicos dos nômades eram frutas secas, legumes e pão chato. Rebanhos de ovelhas e de cabras lhes forneciam leite e carne, vestuário e material para as tendas. Criavam também asnos e camelos, como animais de carga.

Por muitos anos, Abraão e seus descendentes viveram nessas tendas. Primeiro, em Canaã; depois, no Egito; e, mais tarde, no deserto. "Foi pela fé que [Abraão] residiu como estrangeiro na Terra Prometida, morando em tendas com Isaac e Jacó, os co-herdeiros da mesma promessa" (Hb 11, 9). Por serem os hebreus, a princípio, apenas um pequeno grupo de pastores nômades, organizados em clãs ou tribos e chefiados por um patriarca. Conduzidos por Abraão, deixaram a cidade de Ur (na Mesopotâmia) até que, por volta de 2000 a.C., fixaram-se em Canaã, na Palestina, a *Terra Prometida*, "não construindo casas para morar, nem possuindo vinhas, campos nem sementeiras; mas [vivendo] em tendas" (Jr 35, 9-10). Só aos poucos, foram deixando aqueles antigos costumes das comunidades nômades e tornaram-se sedentários. Desenvolveram, então, agricultura e comércio, e viviam em casas, quase sempre de pedras. Nas montanhas, usavam calcário e basalto; no litoral, arenito e tijolos — feitos com barro, colocados em fôrmas de madeira e deixados ao sol para secar ou queimados em fornos. As paredes tinham cerca de 90 centímetros de largura, para proteger seus habitantes do frio e do calor. O piso era forrado com lascas de pedras.

7.5. A mesa dos poderosos

Essas mesas eram bem diferentes daquelas das gentes simples. São muitos os registros. Porque a "cultura escrita foi produzida pelas classes dominantes para as classes dominantes, e estando a fonte oral inacessível ao historiador... somente a cozinha dos poderosos nos foi transmitida pelas fontes documentais e literárias, enquanto a cozinha pobre, estamos destinados a calar ou, no máximo, a formular hipóteses interpolando fragmentos esparsos de realidade histórica", escreveu Montanari.[24] É que, naquele tempo, cidadãos comuns, em regra, não sabiam ler nem escrever, tarefas reservadas a *escribas profissionais* — homens que eram considerados sábios. Profundos conhecedores das escrituras, "a sabedoria do escriba se adquire em horas de lazer, [porque] quem está livre de afazeres torna-se sábio" (Eclo 38, 24). Eles controlavam, registravam e transmitiam informações. Eram os "Doutores da Lei" (Lc 5, 17), ao mesmo tempo teólogos e juristas a serviço de palácios e do Templo. "Jônatas, tio de Davi, conselheiro, homem inteligente e escriba, era o encarregado dos filhos do rei" (1 Cr 27, 32). Segundo Christiane Saulnier, "o conhecimento das Escrituras e a competência jurídica fazem dos escribas personagens indispensáveis nos diferentes conselhos e tribunais: sem eles seria impossível resolver com equidade os casos difíceis. É, aliás, por causa dessa competência e também das circunstâncias políticas que eles são numerosos no Sinédrio [do grego *synédrion*, 'assembleia'], no século I".[25] Eles registraram informações sobre as refeições que ocorriam nos templos e palácios, com mesas fartas, onde eram servidas carnes de todo tipo, requintadas e muitas. Na mesa de Neemias, "comiam os nobres e os magistrados, em número de cento e cinquenta, sem contar os que vinham a nós das nações vizinhas. Todo o dia preparava-se, pagando [ele] as despesas, um boi, seis ovelhas gordas e aves e de dez em dez dias, traziam-se odres de vinho em quantidade" (Ne 5, 17-18). Salomão, filho de Davi e rei de Israel (de 966 a 926 a.C.), diariamente recebia "para seu gasto trinta coros de flor de farinha e sessenta de farinha comum, dez bois cevados, vinte bois de pasto, cem carneiros, além de veados, gazelas, antílopes, aves cevadas" (1 Rs 5, 2-3). Eram presentes "trazidos por pessoas que buscavam obter favores não somente do rei, mas também dos principais personagens da corte", segundo Francis Joannès.[26] A marca dos banquetes era, sobretudo, o exagero. A fartura de alimentos e bebidas revelava prestígio porque "todos os lábios bendizem o que é pródigo em banquetes, e é fiel o testemunho de sua generosidade. Toda a cidade murmura contra aquele que é mesquinho em banquetes, e é exato o testemunho de sua mesquinhez" (Eclo 31, 23-24). Só que Deus não apreciava esses exageros. "Feliz o país cujo rei é filho de nobres, e cujos príncipes comem na hora certa para se refazerem, e não para se banquetearem" (Ecl 10, 17). O próprio rei Salomão, que na juventude dizia "ao que os olhos me pediam nada recusei" (Ecl 2, 10), passados os anos, e refletindo melhor, aconselhava: "Saibas, porém, que sobre todas essas coisas Deus te convocará para o julgamento" (Ecl 11, 9). Salomão passou à história como dono de grande sabedoria. E seu reinado foi um período tranquilo, o mais próspero da história de Israel. Não por acaso, seu nome vem de *shalon* (paz).

A diferença entre as mesas se notava, também, pela qualidade dos utensílios usados (em ouro, prata e bronze), assim como pela variedade de pratos, salvas, travessas, jarros e copos. Só no final do século I a.C. é que aparecem aqueles de vidro, fabricados em oficinas situadas na costa da Fenícia. Muitas vezes, os convidados bebiam na mesma taça, em sinal de aliança. Partilhar sal era outro sinal dessa aliança. "Todas as taças que o rei Salomão usava para beber eram de ouro e toda a baixela da Casa da Floresta do Líbano [seu palácio] era de ouro puro; nada era de prata, porque da prata não se fazia caso nenhum no tempo de Salomão" (1 Rs 10, 21). Contam que "quando a rainha de Sabá viu toda a sabedoria de Salomão, o palácio que fizera para si, as iguarias de sua mesa, os aposentos de seus oficiais, as funções e vestes de seus domésticos; seus copeiros, os holocaustos que ele oferecia ao Templo de Iahweh, perdeu o fôlego, ficou fora de si" (1 Rs 10, 4-5). E "nada a surpreendeu tanto quanto a suntuosidade dos banquetes que ele oferecia frequentemente, nos quais tudo era servido com ordem admirável, por criados tão ricamente vestidos que nada podia ser mais sublime", segundo Flávio Josefo.[27] Bom lembrar que esses copeiros tinham a importante função de servir os convidados. Mas só o copeiro-mor servia ao rei, por ser homem de sua inteira confiança. Em Roma, também as taças eram de ouro e prata, decoradas com incrustações de pedras preciosas. "Erguiam-se para brindar, antes de tudo, à gloria do imperador, passando então a ser servido o primeiro prato", segundo Ritchie.[28]

7.6. Banquetes

Os gregos chamavam o luxo excessivo, nos banquetes, de *truphè*. Homero[29] (Canto IX) registrou alguns. "Pois afirmo que não há na vida finalidade mais bela do que quando a alegria domina todo o povo, e os convivas no palácio ouvem o *aedo* [poeta] sentados em filas; junto deles estão mesas repletas de pão e de carne; e o serviçal tira vinho puro do vaso onde o misturou, e serve-o a todos em taças. É isto que me parece a melhor coisa de todas." O poeta grego Filoxeno de Leucas (435-380 a.C.) também se referiu às mesas luxuosas no poema "O banquete". Sobre as mesas, "cestas de pães de cevada brancos como a neve". Eram "fofos e macios, servidos com coalhada". Luxo igualmente se viu no banquete do casamento de Carano, rei da Macedônia (em 275 a.C.), com apenas vinte convidados (todos homens). "O cardápio incluía ostras grelhadas e vieiras, cabritos inteiros (junto com recipientes individuais para que os convidados, empanturrados, pudessem levar comida para casa, se quisessem), peixe grelhado e um javali num espeto... terminando tudo com frutas, nozes e bolos", segundo Roy Strong.[30] Para encerrar, "conchas de massa doce". Tal luxo foi repudiado por todos os grandes pensadores da época. Uma bem conhecida frase atribuída a Sócrates (469-399 a.C.) dizia: "Os maus vivem para comer e beber. Enquanto os bons comem e bebem para viver". Platão[31] reconhecia que a maior de todas as virtudes era a moderação, junto com sabedoria, coragem e justiça. E Plutarco, segundo Montanari,[32] dizia que, para os gregos, mais importante mesmo era a partilha. "Nós não nos convidamos uns aos outros para comer e beber simplesmente, mas para comer e beber juntos."

Os banquetes romanos eram ainda mais grandiosos. Petrônio[33] (27-66 d.C.), glutão que frequentava a corte de Nero, descreve com detalhes esses encontros. Sobretudo no capítulo "A ceia de Trimalquião", em *Satíricon*. Era uma cozinha com paladar forte e molhos tão intensos que até alteravam o sabor original dos alimentos. Exageravam nas especiarias e usavam ingredientes vindos de todos os cantos do mundo, não importando a distância, nem a dificuldade para trazê-los. Amêijoas da Sicília, avestruzes da África, cabritos de Ambrácia, crocodilos do rio Nilo, javalis da Úmbria, ostras frescas de Tarento, espadarte de Rhodes... Preferiam animais de grande porte, sem se preocupar se eram mais ou menos saborosos que os outros. Já sobremesas e doces, que encerravam o festim, levavam açúcar da Índia, amêndoas da Anatólia, frutos secos de Madagascar, nozes de Tassos (ilha grega no mar Egeu), tâmaras do Egito. O cônsul Lúcio Licínio Lúculo (118-56 a.C.), quando se aposentou da vida militar, construiu luxuosa casa no monte Pinciano, famosa pelas refeições com pratos raros e caros. "Os petiscos podiam incluir ouriços-do-mar de Capo Miseno, caramujos de Taranto, atum da Calcedônia, ostras de Locrino, presunto da Gália, esturjão de Rhodes, camarões de Formia, avelãs de Nola, amêndoas de Agrigento, uvas sicilianas e tâmaras egípcias", segundo Roy Strong.[34] Apicius[35] menciona esses excessos nas suas receitas. Consta que se suicidou por estar em grandes dificuldades financeiras, sem mais conseguir fazer os pratos sofisticados que sugeria no seu livro. Uma dessas receitas, a empada de rosas, acabou famosa entre nós por ter sido lembrada por Eça de Queiroz[36] na sua *Cozinha arqueológica*: "Para fazer a empada de rosas, descei ao jardim, colhei as rosas mais largas e as mais cheirosas. Pisai-as no almofariz. Ajuntai miolos de galinha, de pombo e de perdiz, muito bem cozidos. Acrescentai ainda duas gemas de ovos, um fio de azeite puro, pimenta e vinho velho. Depois de ter bem mexido tudo, até conseguir uma massa leve e fina, deitar numa caçarola nova de barro e colocar sobre um fogo lento e contínuo. Por toda a sala se espalhará um aroma de rosa — e a vossa alma bendirá Apicius, criador desta maravilha." Referências a alimentos, aliás, estão por toda a obra de Eça. Dario de Castro Alves[37] até dizia "come-se muito bem em todos os livros de Eça". Segundo ele, são 603 citações sobre jantar, 236 sobre almoço e 180 sobre ceia.

Palácios e casas nobres tinham espaço próprio para banquetes, quase sempre ao lado de pátios ou jardins. "Quando o rei voltou do jardim à sala do banquete, encontrou Amã caído sobre o divã onde Ester se recostava" (Est 7, 8). É que "existia o costume de durante um banquete palestinense as portas permanecerem abertas ao olhar dos passantes e curiosos", explica Dom José Tolentino Mendonça.[38] Alimentos eram não apenas consumidos, mas também exibidos aos nobres convidados. E ao povo, que se limitava a olhar. Alguns pratos muitas vezes chegavam à mesa frios. É que os banquetes, em salas ricamente decoradas, tinham natureza performática. Salomão, "para construir seu palácio, levou treze anos, até seu completo acabamento" (1 Rs 7, 1). Um palácio com "grandes galerias e salas imensas, destinadas aos festins e aos banquetes... O mármore branco, a madeira de cedro, o ouro e a prata foram os materiais com que se fizeram e enriqueceram esse palácio. Via-se nele também uma grande quantidade de pedras preciosas encastoadas no ouro e nos adornos", segundo Flávio Josefo.[39] As mesas, bem baixas e feitas de madeira nobre, eram semicirculares (em forma de ferradura). Davi disse a Meribaal (filho de Jônatas, neto de Saul): "Comerás sempre à minha mesa" (2 Sm 9, 7). Os convidados recostavam-se em divãs entalhados e incrustados com osso ou marfim. Esses divãs, e suas almofadas, ficavam só em três lados da mesa, permanecendo livre um dos lados, para facilitar quem servia os pratos. Todos se apoiavam sobre um cotovelo e comiam com a mão do outro braço. "Eles estão deitados em leitos de marfim, estendidos em seus divãs, comem cordeiros do rebanho e novilhos do curral" (Am 6, 4). Tratava-se de hábito comum em povos do Egito, da Mesopotâmia, da Grécia e de Roma. Herança dos nômades orientais e trazida por gregos, no século VII a.C., para a Etrúria (parte central da Itália, hoje, Toscana). Um território fértil, de agricultura avançada e com estilo de vida suntuoso, onde a riqueza se expressava sobretudo nos hábitos alimentares.

As salas, decoradas com pinturas e mosaicos, eram, em Roma, chamadas *coenatio*. Algumas acabaram famosas, como a *coenatio rotunda* — sala de jantar giratória (descoberta em escavações de 2009) no Palácio Dourado (*Domus Aurea*) do imperador Nero (37-68 d.C.). Também eram conhecidas como triclínio (*triclinium*), por terem quase sempre três leitos em torno de uma mesa baixa, cada um acomodando três pessoas. Os alimentos eram colocados, nessas mesas, por escravos. As casas mais ricas tinham várias dessas salas, usadas em diferentes estações do ano — *hiberna triclinia* (inverno), *uerna* (primavera), *aestiva* (verão), *autumnalia* (outono). Já as salas de banquetes, na Grécia, eram conhecidas como *andron* (sala dos homens), espaço proibido a mulheres respeitáveis. Ali, entravam só escravas, prostitutas ou estrangeiras. Mulheres e filhas ficavam no *gynaikeion*, uma parte da casa que lhes era reservada. Só quando a Grécia se tornou província romana, em meados do século II a.C., é que mulheres passaram a ser convidadas para os banquetes. Mas ficavam em pé, longe de homens confortavelmente sentados. Era comum também que jovens (do sexo masculino) assistissem a essas refeições, por ser um momento especial de aprendizado (*paideia*). "Onde os mais jovens, que ainda não têm acesso à mesa comum, ouvem relatos sobre as façanhas dos mais velhos", segundo Pantel,[40] sobre guerras e política. Alguns desses banquetes tinham importância institucional, com regras anteriormente votadas pela assembleia e publicadas nos editos, ocorrendo em praças públicas e ginásios que reuniam a comunidade, ou parte dela.

Os participantes eram escolhidos a partir de critérios bem definidos em convites quase sempre feitos oralmente. "Enviou seus servos para chamar os convidados às núpcias" (Mt 22, 3). Tais convites deveriam ser retribuídos. Jesus, quando "entrou na casa de um dos chefes dos fariseus para tomar uma refeição" (Lc 14, 1), disse "àquele que o convidara: 'Ao dares um almoço ou jantar, não convides teus amigos, nem teus irmãos, nem teus parentes, nem os vizinhos ricos; para que não te convidem por sua vez e te retribuam do mesmo modo'" (Lc 14, 12). Os romanos, apesar de exagerarem na quantidade dos convidados para o *convivium*, reconheciam que o número ideal para uma refeição seria "mais que as *Graças* e menos que as *Musas*". Ou seja, mais de três e menos que nove, dado serem três as Graças, na mitologia grega — Aglaia (*a que brilha*), Eufrosina (*a que alegra*) e Tália (*a que faz florescer*) — e nove as Musas — Calíope (*a da bela voz*), Clio (*a proclamadora*), Euterpe (*a doadora de prazeres*), Talia (*a festiva*), Melpômene (*a poetisa*), Terpsícore (*a rodopiante*), Érato (*a amável*), Polímnia (*a de muitos hinos*) e Urânia (*a celestial*). Tais qualidades (das Graças e das Musas) que assegurariam o sucesso daqueles encontros.

Nos banquetes havia também o *parasitus* — profissional contratado apenas para divulgar notícias agradáveis sobre o *convivium* de que participava. Entre os convidados do rei, em algumas culturas, estava simbolicamente presente seu deus. De acordo com um costume da Mesopotâmia, "os pratos da refeição servida aos deuses eram, em seguida, apresentados ao rei para que ele os consumisse", segundo Joannès.[41] Gudeia (2100 a.C.), príncipe da cidade de Lagash, "ao inaugurar o templo que mandara construir para o deus Ningirsu, manda-lhe servir, ao despertar, carne de vaca e de carneiro, pão fresco, leite, cerveja e vinho", ainda segundo Joannès.[42]

No Novo Testamento, a parábola do banquete nupcial conta a história de um rei que decidiu celebrar as núpcias do filho e "enviou seus servos para chamar os convidados às núpcias, mas estes não quiseram vir. Tornou a enviar outros servos, recomendando: 'Dizei aos convidados: eis que preparei meu banquete, meus touros e cevados já foram degolados e tudo está pronto. Vinde às núpcias.' Eles, porém, sem darem a menor atenção, foram-se, um para o seu campo, outro para o seu negócio, e os restantes, agarrando os servos, os maltrataram e os mataram. Diante disso, o rei ficou com muita raiva e, mandando as suas tropas, destruiu aqueles homicidas e incendiou-lhes a cidade. Em seguida, disse aos servos: 'As núpcias estão prontas, mas os convidados não eram dignos. Ide, pois, às encruzilhadas e convidai para as núpcias todos os que encontrardes.' E esses servos, saindo pelos caminhos, reuniram todos os que encontraram, maus e bons, de modo que a sala nupcial ficou cheia de convivas" (Mt 22, 3-10).

Importante é que, "por mais admirável que fosse o palácio construído por Salomão, não se comparava à maravilha do Templo, porque o material não foi preparado com tanto cuidado: era somente a residência do rei, e não a de Deus", segundo Josefo.[43] "Salomão edificou o Templo e o concluiu" (1 Rs 6, 14), uma obra que demorou sete anos. Era o centro religioso, econômico e político de Israel — onde guardavam riquezas, dízimos e impostos. Ali, funcionava o Poder Judiciário também. O grande conselho se reunia no Sinédrio (do grego *synédrion*, "assembleia") onde ocorriam os julgamentos. Na época do Novo Testamento, esse conselho era formado pelo sumo sacerdote, pelos anciãos (representantes da aristocracia leiga) e escribas (letrados e eruditos, normalmente fariseus). "Reúne setenta anciãos de Israel, que tu sabes serem anciãos e escribas do povo" (Nm 11, 16). Escribas eram bem próximos dos fariseus. Talvez por serem "numerosos no Sinédrio, no século I, por suas pesquisas, apoiadas numa fé profunda animando toda uma vida moral, colocam-nos antes do lado dos fariseus, que se sentem felizes por encontrar neles pessoas seguras sob o ponto de vista da doutrina. Há, portanto, relações estreitas entre os dois grupos", segundo Christiane Saulnier.[44]

No Templo, havia também cambistas que, ao custo de taxas de câmbio, trocavam moedas estrangeiras pelo *shekel hebraico* — única permitida, pelas autoridades do Templo, para as oferendas em dinheiro. Do lado de fora estavam gaiolas e currais com animais para oferendas e sacrifícios. Sobretudo rolas, pombas, ovelhas e bovinos — dependendo do bolso ou do peso dos pecados de cada um. O próprio Salomão mandou "extrair grandes blocos de pedra escolhida e lavrada, para construir os alicerces" (1 Rs 5, 31). E pediu, aos vizinhos, que ajudassem. "Hiram, rei de Tiro, enviou seus servos a Salomão" (1 Rs 5, 15). De lá vieram arquitetos e "artesãos que fabricavam os ornamentos. Tudo era puro ouro", segundo Montefiore.[45] Fenícios também: "Eles viviam em cidades-estados independentes ao longo da costa libanesa, eram os mais sofisticados artesãos e mercadores navegantes do Mediterrâneo, famosos pelo corante púrpura, de onde ganharam o seu próprio nome (*phoinix*, que quer dizer 'púrpura')", ainda citando Montefiore.[46] Todos juntos, "os operários de Salomão e os de Hiram e os giblitas [de Gebal] cortaram e prepararam as madeiras e as pedras para a construção do Templo" (1 Rs 5, 32).

Esse Templo erguia-se numa plataforma natural, em terreno artificialmente aplainado e murado (com 480 m de comprimento por 300 m de largura). À entrada principal, havia um "portão com dois pilares de bronze de 10 metros de altura decorados com romãs e lírios, que levava a um imenso pátio com colunas, aberto para os céus e cercado em três lados com câmaras de dois pavimentos, que provavelmente continham o tesouro real e o arquivo. Seu pórtico abria para um salão sagrado: dez lâmpadas douradas ficavam junto às paredes. Com mesa dourada para pães diante de um altar de incenso para sacrifícios, um tanque de água e lavatórios sobre rodas com jarras para purificação", segundo Montefiore.[47] Com abundância de ouro, "o altar de ouro e a mesa sobre a qual estavam os pães da oblação, de ouro; os candelabros, de ouro puríssimo, cinco à direita e cinco à esquerda, diante do *Debîr*; as flores, as lâmpadas, as tenazes, de ouro; as bacias, as facas, as bacias para a aspersão, as taças e os incensórios, de ouro puríssimo; os apoios para as portas da câmara interior, em ouro" (1 Rs 7, 48-50). (Só lembrando: eram doze os pães da oblação.) E quando eram substituídos por novos, os pães velhos podiam ser consumidos pelos sacerdotes ou por aqueles que estavam no interior do Templo.

E "finalmente, na parte traseira do Templo, *o Santo dos Santos* (*Debîr*), tinha um cubículo sem janelas onde ficava a Arca da Aliança", palavras de John Bright.[48] Essa arca tinha "dois côvados e meio de comprimento, um côvado e meio de largura e um côvado e meio de altura. [Com] ouro puro por dentro e por fora [...] e sobre ela uma moldura de ouro ao redor. E quatro argolas de ouro nos quatro cantos inferiores da arca: duas argolas de um lado e duas argolas do outro" (Ex 25, 10-12). Nela, "nada havia, exceto as duas tábuas de pedra, que Moisés, no Horeb, aí tinha colocado, quando Iahweh concluiu a aliança com os israelitas, quando saíram da terra do Egito" (1 Rs 8, 9). A Arca da Aliança, também denominada Arca do Senhor (Js 4, 11), Arca de Deus (1 Sm 3, 3), Arca do Testemunho (Ex 25, 22) e Arca da Tua Força (Sl 132, 8), era a principal representação da presença de Deus no meio de seu povo. E "nada de semelhante se fez em reino algum" (1 Rs 10, 20). Só para lembrar, o Templo foi destruído, pela primeira vez, em 586 a.C., quando o rei da Babilônia, Nabucodonosor, conquistou Jerusalém. Ele "destruiu a cidade santa e, junto com ela, o Templo. As elites foram levadas à força para a Babilônia. Muitos foram mortos. Grupos fugiram para estados vizinhos. E em Judá ficou a maioria do campesinato pobre", disse Bohn Gass.[49] Reconstruído em 515 a.C., ficou bem mais modesto que o original. Posteriormente foi reedificado por Herodes Magno (37-4 a.C.). No tempo de Jesus, a reforma ainda não estava pronta, o que se deu só em 64. Logo depois, em 70, foi novamente destruído, agora pelo general romano Tito, a mando de seu pai, o imperador Vespasiano, e nunca mais foi reconstruído. "A destruição do Templo não foi apenas uma hecatombe patrimonial, mas acarretou consigo o colapso de elementos tidos por inquestionáveis no credo de Israel: a certeza da presença do Deus da Aliança entre o seu povo, a segurança que a eleição de Deus garantia aos crentes, a confiança numa certa ideia de prosperidade ligada à Fé", nos conta Dom José Tolentino Mendonça.[50]

Voltando aos banquetes, o maior de todos foi o que Assurnasírpal II, rei assírio (de 884 a 859 a.C.), ofereceu na inauguração do seu palácio em Kalhu (norte da Mesopotâmia). Durou dez dias e teve 69.574 convidados. Nele foram consumidos "mil bois gordos, 14 mil carneiros, mil cordeiros, muitas centenas de diversos tipos de cervídeos, aves (por exemplo, 20 mil pombos), 10 mil peixes, 10 mil gerbos (espécie de roedor), 10 mil ovos, sem contar as milhares de jarras de cerveja e outras tantas de vinho. Enormes quantidades de pão, cestas de legumes e frutas", segundo Joannès.[51] Como sobremesa, frutas e bolos adoçados com mel. Algumas vezes, esses bolos eram colocados em fôrmas, muitas delas encontradas, mais tarde, nas escavações do palácio. É bom lembrar que os exageros, nos banquetes, davam prestígio aos anfitriões. *Amphitruo*, uma palavra que nem sempre teve o sentido que hoje tem, é o título de uma comédia de Plauto (230-180 a.C.) — adaptação de modelo grego, mas, segundo Otto Maria Carpeaux,[52] "sua comédia já não pertence à civilização grega e sim à romana". Nela se conta a história do general Amphitruo que, ao fim da guerra de Tebas, volta para casa. Só que, antes de chegar, Júpiter se faz passar por ele, seduz Alcmena, sua mulher, e a engravida. O mesmo fez Mercúrio, cúmplice de Júpiter, que toma o lugar de Sósia, um ajudante do general. Essa peça inspirou 38 versões, em diferentes épocas e culturas — inclusive Shakespeare (A *comédia dos erros*), Camões (*O auto dos anfitriões*) e Guilherme Figueiredo (*Um deus dormiu lá em casa*). O destaque vai para Molière (1622-1673), com seu *L'Amphitryon*, quando a palavra passou a ter o sentido que hoje tem. Na peça, Sósia, convidado a sentar-se à mesa, sem saber com quem estava falando, diz: *"le véritable Amphitryon est l'Amphitryon où l'on dîne"* ("o verdadeiro anfitrião é aquele em casa de quem se janta").

7.7. Os banquetes da Bíblia

A Bíblia nos fala de alguns desses banquetes. Como o de Baltazar (ou Belsazar), último rei da Babilônia, filho de Nabonido e Nitócris (filha de Nabucodonosor). Enquanto a cidade estava cercada por Ciro (rei dos persas) e Dario (rei dos medos), ele ofereceu, em 539 a.C., "um grande banquete a seus altos dignitários, que eram em número de mil, e diante desses mil pôs-se a beber vinho. Sob o influxo do vinho, Baltazar ordenou que lhe trouxessem as taças de ouro e prata que seu avô Nabucodonosor havia tirado do Templo de Jerusalém, para nelas beberem o rei, seus dignitários, suas concubinas e suas cantoras" (Dn 5, 1-2). Eles "bebiam vinho e entoavam louvores aos deuses de ouro e de prata, de bronze e de ferro, de madeira e de pedra" (Dn 5, 4). Nesse momento, viu uma mão sair da parede e escrever nela algumas palavras. O rei, então, mandou buscar alguns sábios do reino, mas eles não foram capazes de decifrar a mensagem. Chamaram, então, Daniel, "que tinha o nome de Baltassar [com dois *ss*]" (Dn 2, 26), para interpretar aquelas palavras — "Menê, Menê, Teqel, Parsin" (Dn 5, 25). E ele explicou: "*Menê*, isto é *número*, significava que o número que Deus marcara aos anos do reinado de Belsazar iria se completar e lhe restava pouco tempo de vida. *Teqel*, isto é *peso*, significava que Deus havia pesado na sua justa balança a duração daquele reinado, e que ele tendia ao fim. *Parsin*, que quer dizer *fragmento* e *divisão*, significava que o reino seria dividido entre os medos e os persas", segundo Flávio Josefo.[53] E assim se deu. Naquela mesma noite, a Babilônia caiu nas mãos dos invasores e seu rei foi morto. Num famoso quadro de Rembrandt, *A festa de Baltazar*, exposto na National Gallery, em Londres, estão o rei Baltazar, a mulher que derrama o líquido de sua taça, uma menina tocando flauta, um homem barbudo, uma mulher com um chapéu de plumas, outra com um colar nos cabelos, e uma mão escrevendo sinais na parede iluminada.

Outro banquete famoso foi o do rei persa Xerxes I, conhecido como Assuero (em hebraico), que reinou entre 486 e 465 a.C., "desde a Índia até a Etiópia, sobre cento e vinte e sete províncias" (Est 1, 1). Oferecido para "mostrar a riqueza e a glória de seu reino e o brilho esplêndido de sua grandeza" (Est 1, 4), durou "sete dias, sobre a esplanada do jardim do palácio real" (Est 1, 5). Com "copos de ouro, todos diferentes, e abundância de vinho real" (Est 1, 7), tomado livremente "segundo a vontade de cada um" (Est 1, 8). O rei ordenou que "trouxessem à sua presença a rainha Vasti com o diadema real, para mostrar ao povo e aos oficiais a sua beleza, pois ela era muito bela" (Est 1, 11). Mas Vasti não foi. Então "o rei se enfureceu" (Est 1, 12) e conferiu "sua qualidade de rainha a outra melhor do que ela" (Est 1, 19). Ester foi apresentada ao rei. E ele "a preferiu a todas as outras mulheres" (Est 2, 17). Tornou-se rainha. O rei, então, "deu um grande banquete, o banquete de Ester, a todos os altos oficiais e a todos os seus servos, e concedeu um dia de descanso a todas as províncias, distribuindo presentes" (Est 2, 18).

Os banquetes oferecidos pelos filhos de Jó são, também, referidos na Bíblia. O pai era "o mais rico de todos os homens do Oriente" (Jó 1, 3) e muito correto: "Na terra não há outro igual: é um homem íntegro e reto, que teme a Deus e se afasta do mal" (Jó 1, 8). Seus herdeiros — "sete filhos e três filhas" (Jó 1, 2) — "costumavam celebrar banquetes, um dia em casa de um, um dia em casa de outro, e convidavam suas três irmãs para comer e beber com eles" (Jó 1, 4). Jó se preocupava com os exageros desses encontros. "Terminados os dias de festa, Jó os mandava chamar para purificá-los; de manhã cedo ele oferecia um holocausto para cada um, pois dizia: 'Talvez meus filhos tenham cometido pecado, maldizendo a Deus em seu coração'" (Jó 1, 5). O resto da história todos conhecem. Deus permitiu que Satanás interferisse na vida de Jó, resultando na perda de todos os seus bens, de seus filhos e de sua saúde. E Jó não blasfemou, nem reclamou. Ao contrário, "se levantou, rasgou seu manto, rapou sua cabeça, caiu por terra, inclinou-se no chão e disse: 'Nu saí do ventre de minha mãe e nu voltarei para lá. Iahweh o deu, Iahweh o tirou, bendito seja o nome de Iahweh'" (Jó 1, 20-21). Depois, tudo lhe foi devolvido em dobro: todos os bens materiais que antes possuía, além de outros filhos. "Temos por bem-aventurados os que perseveraram pacientemente. Ouvistes falar da paciência de Jó e sabeis qual o fim que Deus lhe deu. Com efeito, o Senhor é misericordioso e compassivo" (Tg 5, 11).

Importante foi, também, o banquete de Herodes Antipas (20 a.C.-39 d.C.), filho de Herodes, o Grande, e de uma samaritana, Maltece. Esse, que nunca foi rei, recebeu o título de Tetrarca da Galileia e da Pereia — uma quarta parte do reino do pai. Era um tirano (*tyrannus*) semelhante ou pior que o pai, mas sempre se apresentava como "amigo do povo". Segundo Platão,[54] o tirano, "no começo e nos primeiros dias, se desmancha em sorrisos e salamaleques com todos os que encontra, afirma categoricamente não ser tirano, faz mil promessas de público e em particular [...] se mostra afável e benevolente com todos [...] Porém, depois [...] de arrumar alguns e acomodar-se com outros [...] cogita de suscitar conflitos em qualquer parte, para que o povo tenha necessidade de um chefe". Mas o banquete devia celebrar o aniversário de Herodes Antipas e ele convidou "aos magnatas, aos oficiais e às grandes personalidades da Galileia" (Mc 6, 21). Acontece que, pouco antes, havia mandado prender João Batista, filho de Zacarias, sacerdote do Templo, e de Isabel, prima de Maria, mãe de Jesus, "na fortaleza de Maqueronte", segundo Josefo.[55] Por tê-lo recriminado, "não te é lícito possuir a mulher de teu irmão" (Mc 6, 18). Essa mulher era Herodíades, esposa de seu irmão Filipe, que vivia em Roma na corte de Tibério. Durante o banquete, "a filha de Herodíades [Salomé] entrou e dançou. E agradou a Herodes e aos convivas. Então o rei disse à moça: 'Pede-me o que bem quiseres, e te darei.' E fez um juramento: 'Qualquer coisa que me pedires te darei, até a metade do meu reino!' Ela saiu e perguntou à mãe: 'Que peço?' E ela respondeu: 'A cabeça de João Batista.' Voltando logo, apressadamente, à presença do rei, fez o pedido: 'Quero que, agora mesmo, me dês num prato a cabeça de João Batista'" (Mc 6, 22-25). Herodes, mesmo temeroso, mandou que soldados trouxessem a cabeça de João em um prato. "Deu-a à moça, e esta a entregou a sua mãe" (Mc 6, 28). Os discípulos de João tomaram seu corpo e o colocaram em um túmulo. Depois dessa morte, Jesus abandonou o território administrado por Herodes Antipas e lá só voltou na clandestinidade. Herodes, um dos responsáveis pela execução de Jesus, mais tarde foi deportado para Lugduno (Lyon, na Gália), onde teria morrido assassinado ou sofrendo da mesma doença de seu pai, hoje conhecida como síndrome de Fournier. Segundo os Atos dos Apóstolos, morreu "roído de vermes" (At 12, 23).

7.8. O vinho nos banquetes

Toda refeição era servida com vinho. "Come-se carne e bebe-se vinho, dizendo: 'Comamos e bebamos porque amanhã morreremos!'" (Is 22, 13). Consumiam "crateras de vinho" (Am 6, 6). Cratera (do grego *krater*) era um recipiente especial onde vinho e água deveriam ser misturados. Naquele tempo, e com rudimentares processos de produção, vinhos tinham alto teor alcoólico, como as aguardentes de hoje. Por isso era comum, no seu uso social, vir misturado com água. "O vinho misturado à água é agradável e causa um prazer delicioso" (2 Mc 15, 39). A proporção da mistura, na Grécia Antiga, dependia do tipo de reunião. Duas medidas de vinho e uma de água, segundo o poeta grego Alceu (630-580 a.C.), seria muito forte. "Em medidas iguais, perigosa porque provoca rapidamente a embriaguez... Duas medidas de água e uma de vinho ou três medidas de água para uma de vinho, recomendada por Hesíodo [deve ter vivido entre 750 e 650 a.C.] e Plutarco [46-120]", segundo Massimo Vetta,[56] teriam efeito menos excitante, mas representaria o verdadeiro equilíbrio. Quando a mistura estava pronta, os servos enchiam as taças, usando uma concha ou bilha (*oinochoe*).

Algumas vezes, esse vinho era aromatizado, quase sempre com mirra, ervas, canela, açafrão e mel também (o muslum). "Vinho perfumado" (Ct 8, 2), assim o chamavam. "Na mão de Iahweh há uma taça em que fermenta um vinho com especiarias" (Sl 75, 9). "Dar-te-ia a beber vinho perfumado" (Ct 8, 2). Quando continha mirra, era analgésico. Podia também ser misturado a outras bebidas. "Ai dos que são fortes para beber vinho e dos que são valentes para misturar bebidas" (Is 5, 22). Entre essas bebidas, cerveja, mistura fermentada feita com cevada ou tâmaras. Outras bebidas fermentadas também eram apreciadas — "A canção dos que bebem bebidas fortes" (Sl 69, 13), que eram licorosas feitas com romãs, tâmaras, figos. "Dar-te-ia a beber [...] meu licor de romãs" (Ct 8, 2).

Plutarco (46-120),[57] historiador e filósofo grego que por muito tempo viveu em Roma, se referia ao vinho como "algo que liberta a alma da servidão, da angústia e da mentira, e ensina aos homens, em suas relações mútuas, a verdade e a franqueza". Até havia um ditado popular romano que dizia *In vino veritas* ("No vinho, a verdade"). Mas beber vinho era privilégio só de homens. Segundo Nietzsche:

> Havia entre os antigos romanos a crença de que a mulher só incorria em pecado mortal de duas maneiras: cometendo adultério ou bebendo vinho. Catão, o Velho, pretendia que o costume de beijar-se entre parentes tinha essa origem. Era um meio de vigiar as mulheres; o beijo significava: cheiram a vinho?[58]

A qualidade do vinho variava, segundo a importância do convidado. Eram servidos, em geral, os de melhor qualidade logo no início da refeição; e os de menor, ao final. Os mais apreciados "vinham da ilha grega de Quíos e eram dulcificados com mel grego proveniente do Himeto [monte da Ática, célebre pela abundância e excelência do mel], segundo a mitologia grega, este mel era apenas reservado aos deuses", segundo Ritchie.[59] Na Grécia, tomava-se vinho depois da refeição propriamente dita (*deypnon*), no *symposium* — palavra que vem de *sumpótes* (beber juntos) e aparece, pela primeira vez, em poesia de Alceu. Esse *symposium* era oferecido a Dionísio (filho de Zeus e da mortal Sêmele), deus do vinho. Para eles, por ser sagrado, não deveria ser misturado com alimentos, um hábito que aprenderam com etruscos, para ficar mais perto dos deuses. Nesse momento, cantavam, dançavam, declamavam poesia e discutiam filosofia, literatura, política. Em *O simpósio*, também conhecido como *O banquete* (décimo dos seus 27 diálogos), Platão (428-347 a.C.) escreveu: "Quando terminaram o repasto, fizeram libações, entoaram um hino e fizeram tudo o que é habitual nessas ocasiões."[60] Nesse simpósio estavam reunidos alguns pensadores importantes da época — Aristófanes, Fedro, Sócrates — para celebrar a vitória de Ágaton, num concurso de tragédias. Plutarco[61] chegou a escrever as *Symposíacas* — 45 regras que deveriam reger o comportamento dos que iriam participar dos simpósios. *Symposíarca* era quem presidia o simpósio, definindo tema, ordem dos discursos, músicas a serem tocadas e quais os jogos, para entreter os convidados.

Apesar de mulheres não participarem dos banquetes há, na literatura, muitas referências a elas bebendo vinho, como na tragédia *Antígona*, de Sófocles, maior escritor grego de tragédias: Creonte prende Antígona numa gruta e deixa para ela pão e vinho. Em Roma, depois da refeição (*gustatio*), havia o *comissatio*, momento em que bebiam, homenageando Baco, deus do vinho (equivalente ao deus grego Dionísio). Daí serem conhecidos como *bacanais* (do latim *bachanalia*), com a presença de atores, bufões, cantores, cômicos, dançarinas, tocadores de lira. Por conta do excesso de bebidas, todos se alegravam. "O povo assentou-se para comer e para beber, depois se levantou para se divertir" (Ex 32, 6). A música fazia parte de todos os banquetes. "Como uma pedra de rubi numa corrente de ouro, assim é um concerto musical num banquete" (Eclo 32, 5). Com "cítaras e harpas, tamborins e flautas" (Is 5, 12). Acompanhando "a voz dos cantores e das cantoras" (2 Sm 19, 36), bobos, lutadores, malabaristas e saltimbancos.

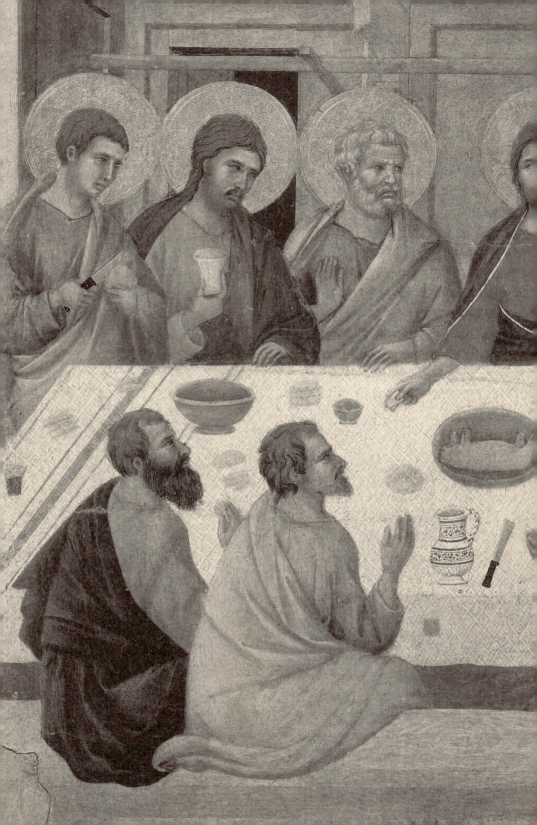

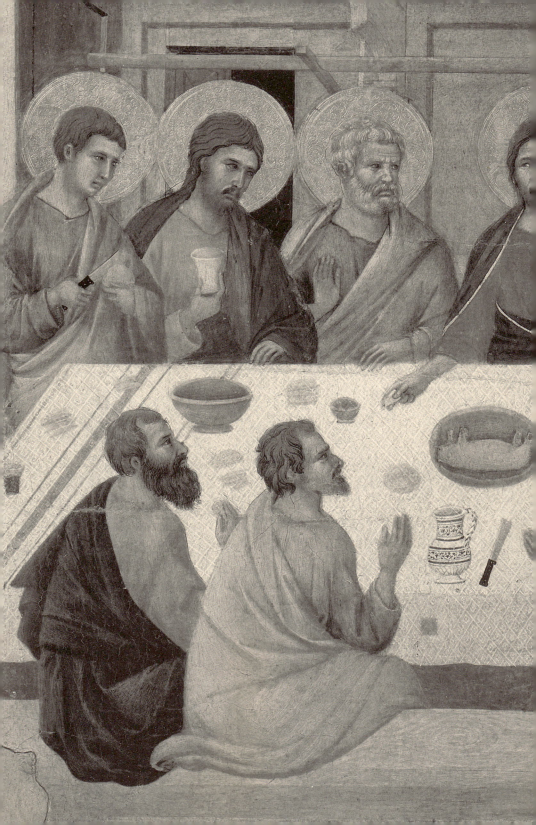

8. À mesa com Jesus

"Jesus então enviou Pedro e João, dizendo: 'Ide preparar-nos a Páscoa para comermos'" (Lc 22,8).

Jesus é "a figura mais admirável de toda a história da humanidade", segundo Frederico Lourenço.[1] Um depoimento de quem não é "seguidor de nenhuma das religiões implicadas no texto da Bíblia". Com ou sem fé, todos reconhecem a importância de seu exemplo e dos muitos ensinamentos que deixou. Tudo como se vê nos Evangelhos de Mateus, Marcos, Lucas e João. Sendo que apenas Mateus e João conviveram com Jesus. Ele nasceu "em Belém da Judeia, no tempo do rei Herodes [*O Magno*, que reinou de 37 a 4 a.C. — por serem muito pouco precisos os cálculos para determinar o início da era cristã, feitos pelo monge Dionísio em 527]" (Mt 2, 1). Ao ser avisado por um anjo, em sonho, que o rei procurava "o menino para matar" (Mt 2, 13), José "partiu para o Egito" (Mt 2, 14) junto com Maria e a criança. E, por lá, terão ficado até a morte daquele rei. Para o padre António Vieira, esse sonho de São José foi "um dormir cuidadoso, um descansar inquieto, um ignorar advertido, um descuidar-se vigiando" (Sermão do *Esposo da Mãe de Deus, São José*; Lisboa, 1644).

Em seguida, foram para "a região da Galileia, [morar] numa cidade chamada Nazaré" (Mt 2, 22). Uma aldeia isolada, habitada por judeus muito pobres, no meio dos quais "o menino crescia, tornava-se robusto, enchia-se de sabedoria; e a graça de Deus estava com ele" (Lc 2, 40). Acabou conhecido como "Jesus, o Nazareu" (Jo 18, 5). Ou Jesus de Nazaré, indicando o lugar onde vivia. Cedo terá aprendido, com o pai, o ofício de carpinteiro. "Não é este o carpinteiro, o filho de Maria?" (Mc 6, 3). Aprendeu, também, a cuidar do campo e a viver a religião daquele povo. Mas o seu grande aprendizado veio, sobretudo, da convivência com a gente simples, criando, a partir daí, uma doutrina própria. "Segundo seu costume, entrou em dia de sábado na sinagoga [do grego, *synagoguë*; do hebraico *Beit Knesset*] e levantou-se para fazer a leitura. Foi-lhe entregue o livro do profeta Isaías; desenrolou-o, encontrando o lugar onde está escrito: *O Espírito do Senhor está sobre mim, porque ele me consagrou pela unção para evangelizar os pobres*" (Lc 4, 16-18). Assim ocorreu por ser ali permitido a qualquer judeu, desde que autorizado pelo chefe da assembleia, a fazer essa leitura do livro sagrado. E ficaram todos "espantados com o seu ensinamento, pois ele os ensinava como quem tem autoridade e não como os escribas" (Mc 1, 22).

Padre Sergio Absalão, na sua homilia do 4º Domingo do Tempo Comum, lembra que "em qualquer lugar onde houvesse pelo menos dez judeus adultos deveria ter uma sinagoga. O determinante, portanto, não era o edifício em si, mas a existência de uma comunidade judaica. Além das funções propriamente religiosas, as sinagogas possuíam um papel adicional que outro não era, senão, o da atividade do ensino e da aprendizagem. Dessa forma, além de ser *Casa de Orações*, era também *Casa de Estudos*". Como disse Ele próprio, "Sempre ensinei na sinagoga" (Jo 18, 20). E "percorria toda a Galileia, ensinando em suas sinagogas, pregando o Evangelho do Reino" (Mt 4, 23).

Bom lembrar que *"Evangelho* eram as mensagens que vinham do imperador romano, independentemente de seu conteúdo. Eram mensagens cheias de poder, que não é simples discurso, mas realidade", segundo Joseph Ratzinger.[2] Foi assim que os autores dos *Evangelhos* caracterizaram a pregação de Jesus.

A Palestina estava, então, sob domínio romano, desde 63 a.C., quando o general Pompeu (genro de Júlio César) tomou Jerusalém. Não foi uma conquista fácil. As muralhas da cidade, construídas quando Esdras e Neemias voltaram do exílio, "eram tão firmes que seria difícil superá-las; o vale diante da muralha era terrível; e o Templo que estava neste vale, estava também circundado por uma muralha muito forte, tanto que, se a cidade fosse tomada, este Templo seria um segundo lugar de refúgio", segundo Flávio Josefo.[3] Mas o general romano recebeu colaboração de traidores que lhe abriram as portas da cidade. Daí resultaram 12 mil mortos. Entre eles, bem poucos romanos. A Palestina permaneceu autônoma; só que, desde essa conquista, passou a ter que pagar pesados tributos a Roma, que sustentavam o luxo de poucos judeus e de muitos romanos. Os responsáveis por essa cobrança eram os publicanos (do grego *telonai*, "cobrador de impostos"). Roma, "levando em conta a sensibilidade do povo, nomeava para a cobrança direta de impostos principalmente judeus", segundo Reicke.[4] Homens vistos sempre com desconfiança. Deles, jamais aceitavam troco, por considerar impuro aquele dinheiro. E "o ódio do povo contra eles baseava-se primeiro em sua colaboração com o poder de ocupação e, em segundo, pelas condições muitas vezes injustas de lucros desta profissão", completa Reicke.[5] Daí a palavra dirigida a eles por João Batista, "Não deveis exigir nada além do que vos foi prescrito" (Lc 3, 13).

Naquele tempo havia, na Palestina, diferentes correntes de pensamento. As que apoiavam a dominação romana (saduceus e herodianos), por receberem dela numerosas vantagens; e as que se opunham (fariseus, zelotas, essênios, samaritanos, batistas), por não aceitarem que estrangeiros tomassem conta da terra que lhes foi dada por Deus. Cada grupo tinha sua própria maneira de proceder e interpretar a religião de Israel. Os saduceus eram ricos e aristocratas, "procuravam viver um tipo de judaísmo iluminado e baseado no modelo espiritual da época e, assim, se autogovernar sob o domínio romano", palavras de Ratzinger.[6] Controlavam o culto e o comércio em torno do Templo. E se consideravam detentores únicos do sacerdócio legítimo, guiados apenas pelos ensinamentos escritos do livro sagrado, a Torá, e sem considerar a tradição oral que vinha de muitas gerações. Repudiavam todas as inovações. Como recompensas e castigos, depois da morte, "são todos como os anjos no céu" (Mt 22, 30). Duvidavam da imortalidade da alma e da ressurreição, "saduceus, que dizem não existir ressurreição" (Mt 22, 23). Mas, sobretudo, eram intolerantes com quem pensasse diferente deles. Tiveram grandes responsabilidades na condenação e na morte de Jesus. "Raça de víboras" (Mt 3, 7), assim os definiu João Batista. Já herodianos tinham poder político, por apoiar e defender os dirigentes (escolhidos por Roma) da família de Herodes. Em razão do estilo de governar, jamais conseguiram conquistar a simpatia dos judeus, mesmo quando um deles, Herodes Magno, reconstruiu o Templo Sagrado e fez grandes obras — palácios (Maqueronte), fortalezas (Massada), estádios (Herodium), cidades (Samaria). Ainda ergueu "numerosas construções fora da Judeia. Mas também embelezou seu reino com a edificação de monumentos suntuosos. Jerusalém foi beneficiada. Embelezar o Templo não podia deixar de alegrar os judeus, mas os templos pagãos e as cidades dedicadas a César surgiram também em todas as partes da terra: a própria terra de Israel ficou manchada com isso", segundo Fávio Josefo.[7] Problema é que sempre estavam contra quaisquer organizações populares que lhes fizessem resistência.

Dos grupos contrários à ocupação romana, o mais forte foi o dos fariseus (do hebraico *perushim*, "os separados") — assim chamados, pelos adversários, porque sua severa interpretação da lei os apartava de todos. Era formado, a partir do século II a.C., por pessoas muito variadas, de intelectuais a gente simples — artesãos, baixo clero, pequenos proprietários agrícolas, assim como, também, por alguns escribas, gente que estava sempre a serviço dos poderosos. Jesus até preveniu: "Guardai-vos dos escribas que gostam de circular de toga, de ser saudados nas praças públicas, e de ocupar os primeiros lugares nas sinagogas e os lugares de honra nos banquetes; mas devoram as casas das viúvas e simulam fazer longas preces" (Mc 12, 38-40). Os fariseus divulgavam, nas sinagogas, a palavra de Deus, tanto a escrita quanto a oral. Rigorosos no cumprimento das leis, seguiam todas as regras na maneira de semear, arar, plantar e colher. Também na escolha e preparação de alimentos apropriados para consumo e nos rituais de purificação. Jesus os acusava de valorizar riquezas, "os fariseus, amigos do dinheiro" (Lc 16, 14). Já os zelotas (do grego *zelotés*, "zeloso") eram exagerados cumpridores da lei. Violentos, executavam todos aqueles que se revelassem infiéis às leis de Moisés. Para matar, quase sempre, usavam um pequeno punhal (*Sicae*) — sendo, por isso, muitas vezes confundidos com os *sicários* (do latim *sicarius* — grupo mais radical). Josefo[8] se refere a eles como "salteadores" e "bandidos". Enquanto fariseus escolhiam fazer uma resistência pacífica, zelotas preferiam lutar com armas para obter a libertação de Israel. Os essênios formavam um grupo fechado, trabalhando e pregando em sua própria comunidade. Não frequentavam o Templo. Observavam, com rigor, as regras de pureza, chegando a tomar diversos banhos por dia. Conservadores, mantinham velhas tradições e continuavam esperando um novo Moisés. Plínio, em sua *Naturalis Historia*, faz referência a eles: "Na parte ocidental do mar Morto, prudentemente distantes de suas águas insalubres, vivem os essênios; povo singular e admirável dentre todos os povos da terra: sem mulheres, sem amor e sem dinheiro, têm como companhia, tão só, as palmeiras." Na Bíblia, não há maiores informações sobre eles. Tudo o que se sabe, hoje, veio da descoberta, em 1947, dos Manuscritos de Qumran (como está em Sal, no capítulo 3), ao norte do mar Morto. Havia, também, os samaritanos (habitantes de Samaria), formados por descendentes de diferentes povos. "O rei da Assíria mandou vir gente de Babilônia, de Cuta, de Ava, de Emat e de Sefarvaim, e estabeleceu-os nas cidades da Samaria, em lugar dos israelitas; tomaram posse da Samaria e fixaram-se em suas cidades" (2 Rs 17, 24). Seguiam o Pentateuco, mas rejeitavam os outros livros do Antigo Testamento. Não reconheciam Jerusalém como capital religiosa, nem o Templo como santuário central. Tanto que construíram, para eles, um templo próprio — no monte Garizim, um novo lugar de oração e de sacrifícios. "Quando Iahweh teu Deus te houver introduzido na terra em que estás entrando a fim de tomares posse dela, colocarás a bênção sobre o monte Garizim (Dt 11, 29).

8.1. O ministério de Jesus

Ao "iniciar o ministério, Jesus tinha mais ou menos trinta anos" (Lc 3, 23). E foi atraído pela mensagem de renovação espiritual de João Batista (*baptistes*, "batizador"), assim chamado por batizar seus seguidores no rio Jordão. Viajou de Nazaré até o vale do rio Jordão para ver e ouvir o profeta. Ele pregava que o mundo (a história) estava na iminência do juízo de Deus; e que o povo de Israel havia se afastado de Sua vontade, sendo necessário mudar de atitude — viver praticando a justiça e a misericórdia — e confirmar essa mudança com o batismo. Seria um batismo simbólico, "de arrependimento para a remissão dos pecados" (Mc 1, 4). Já o de Jesus era mais amplo. Disse o Senhor: "João, na verdade, batizou com água, mas vós sereis batizados com o Espírito Santo" (At 11, 16). João pregava generosidade para com os pobres e renúncia à opressão e à violência. Foi preso por Herodes Antipas e acabou perdendo a cabeça, literalmente. (Disso já falamos no capítulo anterior.) Jesus intensificou as pregações depois da prisão de João. E falou de sua admiração por ele. "Em verdade vos digo que, entre os nascidos de mulher, não surgiu nenhum maior do que João, o Batista" (Mt 11, 11). Os Evangelhos o apresentam como aquele que antecipou Jesus. "Eis que envio o meu mensageiro à tua frente; ele preparará o teu caminho diante de ti" (Mt 11, 10). Assim como João, desde cedo, Jesus foi sendo tomado por uma profunda indignação diante da realidade — injustiças, opressão dos romanos, desigualdades sociais. Andava descontente com o judaísmo da época e discordava das propostas de todos os grupos. Então "liderou um movimento popular judaico, na Palestina, no início do século I d.C.; e Roma o crucificou por isso", segundo Reza Aslan.[9]

Os discípulos (do grego *mathitis*, "aprendiz") foram escolhidos, por ele, para ser testemunhas de sua vida, de seus milagres, de sua morte, de sua ressurreição, de sua ascensão. "Vinde em meu seguimento e eu farei de vós pescadores de homens" (Mc 1, 17). Entre eles escolheu doze, "aos quais deu o nome de apóstolos [em grego, "enviados"]" (Lc 6, 13), talvez por serem doze as tribos de Israel (Ruben, Simeão, Levi, Judá, Dã, Naftali, Gad, Aser, Issacar, Zebulon, José e Bejamim). Eram todos homens comuns, judeus e crentes que esperavam a salvação de Israel. "Primeiro, Simão, também chamado Pedro [líder de uma cooperativa de pescadores] e André, seu irmão; Tiago, filho de Zebedeu, e João, seu irmão [que o Senhor chamou de Boanerges, 'filhos do trovão']; Filipe e Bartolomeu; Tomé e Mateus [Levi], o publicano; Tiago, o filho de Alfeu, e Tadeu; Simão, o Zelota, e Judas Iscariotes, aquele que o entregou" (Mt 10, 2-4). Não se compreendia ter chamado um publicano. "Jesus viu um publicano, chamado Levi, sentado na coletoria de impostos e disse-lhe: 'Segue-me!'" (Lc 5, 27). Nem dois zelotas, "Simão, chamado zelota" (Lc 6, 15) e Judas (Iscariotes — nome que, para alguns, vem de "sicário", como também eram conhecidos os zelotas; ou, segundo outros, por ser natural de Qyriot, uma cidade da Judeia). Nem um escriba, que lhe disse "mestre, eu te seguirei para onde quer que vás" (Mt 8, 19). Depois, com o aumento de adeptos e a popularidade que alcançou, "o Senhor designou outros setenta e dois (discípulos) e os enviou dois a dois à sua frente a toda cidade e lugar aonde ele próprio devia ir" (Lc 10, 1). Recomendou-lhes: "Dirigi-vos, antes, às ovelhas perdidas da Casa de Israel" (Mt 10, 6). Disse-lhes também: "Curai os doentes, ressuscitai os mortos, purificai os leprosos, expulsai os demônios" (Mt 10, 8). Sobretudo, "não leveis ouro, nem prata, nem cobre nos vossos cintos, nem alforje para o caminho, nem duas túnicas, nem sandálias, nem cajado, pois o operário é digno do seu sustento" (Mt 10, 9).

Isso feito, "pregava pelas sinagogas da Judeia" (Lc 4, 44) anunciando-lhes "a Palavra por meio de muitas parábolas" (Mc 4, 33), a partir de situações do cotidiano — do pastoreio, da agricultura, da pesca. Raras vezes interpretava, ele mesmo, as parábolas (do grego *comparação*) que utilizava para que, "por mais que olhem, não vejam; por mais que escutem, não entendam" (Mc 4, 12), deixando o ouvinte conferir algum sentido às suas palavras. "O esforço pela correta compreensão das parábolas atravessa toda a história da Igreja; inclusive a exegese histórico-crítica teve de repetidamente corrigir-se e não nos pode oferecer nenhuma informação definitiva", segundo Joseph Ratzinger.[10] A origem da palavra parábola "vem dos escritos sobre geometria de Apolônio de Perga (finais do século III a.C.) e refere-se à curva descrita por um projétil que se mova, sob influência da gravidade, num espaço onde não encontre resistência"; enquanto, na retórica, "é uma forma narrativa que depois de descrever um trajeto de afastamento volta ao plano de origem, tornando-se então compreensível ao leitor ou ouvinte", segundo Heinrich Eduard Jacob.[11] Vale a pena lembrar que um terço dos ensinamentos de Jesus, registrados nos Evangelhos (São Mateus, São Marcos, São Lucas, São João), está em parábolas. Em São Mateus: a dos dois alicerces (7, 24-27); das crianças na praça (11, 16-19); da casa vazia (12, 43-45); do semeador (13, 3-9); a do joio (13, 24-30); do grão de mostarda (13, 31-32); do fermento (13, 33); do tesouro e da pérola (13, 44-46); da rede (13, 47-50); das coisas novas e coisas velhas (13, 51-52); do devedor implacável (18, 23-35); dos trabalhadores na vinha (20, 1-16); dos dois filhos (21, 28-32); dos vinhateiros homicidas (21,

33-44); do banquete nupcial (22, 1-14); da figueira (24, 32-36); do pai vigilante (24, 42-43); do mordomo (24, 45-51); das dez virgens (25, 1-13); e dos talentos (25, 14-30). Em São Marcos: a do semeador (4, 1-9); da semente que germina por si só (4, 26-29); do puro e do impuro (7, 14-23); a dos vinhateiros homicidas (12, 1-9); da figueira (13, 28-32); dos servos vigilantes (13, 33-37). Em São Lucas: a do jejum e do casamento (5, 33-35); do remendo com pano novo (5, 36); do vinho e dos odres (5, 37); dos dois devedores (7, 40-43); do semeador (8, 4-8); a do bom samaritano (10, 29-37); do amigo importuno (11, 5-8); do rico sem juízo (12, 16, 21); da figueira estéril (13, 6-9); dos primeiros lugares (14, 7-11); dos convidados que recusam o banquete (14, 15-24); do construtor de uma torre (14, 28-30); do rei que vai para uma guerra (14, 31-32); da ovelha perdida (15, 3-7); da moeda perdida (15, 8-10); do filho (perdido) pródigo (15, 11-32); do administrador infiel (16, 1-9); do homem rico e Lázaro (16, 19-31); do dever dos servos (17, 7-10); da viúva e do juiz (18, 2-5); do fariseu e do publicano (18, 9-14); e dos talentos (19, 12-27). E em João: do bom pastor (10, 1-6); e da verdadeira figueira (15, 1-8).

Passou a defender excluídos e oprimidos — pobres, desempregados, endividados, escravos, mendigos, pecadores, prostitutas. Deu especial atenção aos doentes. E, "impondo as mãos sobre cada um, curava-os" (Lc 4, 40). Sua fama se espalhou. Recebia "todos os que eram acometidos por doenças diversas — cegueira (Mt 9, 27-29; Mc 8, 22-26; Mc 10, 46-52; Lc 18, 35-43; Jo 9, 1-7); febre (Mt 8, 14-15); hemorragias (Mt 9, 20-22; Lc 8, 43-48); lepra (Mt 8, 1-4; Lc 5, 12-16; Lc 17, 11-19); mão atrofiada (Mt 12, 9-14; Lc 6, 6-11); mudez (Mt 9, 32-34; Mc 7, 31-37); e surdez (Mc 7, 31-37). Bem como endemoninhados

(Mt 8, 16-17; Mt 8, 28-34; Mt 9, 32-34; Mt 12, 22-28; Mt 15, 22-28; Lc 11, 14-22); epiléticos (Mt 17, 14-20; Lc 9, 37-43); e paralíticos (Mt 8, 5-13; Mt 9, 2-8; Mc 2, 3-12; Lc 5, 17-25). Enfim, "os cegos recuperam a vista, os coxos andam, os leprosos são purificados, os surdos ouvem, os mortos ressuscitam e aos pobres é anunciado o Evangelho" (Lc 7, 22). Ainda fez muitos outros milagres. Acalmou tempestades (Mt 8, 23-27; Lc 8, 22-25); caminhou sobre o mar (Mt 14, 24-33; Mc 6, 45-52; Jo 6, 16-21); multiplicou pão e peixes (Mt 14, 13-21; Mt 15, 32-37; Mc 6, 30-42; Mc 8, 1-10; Lc 9, 13-17; Jo 6, 5-13); e transformou água em vinho (Jo 2, 1-12). Segundo São Gregório de Nissa, em seu *Grande discurso catequético* (*Oratio catechetica magna*): "Doente, a nossa natureza precisava ser curada; decaída, ser reerguida; morta, ser ressuscitada. Havíamos perdido a posse do bem, era preciso no-la restituir. Enclausurados nas trevas, era preciso trazer-nos à luz; cativos, esperávamos um salvador; prisioneiros, um socorro; escravos, um libertador. Essas razões eram sem importância? Não eram tais que comoveriam a Deus ao ponto de fazê-lo descer até à nossa natureza humana para visitá-la, uma vez que a humanidade se encontrava em um estado tão miserável e tão infeliz?"

Às mulheres deu, também, especial atenção. Deus disse: "Não é bom que o homem esteja só. Vou fazer uma auxiliar que lhe corresponda" (Gn 2, 18). Bom lembrar que as mulheres eram, naquele tempo, submissas ao pai ou ao marido. Não estudavam, não participavam da vida pública nem religiosa. Basicamente, cuidavam da casa e dos filhos. Por vezes, também fiavam lã (na Judeia) e linho (na Galileia). E até ajudavam na lavoura ou cuidavam dos rebanhos. "Chegou Raquel com o rebanho do seu pai, pois era pastora" (Gn 29, 9). Quase não tinham direitos.

Eram obrigadas, ainda, a aceitar que seus maridos tivessem outras mulheres. Herança recebiam apenas quando não tivessem irmãos: "Se um homem morrer sem deixar filhos, transmitireis a sua herança à sua filha" (Nm 27, 8).

Jesus inicia uma nova maneira de tratar aquelas mulheres: em igualdade com os homens, defendendo-as, diante dos poderosos, enfrentando a estrutura patriarcal — perdoando adúlteras. "'Mestre, esta mulher foi surpreendida em flagrante delito de adultério. Na Lei, Moisés nos ordena a apedrejar tais mulheres. Tu, pois, que dizes?' [...] E lhes disse: 'Quem dentre vós estiver sem pecado, seja o primeiro a lhe atirar uma pedra!'" (Jo 8, 4-7). Convidou-as para que o acompanhassem, nas pregações, "anunciando a Boa-nova do Reino de Deus" (Lc 8, 1). E tiveram, mesmo, importante papel no seu movimento. "Em todo o ensinamento de Jesus, como também no seu comportamento, não se encontra nada que denote a discriminação, própria do seu tempo, da mulher" (Carta Apostólica *A dignidade e vocação da mulher,* do papa João Paulo II, 1988). Entre elas, "Maria, chamada Madalena [por ser da aldeia de Magdala], da qual haviam saído sete demônios; Joana, mulher de Cuza, o procurador de Herodes; [e] Suzana [...]" (Lc 8, 2-3). Também "Maria, mãe de Tiago e de José" (Mt 27, 56), e "Salomé [mãe de João e Tiago, filhos de Zebedeu]. Muitas outras, ainda, que subiram com ele para Jerusalém" (Mc 15, 40-41), por ocasião da Páscoa daquele ano 30. Elas o seguiam e serviam, enquanto esteve na Galileia. E se mantiveram presentes em todos os momentos da caminhada de Jesus — no início da vida pública, nas pregações, na crucificação, na sepultura, na ressurreição. São Tomás de Aquino considerava Maria Madalena "apóstola dos apóstolos".

Bom lembrar o importante papel das mulheres, mais tarde, na formação das primeiras comunidades cristãs: Lídia (At 16, 12-15); Dâmaris (At 17, 34); Febe (Rm 16, 1); Maria (Rm 16, 6); Júnia (Rm 16, 7); Pérside (Rm 16, 12); Trifena e Trifosa (Rm 16, 12); a mãe de Rufo (Rm 16, 13); Julia, Olimpas e a irmã de Nereu (Rm 16, 15); Cloé (1 Cor 1, 11); Evódia e Síntique (Fp 4, 2-3); Laodiceia e Ninfas (Cl 4, 15); Prisca e Áquila (2 Tm 4, 19); Loide e Eunice (2 Tm 1, 5); Claudia (2 Tm 4, 21); e Ápia (Fm 1-2).

Aquele movimento era diferente de todos os outros, por pregar um Deus libertador que tinha compaixão por seu povo e que, com ele, se solidarizava. Considerava o Templo a casa do seu Pai. "Jesus entrou no Templo e expulsou [com chicote de corda, feito por ele] todos os vendedores e compradores que lá estavam. Virou as mesas dos cambistas [aqueles que trocavam e emprestavam dinheiro] e as cadeiras dos que vendiam pombas [para os sacrifícios]" (Mt 21, 12) por fazerem, daquela casa de oração, "um covil de ladrões!" (Mc 11, 17). "Não façais da casa de meu Pai uma casa de comércio" (Jo 2, 16). Preferia estar nas comunidades, nas ruas, nas casas. Pregava nas cidades e aldeias (Mt 9, 35); no Templo de Jerusalém (Mt 26, 55); nas sinagogas (Mc 1, 21); às margens do lago da Galileia (Mc 4, 1); sobre um monte (Mc 5, 2-12); sentado sobre uma barca (Lc 5, 3); ou mesmo caminhando (Lc 24, 13-16). "Ensinava diariamente" (Lc 19, 47), durante o dia e também à noite (Jo 3, 1-2). Usava a palavra de Deus (lei escrita e oral), sobretudo, na defesa e promoção dos mais necessitados, "Felizes os aflitos, porque serão consolados" (Mt 5, 5). Para ele, seriam "ovelhas sem pastor" (Mc 6, 34). Pregava a partilha e uma justa distribuição dos bens necessários à vida. Defendia generosidade nas doações: "Emprestai sem esperar coisa alguma em troca" (Lc 6, 35). Ensinava a oferecer mais que esmolas: "Felizes os misericordiosos, porque alcançarão misericórdia" (Mt 5, 7), pois "onde está o vosso tesouro, aí estará também o vosso coração" (Lc 12, 34). E, "quando deres esmola, não te ponhas a trombetear em público, como fazem os hipócritas" (Mt 6, 2). Repudiava os ricos, preocupados apenas com suas próprias fortunas. "O rico dificilmente entrará no Reino dos Céus" (Mt 19, 23). Pedia moderação, em vez de desperdício. "Eles comeram e ficaram saciados. Dos pedaços que sobraram, recolheram sete cestos" (Mc 8, 8).

Em seu projeto, não havia lugar para escravos, tão presentes ao longo do Antigo Testamento, desde Abraão, algo de que não escapou o próprio povo de Deus, no Egito e na Babilônia. Por isso, "já não vos chamo servos, porque o servo não sabe o que seu senhor faz; mas vos chamo amigos" (Jo 15, 15). Nem havia lugar para ódio: "Amai os vossos inimigos e orai pelos que vos perseguem" (Mt 5, 44). Recomendava não julgar, "para não serdes julgados" (Lc 6, 37). Nem condenar, "para não serdes condenados" (Lc 6, 37). Nem cometer injustiça: "Afastai-vos de mim, vós todos, que cometeis injustiça!" (Lc 13, 27). Nem sentir medo, "pois nada há de encoberto que não venha a ser descoberto, nem de oculto que não venha a ser revelado" (Mt 10, 26). Melhor era ter compaixão. "O homem bom, do seu bom tesouro tira coisas boas, mas o homem mau, do seu mau tesouro tira coisas más" (Mt 12, 35). Melhor ainda perdoar, sempre. "'Senhor, quantas vezes devo perdoar ao irmão que pecar contra mim? Até sete vezes?' Jesus respondeu-lhe: 'Não te digo até sete, mas até setenta e sete vezes'" (Mt 18, 21-22). Não só isso. "A quem te ferir numa face, oferece a outra" (Lc 6, 29). Amando "teu próximo como a ti mesmo" (Mt 22, 39). Enfim, "tudo aquilo, portanto, que quereis que os homens vos façam, fazei-o vós a eles" (Mt 7, 12).

8.2. Em volta da mesa

Jesus compreendeu que "a mesa constitui sempre um dos fortes, se não o mais forte, alicerce das sociedades humanas. Constitui a melhor e a mais solene cerimônia que os homens acharam para consagrar todos os seus grandes atos, imprimindo-lhe um caráter de união e de comunhão", segundo Eça de Queiroz.[12] "A maneira mais poderosa que conhecemos de entender e compartilhar a vida uns com outros", segundo Norman Wirzba.[13] Assim inaugurou um novo tempo, pregando a inclusão de todos, em volta dessa mesa. Com amigos e inimigos, mulheres e homens, doentes e sãos, ricos e mendigos, santos e pecadores. Juntando escribas, fariseus, publicanos, samaritanos, zelotas. "[Eu] não vim chamar os justos, mas sim os pecadores, ao arrependimento" (Lc 5, 32). O encontro, em volta da mesa, "era a oportunidade de uma transformação libertadora", diz Dom José Tolentino Mendonça,[14] Um espaço de ruptura com as tradições judaicas segregadoras. "Partiam o pão pelas casas, tomando o alimento com alegria e simplicidade de coração. Louvavam a Deus e gozavam da simpatia de todo o povo. E o Senhor acrescentava cada dia ao seu número os que seriam salvos" (At 2, 46-47). Ao comer com todos, Jesus rompe tabus sociais que mantinham as pessoas segregadas. E explicita seu projeto "preparando uma refeição igualitária para a multidão díspar", palavras de Dom José Tolentino Mendonça,[15] Cristalizando "valores de igualdade e de aceitação", ainda segundo ele. E tantas foram as refeições com Jesus, referidas no Novo

Testamento, que disseram: "Veio o Filho do Homem, que come e bebe, e dizem: 'Eis aí um glutão e beberrão, amigo de publicanos e pecadores'" (Mt 11, 19).

Jesus sentou-se à mesa com fariseus. "Uma experiência não de encontro, mas de confronto", segundo Dom José Tolentino Mendonça,[16] já que a maioria deles fazia forte oposição a suas pregações. Dizia Jesus: "Acautelai-vos do fermento — isto é, da hipocrisia — dos fariseus" (Lc 12, 1). Alguns se aproximavam por mera curiosidade. "Quem é este que até perdoa pecados?" (Lc 7, 49). Mas poucos o recebiam com simpatia. "Aproximaram-se alguns fariseus que lhe disseram: 'Parte e vai-te daqui, porque Herodes [Antipas] quer te matar" (Lc 13, 31). Inclusive o fariseu chamado Nicodemos, "um notável entre os judeus. À noite, ele veio encontrar Jesus e lhe disse: 'Rabi, sabemos que vens da parte de Deus como mestre, pois ninguém pode fazer os sinais que fazes, se Deus não estiver com ele'" (Jo 3, 1-2). Jesus esteve na casa de outro fariseu chamado Simão. "Um fariseu convidou-o a comer com ele. Jesus entrou, pois, na casa do fariseu e reclinou-se à mesa. Apareceu então uma mulher da cidade, uma pecadora. Sabendo que ele estava à mesa na casa do fariseu, trouxe um frasco de alabastro com perfume ['um perfume de nardo puro, muito caro' — Jo 12, 3]. E, ficando por detrás, aos pés dele, chorava; e com as lágrimas começou a banhar-lhe os pés, a enxugá-los com os cabelos, a cobri-los de beijos e a ungi-los com o perfume [...] Disse a Simão: 'Vês esta mulher? Entrei em tua casa e não me derramaste água nos pés; ela, ao contrário, regou-me os pés com lágrimas e enxugou-os com os cabelos. Não me deste um ósculo; ela, porém, desde que entrei, não parou de cobrir-me os pés de beijos. Não me derramaste óleo na cabeça; ela, ao invés, ungiu-me os pés com perfume. Por essa razão, eu te digo, seus numerosos pecados lhe são perdoados, porque ela demonstrou muito amor" (Lc 7, 36-47). Esse episódio, conhecido como a *Unção em Betânia*, é contado pelos quatro evangelistas (Mt 26, 6-13; Mc 14, 39; Lc 7, 36-50; Jo 12, 1-8). São Mateus e São Marcos referem "uma mulher"; São Lucas a identifica como "uma pecadora"; e São João como Maria, irmã de Marta e Lázaro.

A mesa dos fariseus excluía todos aqueles que rejeitavam seus costumes de purificação e não cumpriam suas regras alimentares. Para eles, "a cozinha e a mesa eram entendidas como lugares preferenciais para estender a pureza ritual fora do templo", segundo Dom José Tolentino Mendonça.[17] Tal pureza "não era simplesmente um cuidado higiênico. Provinha do estabelecimento de uma fronteira (religiosa, moral...) nítida entre a ordem e a desordem, o ser e o não ser, a forma e a ausência dela, a vida e a morte", ainda segundo ele. E Jesus foi cobrado por isso. "Enquanto falava, um fariseu convidou-o para almoçar em sua casa. Entrou e pôs-se à mesa. O fariseu, vendo isso, ficou admirado de que ele não fizesse primeiro as abluções antes do almoço. O Senhor, porém, lhe disse: 'Agora vós, ó fariseus! Purificais o exterior do copo e do prato, e por dentro estais cheios de rapina e de perversidade! Insensatos! Quem fez o exterior não fez também o interior? Antes, dai o que tendes em esmola e tudo ficará puro para vós! Mas ai de vós, fariseus, que pagais o dízimo da hortelã, da arruda e de todas as hortaliças, mas deixais de lado a justiça e o amor de Deus! Importava praticar estas coisas sem deixar de lado aquelas. Ai de vós, fariseus, que aprecíais o primeiro lugar nas sinagogas e as saudações nas praças públicas! Ai de vós, porque sois como esses túmulos disfarçados, sobre os quais se pode transitar, sem o saber!' Um dos legistas [escribas] tomou então a palavra: 'Mestre, falando assim, tu nos insultas também!' Ele respondeu: 'Igualmente ai de vós, legistas, porque impondes aos homens fardos insuportáveis, e vós mesmos não tocais esses fardos com um dedo sequer!' [...] Quando ele saiu de lá, os escribas e os fariseus começaram a persegui-lo terrivelmente, a cercá-lo de interrogatórios a respeito de muitas coisas, armando-lhe ciladas para surpreenderem uma palavra de sua boca" (Lc 11, 37-54). Aqueles que acompanhavam Jesus também não estavam preocupados em obedecer àquelas regras. "Alguns dos seus discípulos comiam os pães com mãos impuras, isto é, sem lavá-las" (Mc 7, 2). Fariseus lhe perguntaram: "Por que os teus discípulos violam a tradição dos antigos? Pois que não lavam as mãos quando comem.' Ele respondeu-lhes: 'E vós, por que violais o mandamento de Deus por causa da vossa tradição?'" (Mt 15, 2-3). E insistia: "Este povo me honra com os lábios, mas o coração está longe de mim. Em vão me prestam culto, pois o que ensinam são apenas mandamentos humanos" (Mt 15, 8-9). No fundo, "são cegos, conduzindo cegos! Ora, se um cego conduz outro cego, ambos acabarão caindo num buraco" (Mt 15, 14).

Os fariseus exigiam, também, que se guardasse rigorosamente o sábado — dia sagrado de descanso. Nesse dia, Jesus "entrou na casa de um dos chefes dos fariseus para tomar uma refeição, e eles o espiavam. Eis que um hidrópico [que sofria de hidropisia ou edemas] estava ali, diante dele. Tomando a palavra, Jesus disse aos legistas e aos fariseus: 'É lícito ou não curar no sábado?' Eles, porém, ficaram calados. Tomou-o então, curou-o e despediu-o. Depois perguntou-lhes: 'Qual de vós, se seu filho ou seu boi cai num poço, não o retira imediatamente em dia de sábado?' Diante disso nada lhe puderam replicar"

(Lc 14, 1-6). E era sábado, quando passavam por plantações de cereais. "Os seus discípulos, que estavam com fome, puseram-se a arrancar espigas e a comê-las. Os fariseus, vendo isso, disseram: 'Olha só! Os teus discípulos a fazerem o que não é lícito fazer num sábado!' Mas ele [Jesus] respondeu-lhes: [...] 'Digo-vos que aqui está algo maior do que o Templo. Se soubésseis o que significa: *Misericórdia é que eu quero e não sacrifício*, não condenaríeis os que não têm culpa. Pois o Filho do Homem é senhor do sábado" (Mt 12, 1-7). E "o sábado foi feito para o homem, e não o homem para o sábado" (Mc 2, 27). Assim, "por conta dos conflitos em torno do sábado, foi deduzida a imagem do Jesus liberal. A sua crítica ao judaísmo do seu tempo seria a crítica do homem refletido, livre e racional a um legalismo ossificado, que no fundo significa hipocrisia e rebaixa a religião a um sistema servil, que inibe o homem no desenvolvimento da sua obra e da sua liberdade", segundo Ratzinger.[18]

Em outra ocasião, Levi [o publicano] "ofereceu-lhe então uma grande festa em sua casa, e com eles estava à mesa numerosa multidão de publicanos [que, normalmente, não obedeciam às regras de alimentação] e outras pessoas" (Lc 5, 29). E "os fariseus, vendo isso, perguntaram aos discípulos: 'Por que come o vosso Mestre com os publicanos e os pecadores?' Ele, ao ouvir o que diziam, respondeu: 'Não são os que têm saúde que precisam de médico, e sim os doentes. Ide, pois, e aprendei o que significa: *Misericórdia quero, e não o sacrifício*'" (Mt 9, 11-13). Jesus foi, também, interpelado por discípulos de João Batista. "Vieram procurá-lo os discípulos de João com esta pergunta: 'Por que razão nós e os fariseus jejuamos, enquanto os teus discípulos não jejuam?' Jesus respondeu-lhes: 'Por acaso podem os amigos do noivo estar de luto enquanto o noivo [o próprio

Jesus] está com eles? Dias virão, quando o noivo lhes será tirado; então, sim, jejuarão'" (Mt 9, 14-15). Dirigiu-se, ainda, à casa de Zaqueu, "que era rico e chefe dos publicanos [...] Ele recebeu-o com alegria. À vista do acontecido, todos murmuravam, dizendo: 'Foi hospedar-se na casa do pecador!' Zaqueu, de pé, disse ao Senhor: 'Senhor, eis que dou a metade de meus bens aos pobres, e, se defraudei a alguém, restituo-lhe o quádruplo [a lei romana impunha o quádruplo para todos os furtos].' Jesus lhe disse: 'Hoje a salvação entrou nesta casa'" (Lc 19, 2-9).

Jesus esteve ainda com samaritanos. Não em uma refeição propriamente dita. Ele chegou "a uma cidade da Samaria, chamada Sicar [antiga Siquém], perto da região que Jacó havia dado a seu filho José. Ali se achava a fonte de Jacó [ou Poço de Jacó ou Poço de Sicar]. Fatigado da caminhada, Jesus sentou-se junto à fonte. Era por volta da hora sexta [meio-dia]. Uma mulher da Samaria chegou para tirar água. Jesus lhe disse: 'Dá-me de beber!' Seus discípulos haviam ido à cidade comprar alimento. Diz-lhe, então, a samaritana: 'Como, sendo judeu, tu me pedes de beber, a mim que sou samaritana?'" (Jo 4, 5-9). Explica-se a surpresa da mulher: samaritanos não se davam com judeus desde a morte de Salomão, quando Israel foi dividida em dois reinos, o do norte (capital Samaria) e o do sul (capital Jerusalém). Judeus chegaram até a destruir o templo samaritano do monte Garizim (em 128 a.C.). Posteriormente, samaritanos profanaram o Templo de Jerusalém, espalhando ossos humanos nos átrios. Mas Jesus respondeu à samaritana: '"Se conhecesses o dom de Deus e quem é que te diz *dá-me de beber*, tu é que lhe pedirias e ele te daria água viva!' Ela lhe disse: 'Senhor, nem sequer tens vasilha e o poço é profundo; de onde, pois, tiras essa água viva?' [...] Jesus lhe respondeu: 'Aquele que bebe desta água terá sede novamente; mas quem beber da água que lhe darei nunca mais terá sede. Pois a água que eu lhe der tornar-se-á nele fonte de água [sua palavra, seu ensinamento] jorrando para a vida eterna.' Disse-lhe a mulher: 'Senhor, dá-me dessa água, para que eu não tenha mais sede, nem tenha de vir mais aqui para tirá-la!' [...] Muitos samaritanos daquela cidade creram nele, por causa da palavra da mulher que dava testemunho: 'Ele me disse tudo o que fiz!' Por isso, os samaritanos vieram até ele, pedindo-lhe que permanecesse com eles. E ele ficou ali dois dias. Bem mais numerosos foram os que creram por causa da palavra dele; e diziam à mulher: 'Já não é por causa de teus dizeres que cremos. Nós próprios o ouvimos, e sabemos que esse é verdadeiramente o salvador do mundo'" (Jo 4, 10-42). Segundo Santo Agostinho,[19] "os samaritanos não pertenciam ao povo judeu; não eram do povo escolhido. Faz parte do simbolismo da narração que esta mulher, figura da Igreja, tenha vindo de um povo estrangeiro; porque a Igreja viria dos pagãos, dos que pertenciam à raça judaica".

Jesus fez refeição na casa de Marta, irmã de Maria e de Lázaro — a quem havia ressuscitado depois de "sepultado havia quatro dias" (Jo 11, 17). "Estando em viagem, entrou num povoado, e certa mulher, chamada Marta, recebeu-o em sua casa. Sua irmã, chamada Maria, ficou sentada aos pés do Senhor, escutando-lhe a palavra. Marta estava ocupada pelo muito serviço. Parando, por fim, disse: 'Senhor, a ti não importa que minha irmã me deixe assim sozinha a fazer o serviço? Dize-lhe, pois, que me ajude.' O Senhor, porém, respondeu: 'Marta, Marta, tu te inquietas e te agitas por muitas coisas; no entanto, pouca coisa é necessária, até mesmo uma só. Maria, com efeito, escolheu a melhor parte, que não lhe será tirada'" (Lc 10, 38-42). Para

Dom José Tolentino Mendonça,[20] nessa passagem, "Jesus olha para lá da mesa e o seu olhar chega até à cozinha." O "lugar da instabilidade, da procura, da incerteza, das misturas inesperadas, das soluções imprevistas, das receitas adaptadas... da criatividade e da recomposição". Onde tudo começa a acontecer. Como nos bastidores — "imperfeito, desordenado, com nódoas, panos espalhados ao acaso, sem aquele cuidado pelo bonito". Para, depois, chegar na sala de jantar, "lugar de convivialidade, da ordem, dos códigos de etiqueta, de um aprimoramento sem falhas, ornamental e perfeito, à maneira de um palco". O próprio Jesus tem "um olhar crítico para o modo como Marta vivia o seu estar na cozinha" — sempre atarefada, distanciando-se do hóspede, querendo ajuda da irmã e esquecendo o principal, "o acolhimento do dom, estar atento ao dom, o dom daquele hóspede". Jesus quer que Marta "se reencontre no interior da sua cozinha", ainda segundo ele. Uma metáfora da própria existência.

8.3. A última ceia

A última refeição de Jesus, com os discípulos, se deu pouco antes de sua prisão, julgamento e morte. A Última Ceia. Os preparativos começaram pela hora nona (15 horas) do 13º dia do mês de Nisã (6 de abril), por volta do ano 30 (não se sabe exatamente). A ceia, propriamente dita, aconteceu depois do pôr do sol. Lembrando que judeus festejavam a Páscoa durante uma semana, segundo rigoroso ritual prescrito pela lei judaica. Começava no 14º dia após a primeira lua nova da época da cevada madura, após o equinócio da primavera. Para alguns estudiosos, aquela última ceia de Jesus teria ocorrido na véspera da Páscoa. Para outros, dois dias antes. O certo é que "Jesus estava consciente da sua morte iminente. Sabia que não mais poderia comer a Páscoa. Nessa clara certeza, convidou seus discípulos para uma última ceia de caráter muito particular, uma ceia que seria sua despedida, na qual ele dava algo de novo, isto é, dava-se a si mesmo como o verdadeiro cordeiro, instituindo assim a sua Páscoa", segundo Joseph Ratzinger.[21] Aquela foi a mais importante refeição porque "a Eucaristia é uma refeição que condensa, em torno de uma mesa, o seu inteiro destino, como se todos os seus gestos e palavras confluíssem, afinal, para a unidade desse único momento", diz Dom José Tolentino Mendonça.[22] Jesus "enviou Pedro e João, dizendo: 'Ide preparar-nos a Páscoa para comermos" (Lc 22, 8). Os apóstolos, na ocasião, lhe perguntaram: "'Onde queres que a preparemos?' Respondeu-lhes: 'Logo que entrardes na cidade, encontrareis um homem levando uma bilha de água. Segui-o até à casa em que ele entrar. Direis ao dono da casa: 'O mestre te pergunta: onde está a sala em que comerei a Páscoa com os meus discípulos? E ele vos mostrará, no andar superior, uma grande sala, provida de almofadas; preparai ali.' Eles foram, acharam tudo como dissera Jesus, e prepararam a Páscoa. Quando chegou a hora, Ele se pôs à mesa com seus apóstolos e disse-lhes: 'Desejei ardentemente comer esta Páscoa convosco antes de sofrer; pois eu vos digo que já não a comerei até que ela se cumpra no Reino de Deus.' Então, tomando uma taça, deu graças e disse: 'Tomai isto e reparti entre vós; pois eu vos digo que doravante não beberei do fruto da videira, até que venha o Reino de Deus.' E tomou um pão, deu graças, partiu e deu-o a eles, dizendo: 'Isto é o meu corpo que é dado por vós. Fazei isto em minha memória.' E, depois de comer, fez o mesmo com a taça dizendo: 'Esta taça é a Nova Aliança em meu sangue, que é derramado por vós'" (Lc 22, 9-20). É no pão e no vinho repartido que Jesus se faz presente, entre nós. "Quem come minha carne e bebe o meu sangue permanece em mim" (Jo 6, 56). Na "Eucaristia, o mistério dos mistérios, Deus encarnado, crucificado e ressuscitado se faz para nós comida e bebida", segundo Olivier Clément.[23] A Páscoa simboliza, para os cristãos, a passagem da antiga para a Nova e Eterna Aliança, das trevas para a luz, da morte para a vida. Segundo Ratzinger,[24] "a Eucaristia é o processo visível do reunir-se, um processo que, em cada lugar e por meio de todos os lugares, é um entrar em comunhão com o Deus vivo, que aproxima, a partir de dentro, os homens uns dos outros. A Igreja forma-se a partir da Eucaristia. Dela recebe a sua unidade e a sua missão. A Igreja deriva da Última Ceia, mas por isso mesmo deriva da morte e da ressurreição de Cristo, por ele antecipadas no dom do seu corpo e do seu sangue". E o que a Igreja "celebra na Missa não é a Última Ceia, mas o que o Senhor, durante a Última Ceia, instituiu e confiou à Igreja: o memorial da sua morte sacrificial", ainda segundo ele.

Dois evangelistas participaram desta ceia, João e Mateus. E João a registrou de maneira especial. "Durante a ceia, quando já o diabo pusera no coração de Judas Iscariotes, filho de Simão, o projeto de entregá-lo, sabendo que o Pai tudo pusera em suas mãos e que ele viera de Deus e a Deus voltava, levanta-se da mesa, depõe o manto e, tomando uma toalha, cinge-se com ela. Depois põe água numa bacia e começa a lavar os pés dos discípulos e a enxugá-los com a toalha com que estava cingido. Chega, então, a Simão Pedro, que lhe diz: 'Senhor, tu, lavar-me os pés?!' Respondeu-lhe Jesus: 'O que faço, não compreendes agora, mas o compreenderás mais tarde.' Disse-lhe Pedro: 'Jamais me lavarás os pés!' Jesus respondeu-lhe: 'Se eu não te lavar, não terás parte comigo.' Simão Pedro lhe disse: 'Senhor, não apenas meus pés, mas também as mãos e a cabeça.' Jesus lhe disse: 'Quem se banhou não tem necessidade de se lavar, porque está inteiramente puro. Vós também estais puros, mas não todos.' Ele sabia, com efeito, quem o entregaria, por isso disse: 'Nem todos estais puros.' Depois que lhes lavou os pés, retomou o manto, voltou à mesa e lhes disse: 'Compreendeis o que vos fiz? Vós me chamais o Mestre e o Senhor e dizeis bem, pois eu o sou. Se, portanto, eu, o Mestre e o Senhor, vos lavei os pés, também deveis lavar-vos os pés uns aos outros. Dei-vos o exemplo para que, como eu vos fiz, também vós o façais. Em verdade, em verdade, vos digo: o servo não é maior do que o seu senhor, nem o enviado maior do que quem o enviou. Se compreenderdes isso e o praticardes, felizes sereis. Não falo de todos vós; eu conheço os que escolhi. Mas é preciso que se cumpra a Escritura: *aquele que come o meu pão levantou contra mim o seu calcanhar!*" (Jo 13, 2-18). Jesus já pressentia seu destino. "'Em verdade, em verdade, vos digo: um de vós me entregará.' Os discípulos entreolhavam-se, sem saber de quem falava. Estava à mesa, ao lado de Jesus, um de seus discípulos, aquele que Jesus amava. Simão Pedro faz-lhe, então, sinal e diz-lhe: 'Pergunta-lhe quem é aquele de quem fala.' Ele, então, reclinando-se sobre o peito de Jesus, diz-lhe: 'Quem é, Senhor?' Responde Jesus: 'É aquele a quem eu der o pão que umedecerei no molho.' Tendo umedecido o pão, ele o toma e dá a Judas, filho de Simão Iscariotes. Depois do pão, entrou nele Satanás. Jesus lhe diz: 'Faze depressa o que estás fazendo.' Nenhum dos que estavam à mesa compreendeu por que lhe dissera isso. Como era Judas quem guardava a bolsa comum, alguns pensavam que Jesus lhe dissera: 'Compra o necessário para a festa' ou que desse algo aos pobres. Tomando, então, o pedaço de pão, Judas saiu imediatamente. Era noite" (Jo 13, 21-30).

A continuação dessa história todos conhecem. "Seu traidor dera-lhes um sinal, dizendo: 'É aquele que eu beijar; prendei-o'" (Mt 26, 48). Os quatro evangelistas confirmam que Judas traiu Jesus (Mt 10, 4; Mc 3, 19; Lc 6, 16; Jo 6, 71). Dante Alighieri, em A *divina comédia* (Inferno, Canto XXXIV, 61-63), ao descrever as regiões do Inferno, o coloca na parte mais profunda: "O que vês, sob a pena mais dorida, / é Judas Iscariotes", disse o guia, / "as pernas fora, a face lá metida." Depois da ceia, Jesus e os discípulos passaram às portas da cidade e refugiaram-se nas instalações de um lagar de azeite, na outra margem do riacho Cedron. Foi lá que o encontraram. Uma "grande multidão, com espadas e paus, da parte dos chefes dos sacerdotes e dos anciãos (Mt 26, 47). Também "escribas" (Mc 14, 43) e "chefes da guarda do Templo" (Lc 22, 52). João acrescenta que vinham com "lanternas, archotes e armas" (Jo 18, 3). "Os que prenderam Jesus levaram-no ao sumo sacerdote Caifás, onde os escribas e os anciãos estavam reunidos" (Mt 26, 57). Enquanto "os chefes dos sacerdotes e todo o Sinédrio procuravam um falso testemunho contra Jesus, a fim de matá--lo, mas nada encontraram, embora se apresentassem muitas falsas testemunhas" (Mt 26, 59-60). Jesus foi amarrado e o levaram até Pôncio Pilatos [procurador da província romana da Judeia], que lhe perguntou: "'Tu és o rei dos Judeus?' Jesus lhe respondeu: 'Falas assim por ti mesmo ou outros te disseram isso de mim?'" (Jo 18, 33-34). Os soldados colocaram, em sua cabeça, uma coroa de espinhos. Pilatos disse: "Não encontro nele nenhum motivo de condenação" (Jo 18, 38). Apesar disso, "tomou Jesus e o mandou flagelar" (Jo 19, 1). "Quando os chefes dos sacerdotes e os guardas o viram, gritaram: 'Crucifica-o! Crucifica-o!" (Jo 19, 6). "Então Pilatos o entregou para ser crucificado" (Jo 19, 16).

Crucificar era penalidade aplicada, pelos romanos, aos que praticavam sedição (perturbação da ordem pública). Prevaleceu do século IV a.C. até ser abolida por Constantino I, em 337. Para Josefo, era "a mais miserável das mortes".[25] Segundo Cícero,[26] "a mais extrema, a mais cruel forma de punição" (*summum supplicium* e *crudelissimum supplicium*). E "a simples menção da palavra 'cruz' é um desrespeito a qualquer cidadão romano ou homem livre". Jesus, "como a maioria das vítimas de crucificação, foi açoitado com chicote de couro e pontas de osso e metal, um tormento tão feroz que geralmente matava logo a vítima", descreve Montefiore.[27] Carregou sua cruz "e chegou ao chamado Lugar da Caveira [daí calvário, em hebraico chamado Gólgota ou Gulgoltha] — onde o crucificaram e, com ele, dois outros: um de cada lado e Jesus no meio" (Jo 19, 17-18). Todo criminoso, pendurado em uma cruz, recebia uma placa declarando o crime pelo qual estava sendo executado. "Acima de sua cabeça, por escrito, o motivo da sua condenação" (Mt 27, 37). Pilatos "redigiu também um letreiro e o fez colocar sobre a cruz; nele estava escrito: *Jesus Nazareu, o rei dos judeus*" (Jo 19, 19).

Depois, "sabendo Jesus que tudo estava consumado, disse, para que se cumprisse a Escritura até o fim: 'Tenho sede!' Estava ali um vaso cheio de vinagre. Fixando, então, uma esponja embebida de vinagre num ramo de hissopo, levaram-na à sua boca. Quando Jesus tomou o vinagre, disse: 'Está consumado!' E, inclinando a cabeça, entregou o espírito" (Jo 19, 28-30). Foi quando "José de Arimateia, que era discípulo de Jesus, mas secretamente, por medo dos judeus, pediu a Pilatos que lhe permitisse retirar o corpo de Jesus. Pilatos o permitiu. Vieram, então, e retiraram seu corpo. Nicodemos, aquele que anteriormente procurara Jesus à noite, também veio, trazendo cerca de cem libras de uma mistura de mirra e aloés. Eles tomaram então o corpo de Jesus e o envolveram em faixas de linho com os aromas, como os judeus costumam sepultar. Havia um jardim, no lugar onde ele fora crucificado e, no jardim, um sepulcro novo, no qual ninguém fora ainda colocado. Ali, então, por causa da preparação dos judeus e porque o sepulcro estava próximo, eles depuseram [o corpo de] Jesus" (Jo 19, 38-42). Comenta Santo Agostinho (em São Tomás de Aquino):[28] "assim como no ventre da Virgem Maria ninguém foi concebido nem antes nem depois de Cristo, do mesmo modo naquele sepulcro ninguém foi sepultado nem antes nem depois." Esse sepulcro, depois, foi encontrado vazio. Ele apareceu primeiro a Maria Madalena; e, em seguida, aos discípulos.

Ressuscitado, Jesus ainda participou de outras refeições com seus discípulos. Uma delas aconteceu às margens do mar de Tiberíades (também chamado de Genesaré ou da Galileia). "O lago onde o céu se reflete, o lago de Genesaré, redondo como o céu; o reflexo avermelhado das brasas (resplendor do vermelho, incêndio celestial nos ícones de Novgorod); os peixes, símbolo do homem nascido da água e do fogo; a comida compartilhada na louca alegria da não morte: esse é o Reino de Deus. Aqui e agora. O Reino é dizer também a terra, *a santa carne da terra*, como gostava de dizer Merejkovski", nas palavras de Olivier Clément.[29] Uma terra "libertada da escravidão da corrupção para entrar na liberdade da glória dos filhos de Deus" (Rm 8, 21). Ali "já amanhecera. Jesus estava de pé, na praia, mas os discípulos não sabiam que era Jesus. Então Jesus lhes disse: 'Jovens, acaso tendes algum peixe?' Responderam-lhe: 'Não!' Disse-lhes: 'Lançai a rede à direita do barco e achareis.' Lançaram, então, e já não tinham força para puxá-la, por causa da quantidade de peixes. Aquele discípulo que Jesus amava disse então a Pedro: 'É o Senhor!' Simão Pedro, ouvindo dizer: 'É o Senhor!', vestiu a roupa — porque estava nu — e atirou-se ao mar. Os outros discípulos, que não estavam longe da terra, mas cerca de duzentos côvados, vieram com o barco, arrastando a rede com os peixes. Quando saltaram em terra, viram brasas acesas, tendo por cima peixe e pão. Jesus lhes disse: 'Trazei alguns dos peixes que apanhastes.' Simão Pedro subiu então ao barco e arrastou para a terra a rede, cheia de cento e cinquenta e três peixes grandes; e apesar de serem tantos, a rede não se rompeu. Disse-lhes Jesus: 'Vinde comer!' Nenhum dos discípulos ousava perguntar-lhe 'Quem és tu?' porque sabiam que era o Senhor. Jesus aproxima-se, toma o pão e o distribui entre eles; e faz o mesmo com o peixe. Foi essa terceira vez que Jesus se manifestou aos discípulos, depois de ressuscitado dos mortos. Depois de comerem, Jesus disse a Simão Pedro: 'Simão, filho de João, tu me amas mais do que estes?' Ele lhe respondeu: 'Sim, Senhor, tu sabes que te amo.' Jesus lhe disse: 'Apascenta meus cordeiros'" (Jo 21, 4-15). E lhe perguntou mais duas vezes. "Entristeceu-se Pedro porque pela terceira vez lhe perguntara: 'Tu me amas?' e lhe disse: 'Senhor, tu sabes tudo; tu sabes que te amo'" (Jo 21, 17). São Gregório Magno (*Homilia 24*) comenta: "A Pedro foi confiada a Santa Igreja; a ele em especial é dito; 'Apascenta as minhas ovelhas'. O que mais tarde seria expresso às claras na voz, aqui é significado no ato. Pedro, com efeito, puxa os peixes para a solidez da praia porque é ele que mostra aos fiéis a permanência da pátria eterna."

Segundo Dom José Tolentino de Mendonça,[30] "é a história de um amigo que na margem daquela noite, daquele amanhecer, na margem daqueles dias difíceis, de crescimento, que são os dias da Páscoa, prepara peixes e pão para oferecer... A necessidade de pescar os 153 grandes peixes não impede o maravilhamento e o desejo de receber. Ali o importante não é o que eles acharam, mas o peixe único que Jesus virou sobre as brasas naquele amanhecer. É importante que a rotina da cozinha não emudeça o dinamismo do dom, sermos dom acolhendo o dom uns dos outros". Eusébio Emiseno (em *Escritos*) fala dos três elementos (a brasa, o peixe e o pão) dessa refeição: "Com tal alimento sempre se alegram os pescadores de Cristo e os pregadores, e os fortalecem sempre que estão cansados e voltam animados ao trabalho. Quantas vezes veem as brasas e o peixe posto em cima e também o pão, isto é, recordam a paixão do Salvador. Que é o peixe assado e o fogo senão Cristo morto na cruz? Que é o pão senão a pregação do Evangelho, com a qual o Senhor fortalecia-os dizendo: 'Não temais os que matam o corpo, porque não podem matar a alma'?"

A história do povo hebreu, como se viu, nos conta uma forte ligação entre alimento e fé. Com a religião (do latim *re-ligare*) sendo fator decisivo na formação dos hábitos alimentares daquela gente. Revelando história, geografia, clima, costumes, organização social, crenças. Influenciando modos de sentir, de pensar e de agir. Determinando comportamentos e preferências. Compreendendo a importância da partilha e da comunhão. Reforçando gestos de perdão, hospitalidade, amizade. Com Jesus pregando a inclusão de todos, em volta dessa mesa. E assim, através dos ensinamentos da Bíblia, pudemos contar a história dos alimentos na mesa de Deus.

tantas

ed

e**S**t en

ut phe

homini

audit

Notas

Nota inicial
1. Santo Agostinho (1970).

1. Introdução
1. Lima (2010).
2. Darwin (2019).
3. Montanari (2013).
4. Lévi-Strauss (2011).
5. Cavalcanti Filho (2011).
6. São Basílio de Cesareia (2005).
7. Sánchez Caro e Artola (1996).
8. Lourenço (2015).
9. São Jerônimo (1995).
10. Santo Isidoro de Sevilha (2004).
11. Josefo (2017).
12. Asheri (1995).
13. Bright (2003).
14. Wirzba (2014).
15. São Justino (1995).
16. Queiroz (2018).
17. Soler (1998).
18. Asheri (1995).
19. Freyre (1987).
20. Mendonça (2015c).
21. Queiroz (1909).
22. Plutarco (2008).
23. Mendonça (2015b).
24. *Ibidem*.
25. Lourenço (2015).

2. Os alimentos da Bíblia
1. Braudel (1995).
2. DaMatta (1988).
3. Hauck-Lawson (1992).
4. Macedo Soares (1998).
5. Barata Dias (2008).
6. *Ibidem*.
7. *Ibidem*.
8. Léon-Dufour (2013).
9. *Ibidem*.
10. Pôntico (2018).
11. Santo Agostinho (2002).
12. Weinberg (2004).
13. São Tomás de Aquino (2019).
14. Celada (2007).
15. Léon-Dufour (2013).
16. *Ibidem*.
17. Asheri (1995).
18. Soler (1998).
19. *Ibidem*.
20. Asheri (1995).
21. *Ibidem*.
22. Kerrigan e Budzik (2016).

23. Josefo (2017).
24. Betto (2020).
25. Vieira (1965).

3. Os principais alimentos
1. Sin-léqi-unnínni (2017).
2. Homero (2011).
3. Xenófanes (1973).
4. Platão (2020).
5. Bloom (1993).
6. Pessoa (1966).
7. Jacob (2003).
8. Grottanelli (1998).
9. Josefo (2017).
10. Jacob (2003).
11. Daniélou (2013).
12. Jacob (2003).
13. Ratzinger (2007).
14. *Larousse Gastronomique* (1996).
15. Newman (2000).
16. Johnson (1999).
17. *Ibidem*.
18. Sin-léqi-unnínni (2017).
19. Aslan (2018).
20. Sin-léqi-unnínni (2017).
21. Homero (2019).
22. Homero (2011).
23. Pollan (2014).
24. Horácio (2018).
25. Plutarco (2008).

26. Josefo (2017).
27. Camões (1928).
28. Josefo (2017).
29. Algranti (2000).
30. Gomenroso (1999).
31. Newman (2000).
32. Johnson (1999).
33. São Cirilo de Jerusalém (2021).
34. Lavoisier (2007).
35. Bueno (1998).
36. Anchieta (1993).
37. Queiroz (1909).
38. Plauto (2006).
39. Santo Agostinho (2017).
40. Garnsey (2002).
41. Brothwell (1971).
42. Finkelstein (2015).
43. Paquete (2013).
44. São Cirilo de Jerusalém (2021).
45. São Basílio de Cesareia (2005).
46. Percussi (2006).
47. Kurlansly (2004).
48. Smith (2016).
49. Ritchie (1981).
50. Isaacson (2017).
51. Homero (2011).
52. Columela (2013).
53. Santo Ambrósio (2019).
54. São Tomás de Aquino (2014).
55. Bright (2003).
56. Daniélou (2013).

4. Os animais
1. Santo Agostinho (2019).
2. Costa e Silva (2000).
3. Mendonça (2019).
4. Pessoa (1969).
5. Josefo (2017).
6. Santo Ambrósio (2019).
7. Harari (2017).
8. Cavalcanti Filho (2011).
9. Bresciani (1998).
10. McGee (2011).
11. Brillat-Savarin (1995).
12. Josefo (2017).
13. Tertuliano (2011).
14. Santo Ambrósio (2019).
15. Grottanelli (1998).
16. Finkelstein (2015).
17. Giegerich (2008).
18. Homero (2019).
19. Léon-Dufour (2013).
20. Santo Isidoro de Sevilha (2004).

5. As plantas
1. Carrazzoni (2003).
2. Harari (2017).
3. Gaspar (2008).
4. Josefo (1985).
5. Homero (2011).
6. Pessoa (1969).
7. Costa (1964).
8. Ratzinger (2015).
9. Jacob (2003).
10. Homero (2011).
11. Homero (2019).
12. Bright (2003).
13. Montefiore (2013).
14. Giammellaro (1998).
15. Josefo (2017).
16. Bresciani (1998).
17. Kiple (2000).
18. Cervantes Saavedra (2002).
19. Moldenke (2002).

6. Preparação dos alimentos
1. Wrangham (2010).
2. Lévi-Strauss (2011).
3. Pollan (2014).
4. Montanari (2013).
5. Mawe (1978).
6. Salvador (2016).
7. *Enciclopédia da Bíblia* (2009).
8. *Ibidem*.
9. Fernández-Armesto (2004).
10. *Ibidem*.
11. Jacob (2003).
12. Fernández-Armesto (2004).
13. Aristóteles (2010).
14. Jones (2014).
15. Leal (1998).

16. Lévi-Strauss (2006).
17. Fernández-Armesto (2004).
18. *Enciclopédia da Bíblia* (2009).
19. Platina; Milham (1999).
20. Strong (2004).
21. Queiroz (1909).
22. Amouretti (1998).
23. Corbier (1998).
24. Petrônio (1970).
25. Sassatelli (1998).
26. Bresciani (1998).
27. Jones (2014).

7. Refeição

1. Salvador (2016).
2. Montanari (1998).
3. Joannès (1998).
4. Flandrin (1998).
5. Sin-léqi-unnínni (2017).
6. Salvador (2016).
7. Catão (2017).
8. Ornellas e Castro (s/d).
9. Celada (2007).
10. Montanari (2016).
11. Ornellas e Castro (s/d).
12. Montanari (2013).
13. Queiroz (1909).
14. Celada (2007).
15. Ruiz (1963).
16. Henriquez (2004).

17. Cascudo (1983).
18. Henriquez (2004).
19. Aslan (2013).
20. Cascudo (1983).
21. *Ibidem*.
22. Castelo Branco (2015).
23. Frugoni (2007).
24. Montanari (2013).
25. Saulnier (1983).
26. Joannès (1998).
27. Josefo (2017).
28. Ritchie (1981).
29. Homero (2011).
30. Strong (2004).
31. Platão (2017).
32. Montanari (2013).
33. Petrônio (1970).
34. Strong (2004).
35. Ornellas e Castro (s/d).
36. Queiroz (1909).
37. Castro Alves (1992).
38. Mendonça (2015a).
39. Josefo (2017).
40. Pantel (1998).
41. Joannès (1998).
42. *Ibidem*.
43. Josefo (2017).
44. Saulnier e Rolland (1983).
45. Montefiore (2013).
46. *Ibidem*.
47. *Ibidem*.

48. Bright (2003).
49. Gass (2017).
50. Mendonça (2015b).
51. Joannès (1998).
52. Carpeaux (2011).
53. Josefo (2017).
54. Platão (2020).
55. Josefo (2017).
56. Vetta (1998).
57. Plutarco (2008).
58. Nietzsche (2012).
59. Ritchie (1981).
60. Platão (2017).
61. Plutarco (2008).

8. À mesa com Jesus
1. Lourenço (2015).
2. Ratzinger (2007).
3. Josefo (2017).
4. Reicke (2012).
5. *Ibidem.*
6. Ratzinger (2007).
7. Josefo (1985).
8. Josefo (2017).
9. Aslan (2013).
10. Ratzinger (2007).
11. Jacob (2003).
12. Queiroz (1909).
13. Wirzba (2014).
14. Mendonça (2015b).
15. Mendonça (2014).
16. Mendonça (2015b).
17. *Ibidem.*
18. Ratzinger (2007).
19. Santo Agostinho (2017).
20. Mendonça (2015c).
21. Ratzinger (2011).
22. Mendonça (2015b).
23. Clément (2017).
24. Ratzinger (2007).
25. Josefo (2017).
26. Cícero (2001).
27. Montefiore (2013).
28. São Tomás de Aquino (2019).
29. Clément (2017).
30. Mendonça (2015c).

Bibliografia

ALGRANTI, Márcia. *Pequeno dicionário da gula*. Rio de Janeiro: Editora Record, 2000.

AMOURETTI, Marie-Claire. Cidades e campos gregos. In: FLANDRIN, Jean-Louis; MONTANARI, Massimo (Org.). *História da alimentação*. São Paulo: Estação Liberdade, 1998.

ANCHIETA, Padre José de. *Cartas, informações, fragmentos, histórias e sermões*. Rio de Janeiro: Civilização Brasileira, 1993.

ARISTÓTELES. *Partes dos animais*. Tradução de Maria de Fátima Souza e Silva. Lisboa: Imprensa Nacional-Casa da Moeda, 2010.

ASHERI, Michael. *O judaísmo vivo*: as tradições e as leis dos judeus praticantes. Tradução de José Octávio de Aguiar Abreu. 2. ed. rev. Rio de Janeiro: Imago Editora, 1995.

ASLAN, Reza. *Deus*: uma história humana. Rio de Janeiro: Zahar, 2018.

_____. *Zelota*: a vida e a época de Jesus de Nazaré. 1. ed. Rio de Janeiro: Zahar, 2013.

BARATA DIAS, Paula. A linguagem dos alimentos nos textos bíblicos. In: *Humanitas* vol. XV. Coimbra: Imprensa da Universidade de Coimbra, 2008.

BETTO, Frei. *Diário de quarentena*: 90 dias em fragmentos evocativos. 1. ed. Rio de Janeiro: Rocco, 2020.

BLOOM, Harold. *Abaixo as verdades sagradas*. Tradução de Alípio Correia de França e Heitor Ferreira da Costa. São Paulo: Companhia das Letras, 1993.

BRAUDEL, Fernand. A *History of Civilizations*. Londres: Penguin Books, 1995.

BRESCIANI, Edda. Alimentos e bebidas do Antigo Egito. In: FLANDRIN, Jean-Louis; MONTANARI, Massimo (Org.). *História da alimentação*. São Paulo: Estação Liberdade, 1998.

BRIGHT, John. *História de Israel*. 2. ed. São Paulo: Paulus, 2003.

BRILLAT-SAVARIN, Jean Anthelme. *A fisiologia do gosto*. Tradução de Paulo Neves. São Paulo: Companhia das Letras, 1995.

BROTHWELL, Don. *A alimentação na antiguidade*. Lisboa: Verbo, 1971.

BUENO, Eduardo. *A viagem do descobrimento:* a verdadeira história da expedição de Cabral. Rio de Janeiro: Objetiva, 1998.

CAMÕES, Luís Vaz de. *Os Lusíadas*. Lisboa: Imprensa Nacional, 1928.

CARPEAUX, Otto Maria. *História da literatura ocidental*, vol. 1. São Paulo: Leya, 2011.

CARRAZZONI, Ed Paschoal. *Plantas da Bíblia*. Recife: FASA, 2003.

CASCUDO, Luís da Câmara. *História da alimentação no Brasil*, vol. I. Belo Horizonte: Itatiaia; São Paulo: Universidade de São Paulo, 1983.

CASTELO BRANCO, Camilo. *O perfil do marquês de Pombal*. Lisboa: Alêtheia Editores, 2015.

CASTRO ALVES, Dário Moreira de. *Era Tormes e amanhecia*: dicionário gastronômico cultural de Eça de Queiroz. Rio de Janeiro: Nórdica, 1992.

CATÃO. *Da Agricultura*. Tradução, apresentação e notas de Matheus Trevizan. Campinas: Editora da Unicamp, 2017.

CAVALCANTI FILHO, José Paulo. *Fernando Pessoa*: uma quase autobiografia. Rio de Janeiro: Record, 2011.

CELADA, Eva. *Os segredos da cozinha do Vaticano*. Tradução de Sandra Dolinsky. São Paulo: Planeta do Brasil, 2007.

CERVANTES SAAVEDRA, Miguel de. *O engenhoso fidalgo D. Quixote de la Mancha*, vol. 1. Tradução de Sergio Molina. São Paulo: Editora 34, 2002.

CÍCERO. *Cicero's speech: Pro Rabiro Postumo*. Tradução, introdução e notas de Mary Siani-Davies. Oxford: Clarendon Press, 2001.

CLÉMENT, Olivier. *Teopoética del cuerpo*. Salamanca: Ediciones Sígueme, 2017.

COLUMELA, Lucio Junio Moderato. *Los doce libros de agricultura*. Tradução de Juan Maria Álvarez de Sotomayor y Rubio. Madri: Editorial Maxtor, 2013.

CORBIER, Mireille. A fava e a moreia: hierarquias sociais dos alimentos em Roma. In: FLANDRIN, Jean-Louis; MONTANARI, Massimo (Org.). *História da alimentação*. São Paulo: Estação Liberdade, 1998.

COSTA, Cristóvão da. *Tratado das drogas e medicinas das Índias Orientais*. Portugal: Junta de Investigação do Ultramar, 1964.

COSTA E SILVA, Alberto da. *Poemas reunidos*. Rio de Janeiro: Nova Fronteira, 2000.

DA MATTA, Roberto. *Notas sobre el simbolismo de la comida en Brasil*. In: *América Indígena*, vol. XLVIII, n. 3, 1988.

DANIÉLOU, Jean. *Bíblia e liturgia*: a teologia bíblica dos sacramentos e das festas nos padres da Igreja. Paulinas, 2013.

DARWIN, Charles. *A origem do homem e a seleção sexual*. Belo Horizonte: Itatiaia, 2019.

FERNÁNDEZ-ARMESTO, Felipe. *Comida*: uma história. Tradução de Vera Joscelyn. Rio de Janeiro: Record, 2004.

FINKELSTEIN, Israel. *O reino esquecido*: arqueologia e história de Israel Norte. São Paulo: Paulus, 2015.

FLANDRIN, Jean-Louis. A humanização das condutas alimentares. In: FLANDRIN, Jean-Louis; MONTANARI, Massimo (Org.). *História da alimentação*. São Paulo: Estação Liberdade, 1998.

FREYRE, Gilberto. *Açúcar*: em torno da etnografia, da história e da sociologia do doce no Nordeste canavieiro do Brasil. 3. ed. Recife: Fundaj; Massangana, 1987.

FRUGONI, Chiara. *Invenções da Idade Média*: óculos, livros, bancos, botões e outras inovações geniais. Rio de Janeiro: Zahar, 2007.

GARNSEY, Peter. *Alimentação e sociedade na Antiguidade Clássica*. Lisboa: Replicação, 2002.

GASPAR, Lucia. Plantas medicinais. *Pesquisa escolar*. Fundação Joaquim Nabuco, Recife, 30 jun. 2008. Disponível em: <https://pesquisaescolar.fundaj.gov.br/pt-br/artigo/plantas-medicinais/>. Acesso em: 6 mai. 2022.

GASS, Ildo Bohn. *Exílio babilônico e dominação persa*: uma introdução à Bíblia, vol. 5. São Paulo: Paulus, 2017.

_____. *Período grego e vida de Jesus*: uma introdução à Bíblia, vol. 6. São Paulo: Paulus, 2012.

GIAMMELLARO, Antonella Spanò. Os fenícios e os cartagineses. In: FLANDRIN, Jean-Louis; MONTANARI, Massimo (Org.). *História da alimentação*. São Paulo: Estação da Liberdade, 1998.

GIEGERICH, Wolfgang. Matança: o platonismo na psicologia e o elo perdido com a realidade. In: *Soul Violence*: The collected English Papers of Wolfgang Giegerich, vol. 3. Nova Orleans: Spring Journal, 2008.

GOMENROSO, Maria Lúcia. *Pequeno dicionário da gastronomia*. Rio de Janeiro: Objetiva, 1999.

GROTTANELLI, Cristiano. A carne e seus ritos. In: FLANDRIN, Jean-Louis; MONTANARI, Massimo (Org.). *História da alimentação*. São Paulo: Estação Liberdade, 1998.

HARARI, Yuval Noah. *Sapiens*: uma breve história da humanidade. Tradução de Janaina Marcoantonio. 19. ed. Porto Alegre: L&PM, 2017.

HAUCK-LAWSON, Annie. *Hearing the Food Voice*: An Epiphany for a Researcher. In: A *Journal of Foodways & Culture*, vol. 12, issue 1. Madison: Universidade de Wisconsin-Madison, 1992.

HENRIQUEZ, Francisco da Fonseca. *Âncora medicinal para conservar a vida com saúde*. São Paulo: Ateliê Editorial, 2004.

HOMERO. *Ilíada*. Tradução de Frederico Lourenço. Lisboa: Quetzal Editores, 2019.

_____. *Odisseia*. Tradução e prefácio de Frederico Lourenço. Introdução e notas de Bernard Knox. São Paulo: Pinguim Classics Companhia das Letras, 2011.

HORÁCIO. *Odes*. Tradução de Pedro Braga Falcão. Lisboa: Editora Cotovia, Coleção Clássicos, 2018.

HURTADO, Larry W. *Destructor de los dioses*: el cristianismo en el mundo antiguo. Salamanca: Ediciones Sígueme, 2017.

ISAACSON, Walter. *Leonardo da Vinci*. Tradução de André Czarnobai. 1. ed. Rio de Janeiro: Intrínseca, 2017.

JACOB, Heinrich Eduard. *Seis mil anos de pão*. São Paulo: Nova Alexandria, 2003.

JOANNÈS, Francis. A função social do banquete nas primeiras civilizações. In: FLANDRIN, Jean-Louis; MONTANARI, Massimo (Org.). *História da alimentação*. São Paulo: Estação Liberdade, 1998.

JOFFE, Lawrence. A *História épica do povo judeu*: um relato épico dos 4 mil anos de história dos judeus desde os patriarcas e reis, passando por séculos de perseguição até o florescimento de uma cultura mundial. São Paulo: M.Books, 2017.

JOHNSON, Hugh. *A história do vinho*. São Paulo: Companhia das Letras, 1999.

JOHNSON, Paul. *História dos judeus*. Rio de Janeiro: Imago Editora, 1995.

JONES, Steve. *A promessa da serpente*. Lisboa: Temas e Debates — Círculo Leitores, 2014.

JOSEFO, Flávio. *Flávio Josefo:* uma testemunha do tempo dos apóstolos. Tradução de I.F. Leal Ferreira. Revisão de Josué Xavier. São Paulo: Paulus, 1985.

_____. *História dos hebreus*. 30. ed. Rio de Janeiro: Casa Publicadora das Assembleias de Deus, 2017.

KERRIGAN, Michael; BUDZIK, Mary Frances. *A história do catolicismo*. São Paulo: M.Books, 2016.

KIPLE, Kenneth F.; ORNELAS, Kriemhild Conèe (Ed.). *The Cambridge World History of Food*. Cambridge: Cambridge University Press, 2000.

KURLANSKY, Mark. *Sal:* uma história do mundo. Tradução de Silvana Vieira. São Paulo: Senac São Paulo, 2004.

LAVOISIER, Antoine-Laurent. *Tratado elementar de Química*. São Paulo: Madras, 2007.

LAVRADOR, Luís. *Ao sabor da Bíblia*. Lisboa: Alêtheia Editores, 2017.

LEAL, Maria Leonor de Macedo Soares. *A história da gastronomia*. Rio de Janeiro: Senac Nacional, 1998.

LÉON-DUFOUR, Xavier (direção). *Vocabulário de Teologia Bíblica*. Tradução Frei Simão Voigt. 12. ed. Rio de Janeiro: Vozes, 2013.

LÉVI-STRAUSS, Claude. *A origem dos modos à mesa*. Tradução de Beatriz Perrone-Moisés. São Paulo: Cosac Naify, 2006.

_____. *O cru e o cozido*. Tradução de Beatriz Perrone-Moisés. São Paulo: Cosac Naify, 2011.

LIMA, Daniel. *Poemas*. Recife: Cepe, 2010.

LOURENÇO, Frederico. *O livro aberto: leituras da Bíblia*. 4. ed. Lisboa: Cotovia, 2015.

MACEDO SOARES, Maria Leonor de. *A história da gastronomia*. Rio de Janeiro: Senac Nacional, 1998.

MAWE, John. *Viagens ao interior do Brasil*. São Paulo: Universidade de São Paulo, 1978.

McGEE, Harold. *Comida e cozinha:* ciência e cultura da culinária. Tradução de Marcelo Brandão Cipolla. São Paulo: WMF Martins Fontes, 2011.

MENDONÇA, José Tolentino. *A construção de Jesus:* a surpresa de um retrato. 2. ed. Lisboa: Paulinas, 2015a.

MENDONÇA, José Tolentino. Prefácio In: *A essência das religiões:* cristianismo. Smith, Huston, vol. VI. Tradução de Maria João da Rocha Afonso. Alfragide: Lua de Papel, 2014.

_____. *A leitura infinita:* a Bíblia e a sua interpretação. 1. ed. São Paulo: Paulinas Editora; Pernambuco: Universidade Católica de Pernambuco, 2015b.

_____. *Nenhum caminho será longo*. 7. ed. São Paulo: Paulinas Editora, 2015c.

_____. *O burro do Presépio e todos os outros*. Jornal *Expresso de Lisboa*, Caderno Cultura, 24 dez. 2019.

MOLDENKE, Harold Normam; MOLDENKE, Alma Lance. *Plants of the Bible*. Nova Jersey: John Wiley & Sons, 2002.

MONTANARI, Massimo. *Comida como cultura*. 2. ed. São Paulo: Senac, 2013.

_____. *Histórias da mesa*. Tradução de Frederico Guglielmo Carotti. 1. ed. São Paulo: Estação Liberdade, 2016.

_____. Sistemas alimentares e modelos de civilização. In: FLANDRIN, Jean-Louis; MONTANARI, Massimo (Org.). *História da alimentação*. São Paulo: Estação Liberdade, 1998.

MONTEFIORE, Simon Sebag. *Jerusalém:* a biografia. São Paulo: Companhia das Letras, 2013.

NEWMAN, James L. Wine. In: *The Cambridge world history of food*, vol. 1. Cambridge: Cambridge University Press, 2000.

NIETZSCHE, Friedrich. A *gaia ciência*. 1. ed. São Paulo: Companhia das Letras, 2012.

ORNELLAS e CASTRO, Inês (Introdução, tradução e comentários). *O livro de cozinha de Apício*: um breviário do gosto imperial romano. Sintra: Colares Editora, s/d.

PANTEL, Pauline Schmitt. As refeições gregas, um ritual cívico. In: FLANDRIN, Jean-Louis; MONTANARI, Massimo (Org.). *História da alimentação*. São Paulo: Estação Liberdade, 1998.

PAQUETE, Manuel. *O azeite na cultura e no patrimônio alimentar*. 2. ed. Sintra: Colares Editora, 2013.

PERCUSSI, Luciano. *Azeite*: história, produtores, receitas. São Paulo: Senac, 2006.

PESSOA, Fernando. *Obra poética*. Organização, introdução e notas de Maria Aliete Galhoz. Rio de Janeiro: Companhia José Aguilar Editora, 1969.

_____. *Páginas íntimas e de Auto-interpretação*. Textos estabelecidos e prefaciados por Georg Rudolf Lind e Jacinto do Prado Coelho. Lisboa: Ática, 1966.

PETRÔNIO. *Satiricon*. Rio de Janeiro: Edições de Ouro — Tecnoprint, 1970.

PLATÃO. *A República*. Tradução, textos complementares e notas de Edson Bini. São Paulo: Edipro, 2020.

_____. *O banquete*. Tradução de Edson Bini. São Paulo: Editora Edipro, 2017.

PLATINA; MILHAN, Mary Ella. *Platina's on right Pleasure and Good Health*: a critical abridgement and translation of *De Honesta Voluptate et Valetudine*. Editora Pegasus Pr, 1999.

PLAUTO. *Comédias*. Introdução, tradução e notas de Carlos Alberto Louro Fonseca. Faculdade de Letras da Universidade de Coimbra. Lisboa: Imprensa Nacional-Casa da Moeda, 2006.

PLUTARCO. *Obras morais*: no banquete I (Livros I-IV). Coleção autores gregos e latinos. Coordenação de José Ribeiro Ferreira. Tradução, introdução e notas de Carlos A. Martins de Jesus, José Luíz Brandão, Martinho Soares, Rodolfo Lopes. 1. ed. Coimbra: Imprensa da Universidade de Coimbra, 2008.

POLLAN, Michael. *Cozinhar*: uma história natural da transformação. Tradução de Claudio Figueiredo. 1. ed. Rio de Janeiro: Intrínseca, 2014.

PÔNTICO, Evágrio. *Tratado prático ou o monge*. Tradução de Tito Kehl. Editora E-books, 2018.

QUEIROZ, Eça de. *Adão e Eva no Paraíso seguido de o senhor diabo e outros contos*. Lisboa: Guerra e Paz Editores, 2018.

_____. Cozinha arqueológica. In: *Notas contemporâneas*. Porto. Livraria Chardron de Lello & Irmão Editores, 1909.

RATZINGER, Joseph. *Introdução ao cristianismo*. São Paulo: Edições Loyola Jesuítas, 2015.

_____. *Jesus de Nazaré*: do batismo no Jordão à transfiguração, vol. 1. Tradução de José Jacinto Ferreira de Farias. São Paulo: Planeta, 2007.

_____. *Jesus de Nazaré*: da entrada em Jerusalém até a ressurreição. 2 vol. Tradução de Bruno Bastos Lins. São Paulo: Planeta, 2011.

REICKE, Bo. *História do tempo do Novo Testamento*: o mundo bíblico de 500 a.C. até 100 d.C. São Paulo: Academia Cristã/Paulus, 2012.

RITCHIE, Carson I.A. *Comida e civilização*. Tradução e notas José Labaredas. Lisboa: Assírio&Alvin, 1981.

RUIZ, Juan (Arcipreste de Hita). *Libro de Buen Amor*. Edição e notas de Júlio Cejador y Frauca. Coleção Clássicos Castellanos. Madri: Espasa-Calpe, 1963.

SALVADOR, Mariana Sanchez. *Arquitetura e comensalidade*: uma história da casa através das práticas culinárias. Lisboa: Caleidoscópio, 2016.

SÁNCHEZ CARO, José Manuel; ARTOLA, Antônio M.. *Bíblia e palavra de Deus, vol. 2. Introdução ao estudo da Bíblia*. São Paulo: AM edições, 1996.

SANTO AGOSTINHO. *Comentário ao Evangelho e ao Apocalipse de São João*. São Paulo: Editora Cultor de Livros, 2017.

_____. *Confissões*. 1. ed. São Paulo: Paulus, 2002.

_____. *Sobre o livre-arbítrio*. 1. ed. São Paulo: Ecclesiae, 2019.

_____. *Quaestionum in heptateuchum*. Madri: Editorial Católica, 1970.

SANTO AMBRÓSIO. *Os seis dias da criação — Hexamerão*. Santa Catarina: Clube de Autores, 2019.

SANTO ISIDORO DE SEVILHA. *Etmologías*. Madri: Editora Biblioteca Autores Cristianos, 2004.

SÃO BASÍLIO DE CESAREIA. *Tratado sobre o Espírito Santo*. São Paulo: Paulus, 2005.

SÃO CIRILO DE JERUSALÉM. *Catequeses mistagógicas*. Rio de Janeiro: Editora Vozes, 2021.

SÃO JERÔNIMO. *Epistolário II*. Tradução e organização Juan Bautista Valero. Madri: Editora Biblioteca Autores Cristianos, 1995.

SÃO JUSTINO. *Justino de Roma I e II apologias*: Diálogo com Trifão. Tradução de Ivo Storniolo, Euclides Balancin. São Paulo: Paulus, 1995.

SÃO TOMÁS DE AQUINO. *Catena Aurea*: exposição contínua sobre os Evangelhos, vol. IV: Evangelho de João. São Paulo: Ecclesiae, 2019.

_____. *Sobre o ensino*: os sete pecados capitais. Tradução e estudos introdutórios de Jean Lauand. São Paulo: Martins Fontes, 2001.

_____. *O poder de Deus*: questões disputadas. São Paulo: Editora Ecclesiae, 2014.

SASSATELLI, Giuseppe. A alimentação dos etruscos. In: FLANDRIN, Jean-Louis; MONTANARI, Massimo (Org.). *História da alimentação*. São Paulo: Estação Liberdade, 1998.

SAULNIER, Christiane; ROLLAND, Bernard. A *Palestina no tempo de Jesus*. São Paulo: Paulus, 1983.

SMITH, Adam. A *riqueza das nações*. 3. ed. São Paulo: WMF Martins Fortes, 2016.

SIN-LÉQI-UNNÍNNI. *Ele que o abismo viu*: epopeia de Gilgámesh. Introdução e comentários: Jacynto Lins Brandão. Belo Horizonte: Autêntica, 2017.

SOLER, Jean. As razões da Bíblia: regras alimentares hebraicas. In: FLANDRIN, Jean-Louis; MONTANARI, Massimo (Org.). *História da alimentação*. São Paulo: Estação Liberdade, 1998.

STRONG, Roy. *Banquete*: uma história ilustrada da culinária dos costumes e da fartura à mesa. Rio de Janeiro: Zahar, 2004.

TERTULIANO. *Il Battesimo*. Introdução, tradução, nota e apêndice: Attilio Carpin. Bolonha: Edizioni San Clemente; Edizioni Studio Domenicano, 2011.

VETTA, Massimo. A cultura do *symposion*. In: FLANDRIN, Jean-Louis; MONTANARI, Massimo (Org.). *História da alimentação*. São Paulo: Estação Liberdade, 1998.

VIEIRA, Padre António. *Sermões escolhidos*, vol. 2. São Paulo: Edameris, 1965.

WEINBERG, C. *Avaliação crítica da evolução histórica do conceito de anorexia nervosa*. Dissertação de Mestrado. São Paulo: Faculdade de Medicina, Universidade de São Paulo (USP), 2004.

WIRZBA, Norman. *Alimento e fé:* uma teologia da alimentação. São Paulo: Edições Loyola, 2014.

WRANGHAM, Richard. *Pegando fogo:* por que cozinhar nos tornou humanos. Tradução de Maria Luiza X. de A. Borges. Rio de Janeiro: Zahar, 2010.

XENÓFANES de Colofão. In: SOUZA, J.C. (Org.). *Os pré-socráticos*. São Paulo: Abril Cultural, 1973.

Bibliografia de referência

A *Ética do Sinai*: ensinamentos dos sábios do Talmud. Bunim, Irving M. Tradução de Dagoberto Mensch. Edição de David Gorodovits e Jairo Fridlin. São Paulo: 2019.

Bíblia de Jerusalém. Nova edição revista e ampliada. São Paulo: Editora Paulus, 2014.

Dicionário Bíblico. Jonh McKenzie, Revisão Honório Dalbosco. São Paulo: Editora Paulus, 1983. Coleção Dicionários.

Dicionário de Botânica. Alarich Schultz. Álvaro Magalhães (Org.). Porto Alegre: Editora Globo, 1971.

Dicionário Enciclopédico da Bíblia. A. Van den Born (Org.). 2. ed. Rio de Janeiro: Vozes, 1977.

Dicionário Enciclopédico da Bíblia. Publicado sob a direção do Centro Informática e Bíblia da Abadia de Meredsous. Tradução de Ary E. Pintarelli e Orlando A. Bernardi. São Paulo: Edições Loyola; Paulus; Paulinas, 2013.

Enciclopédia da Bíblia. Organização de John Drane. Tradução de Barbara Theoto Lambert. São Paulo: Paulinas; Edições Loyola, 2009.

La Biblia comentada por los padres de la Iglesia. Antiguo Testamento, vol. 2. (Génesis 12-50). Mark Sheridan. Thomas C. Odeon (editor-geral). Madri: Ciudad Nueva, 2005.

La Biblia comentada por los padres de la Iglesia. Nuevo Testamento, vol. 4a. (Evangelio según San Juan). Joel C. Elowsky. Thomas C. Odeon (editor-geral). Madri: Ciudad Nueva, 2005.

Larousse Gastronomique. Direção Editorial de Patrice Maubourguet. Paris: Larousse-Bordas, 1996.

Vocabulário de teologia bíblica. Direção Xavier Léon-Dufour. Tradução de Frei Simão Voigt. 12. ed. Rio de Janeiro: Vozes, 2013.

Anexo I Abreviaturas em ordem alfabética

Ab .... Abdias	Fl .... Filipenses
Ag .... Ageu	Fm .... Filêmon
Am .... Amós	
Ap .... Apocalipse	Gl .... Gálatas
At .... Atos	Gn .... Gênesis
Br .... Baruc	Hab .... Habacuc
	Hb .... Hebreus
Cl .... Colossenses	
1 Cor .... 1ª Coríntios	Is .... Isaías
2 Cor .... 2ª Coríntios	
1 Cr .... 1ª Crônicas	Jd .... Judas
2 Cr .... 2ª Crônicas	Jl .... Joel
Ct .... Cântico dos Cânticos	Jn .... Jonas
	Jó .... Jó
Dn .... Daniel	Jo .... Evangelho seg João
Dt .... Deteronômio	1 Jo .... 1ª João
	2 Jo .... 2ª João
Ecl .... Eclesiastes	3 Jo .... 3ª João
Eclo .... Eclesiástico	Jr .... Jeremias
Ef .... Efésios	Js .... Josué
Esd .... Esdras	Jt .... Judite
Est .... Ester	Jz .... Juízes
Ex .... Êxodo	
Ez .... Ezequiel	Lc .... Evangelho seg Lucas

Lm	Lamentações
Lv	Levítico
Mc	Evangelho seg Marcos
1 Mc	1º Macabeus
2 Mc	2º Macabeus
Ml	Malaquias
Mq	Miqueias
Mt	Evangelho seg Mateus
Na	Naum
Ne	Neemias
Nm	Números
Os	Oseias
1 Pd	1ª Pedro
2 Pd	2ª Pedro
Pr	Provérbios
Rm	Romanos

1 Rs	1º Reis
2 Rs	2º Reis
Rt	Rute
Sb	Sabedoria
Sf	Sofonias
Sl	Salmos
1 Sm	1º Samuel
2 Sm	2º Samuel
Tb	Tobias
Tg	Tiago
1 Tm	1ª Timóteo
2 Tm	2ª Timóteo
1 Ts	1ª Tessalonicenses
2 Ts	2ª Tessalonicenses
Tt	Tito
Zc	Zacarias

Anexo II Pesos e medidas

"Dispusestes tudo com medida, número e peso"
(Sb 11, 20).

No início, as maneiras de pesar e medir eram bem pouco precisas por usar, como padrão, o próprio corpo: o tamanho do pé, a largura da mão, a grossura de um dedo, o palmo, a passada, a distância entre o cotovelo e o dedo médio ou o pulso. Ou dados variáveis: a distância do tiro de pedra, de arco, o caminhar por um dia. O tamanho de uma área era, muitas vezes, determinado pela quantidade de sementes necessárias para semeá-la: "Se um homem consagrar a Iahweh um campo do seu patrimônio, a avaliação dele será feita de acordo com o seu produto" (Lv 27, 16). Ou pelo tamanho de terra que os bois pudessem lavrar, em um dia: "Um campo de trabalho, uma medida de terra" (1Sm 14, 14). Só mais tarde vieram os primeiros modelos de balança. No começo, equilibrando objetos, um em cada mão, para comparar; depois, usando varas improvisadas, suspensas no meio por uma corda, com os objetos pendurados nas suas extremidades. Se houvesse equilíbrio, a vara ficaria na horizontal. Ainda assim, não eram medidas confiáveis, nem uniformes.

Medidas lineares

CÔVADO	Do cotovelo à ponta do dedo médio	44,5 cm
CÔVADO LONGO	7 larguras da mão fechada	51,8 cm
CÔVADO CURTO	Do cotovelo até o pulso	38,0 cm
CANA	6 côvados	2,67 m
CANA LONGA	6 côvados longos	3,11 m
BRAÇA	4 côvados	1,8 m
DEDO	1/4 da largura da mão fechada	1,85 cm
LARGURA DA MÃO	4 dedos juntos	7,4 cm
PALMO	3 larguras da mão fechada	22,2 cm
PASSO	2 côvados	89,0 cm
ESTÁDIO ROMANO		185,0 m
MILHA	8 estádios romanos	1.480,0 m

Medidas para secos

CABO		1,22 l
GOMOR	1 4/5 cabo	2,20 l
EFÁ	10 gomores	22,01 l
ÔMER	10 efás	220,0 l
SEÁ	3 1/3 gomores	7,33 l
QUENIZ		1,08 l
ALMUDE		45,0 l
ALQUEIRE		15,0 kg/l

Medidas para líquidos

BATO	6 hins	22,0 l
HIM	12 logues	3,67 l
CORO	10 batos/60 hins	220,0 l
LOGUE	1/12 him	0,31 l
MEDIDA		350 ml

Pesos

SICLO		11,4 g
TALENTO	60 minas	34,27 kg
MINA	50 siclos	571,0 g
BECA	½ siclo	5,7 g
PIM	2/3 siclo	7,6 g
GERA	1/20 siclo	0,6 g

Como já comentado, eram medidas muito pouco precisas. Diferentes em cada lugar, dificultavam as transações comerciais. Só bem mais tarde, a partir da Revolução Francesa (1789), com novas ideias e o florescimento da era industrial, cientistas uniformizaram esses padrões, como o matemático Jean-Charles Borda (1733-1799), o físico Joseph Louis Lagrange (1736-1813) e o também físico Pierre-Simon Laplace (1749-1827).

O metro, representado por uma barra de metal, foi então definido como a décima milionésima parte do meridiano terrestre, medido de Dunquerque a Barcelona. E o quilograma, representado por um cilindro de platina e irídio, tem a massa de um decímetro cúbico de água. Os objetos foram armazenados em caixas seladas, no Bureau Internacional de Pesos e Medidas (BIPM) do Pavillon de Breteuil, em Sèvres, na França. Por lei, esses padrões foram adotados oficialmente na França e, depois, em vários outros países (inclusive no Brasil). Todos guardavam cópias da barra de metal e do cilindro de platina. A cada quarenta anos, essas cópias eram devolvidas para reconfirmar tamanho e peso já que, com o tempo, elas acabavam por se alterar. A Inglaterra não adotou esse sistema decimal, usando, até hoje, o chamado sistema imperial, assim como Estados Unidos, Libéria e Myanmar. As medidas de comprimento adotadas por esses países são polegada (2,54 cm), pé (30,48 cm), jarda (91,44 cm), milha (1,609344 km); e, de peso, onça (28,35 g), libra (454 g), quarto (12,7 kg) e tonelada (1.016 kg).

Com o desenvolvimento tecnológico, surgiram novas maneiras de se pesar e medir ainda mais seguras. A barra de metal do metro, em 1983, foi substituída pela distância da luz viajando no vácuo de 1/299.792.458 de segundo. Como a velocidade da luz é constante, essa definição significa que a medida jamais será alterada. Já com o quilograma, passou-se a usar um eletroímã; calcula-se, com precisão, a quantidade de energia necessária para levantar um objeto. E assim vai permanecer tudo, até que um novo jeito de pesar e de medir seja, porventura, adotado.

Por fim, vale lembrar que, nas cozinhas modernas, as balanças estão cada vez mais disponíveis — embora muitas receitas mantenham, ainda hoje, o mesmo padrão dos cadernos simples de nossas avós: uma xícara, um copo, uma colher de sopa.

Anexo III Versículos em cada capítulo

1. Introdução

Ecl 8, 15	Is 21, 5	2Rs 17, 29	Dt 14, 29	Eclo 36, 23	Jo 4, 34	Ez 20, 6	Jr 11, 5
Dt 11, 11	Jr 52, 6	Gn 32, 29	Ex 12, 40	Nm 12, 3	Ex 14,21-22	Ex 33, 20	Ex 31, 18
Lv 1, 5-9	Lv 2, 1-2	Lv 2, 4	Lv 2, 13	Os 3, 2	Ml 1, 14	Ez 47, 12	Gn 1, 29
Gn 2, 17	Gn 3, 6	Gn 3, 17-19	Lv 11, 3	Lv 11,21-22	Lv 11, 9	Mt 5, 17	Mc 7,18-19
Mc 7,20-23	Nm 23, 9	Is 7, 22	Eclo 29, 21	Ex 12, 15	Gn 25, 34	Gn 18, 6	Gn 18, 11
Rt 2, 14	Ex 16, 3	Ex 16, 4	Mc 6, 44	Eclo 9, 10	Gn 9,20-21	Pr 23,32-33	Eclo 31, 30
Eclo 19, 2	Jo 2, 7	Jo 2, 9	Mt 26,26-28	Ex 12, 3-8	Gn 18, 7-8	Lc 15,23-24	Gn 27, 3-4
2 Cr 35, 13	Is 47, 2	Ex 25, 29	Eclo 31, 16	Ex 25, 23	Am 6, 4	2 Rs 3, 11	Gn 18, 4
1 Rs 7, 1	Lc 11, 37	Mt 9, 10	Mc 14, 3	Jo 12, 1-2	Ecl 1, 4-9		

2. Os alimentos da Bíblia

1 Cor 6, 13	Gn 3, 5	Gn 12, 10	Gn 26, 1	Gn 41, 57	Mt 6, 26-28	Lc 11, 9	Mt 21, 18
Jr 14, 4	Am 4, 7	Dt 11, 14	Ex 9, 25	Sl 105, 33	Sl 105,34-35	Mt 24, 7-8	Jr 31, 5
Sl 105, 16	IIs 32, 6	Sl 37,18-19	Pr 13, 25	Lv 16,30-31	1 Sm 7, 6	2 Cr 20, 3	Lc 2,36-37
Lv 23, 27	Ex 34, 28	Mt 4, 2	Fl 3, 19	Ecl 2, 24	Sl 119, 1	Sl 1, 1	Eclo 14, 20
Sl 41, 2	Jo 4, 34	Dt 8, 3	Ecl 5, 11	Sl 137, 4-6	Nm 23, 9	Lv 11, 9	Lv 11,20-22
Lv 11,41-42	Lv 11, 3-8	Lv 11,13-19	Gn 9, 4	Ex 22, 30	Dt 14, 21	Lv 7, 25	Lv 22,27-28
Ex 23, 19	Sl 104, 15	Lv 10, 9	Lv 2, 11	Lv 19, 19	Ex 23,10-11	Lv 25, 11	Lv 25, 9
Lv 25, 10	Lv 25, 41	Lv 25, 13	Ex 20, 2	Ex 12, 15	Ex 13, 8	1Cor 10, 30	At 10,11-16
At 15,28-29	Cl 2, 16-17	Cl 2, 20-23	Lc 12,22-24	Jo 4, 32	Ex 16, 3	Nm 11, 5	Ex 17, 2
Sl 78, 16	Sl 78, 18	Sl 78, 19	Sl 78,23-24	Ex 16, 4	Sb 16, 20	Ex 16, 31	Nm 11, 7
Ex 16,13-16	Nm 11, 8	Ex 16, 31	Sb 16, 20	Sb 16, 21	Ex 16, 22	Ex 16, 23	Sb 19, 21

A mesa de Deus • Os alimentos da Bíblia

Ex 16, 35	Gn 7, 4	Ex 34, 28	Nm 13, 25	1 Sm 17, 16	1 Rs 19, 8	Jn 3, 4	Mt 4, 2
At 1, 3	Nm 11, 6	Ex 16, 8	Sl 78,26-28	Nm 11,19-20	Nm 11, 31	Nm 11, 32	Nm 11, 21
Nm 11, 22	Ex 32, 1	Ex 32, 4	Ex 32, 8	Ex 32, 20	Dn 4, 27	Dn 4,28-29	1 Rs 19,5-8
2 Rs 18, 27	Ez 4, 12	Ez 4, 15	Dt 23,13-14	Sl 83, 10	Jr 9, 21	Lc 15, 16	Sl 102, 10
Ap 3, 16	Pr 26, 11	2 Pd 2, 22	Lv 26, 29	Is 9, 19	Ex 20, 13	Jr 19, 3-9	Lm 2, 20
Lm 4, 9-10	2Rs 6,26-30	Ap 10, 8-10	Ez 2, 8-10	Ez 3, 1-3	Sl 119, 105	Sl 119, 105	Sl 119, 103
Mt 4, 4	1 Tm 4, 6	Ef 4, 13	Ef 4, 14	Hb 5, 12	1 Pe 2, 1-2	Is 55, 2	Am 8, 11
Jo 6, 27	Jo 6, 35	Sl 107, 20	Mt 6, 11	Ap 7, 16-17	Lc 10, 2-3	Tt 1, 8-9	Mt 13, 3-8
Mt 13, 19	Mt13,20-21	Mt 13, 22	Mt 13, 23	Rm 14, 17	Is 5, 4		

3. Os principais alimentos

Sl104,14-15	Jl 2, 19	Jr 31, 12	Eclo 39, 26	Dt 8, 7-10	Dt 7, 12-13	Nm 18, 12	Esd 7, 22
Esd 6, 9	Gn 18, 5	Gn 3, 19	2 Ts 3, 8	Gn 21, 14	Gn 18, 6	Gn 19, 3	Ap 2, 17
Ex 16,32-33	Hb 9, 4	Js 4, 11	1 Sm 3, 3	Ex 25, 22	Sl 132, 8	Ap 6, 6	Ez 4, 9
Jz 7, 13	2 Rs 4, 42	Gn 42, 3	Gn 41, 49	1 Rs 19, 6	Ez 4, 3	Os 7, 8	Gn 15, 17
Lv 26, 26	Os 7, 4	Dt 28, 5	Gn 40, 16	Lc 9, 3	1 Sm 8, 13	Eclo 33, 25	Ex 21, 2
Jr 37, 21	Ne 12, 38	Gn 40, 3	Ex 29,23-24	Lm 4, 4	Mt 14, 19	Ex 12, 40	Ex 13, 3
Ex 12, 39	Ex 12, 34	Ex 34, 22	Lv 2, 4	Ex 12, 8	Ex 12, 15	Ex 12, 19	Gl 5, 9
Mt 16, 12	Mt 13, 33	Jo 6, 35	Mt 26, 26	Lc 22, 19	1 Cor 11,23	Jo 6, 35	1Cor 10, 17
Mc 6, 41	Mt 15, 36	At 2, 42	Sl 104, 14	Pr 30, 8	Lc 11, 3	Is 58, 7	Sl 104, 15
Pr 9, 5	Eclo 15, 3	Ab 1, 7	Sl 41, 10	Pr 6, 26	Mt 4, 1-3	Nm 14, 9	Sl 80, 6
Os 9, 4	Is 30, 20	Pr 4,14-17	Pr 20, 17	Pr 23, 6-8	Pr 31, 10	Pr 31, 27	Sl 104, 15
Gn 9, 20	Gn 9, 21	Gn 14, 18	Gn 27, 25	Gn 27, 28	Gn 49, 11	Dt 8, 7-8	Nm 13, 20
Nm 13, 23	Nm 13, 24	Mt 11, 19	Jr 2, 21	Is 7, 25	Is 5, 1-2	Pr 24, 31	Nm 22, 24
Sl 80,13-14	Ct 2, 15	Is 5, 5-6	Is 5, 2	Mt 21, 33	Gn 11, 4	Js 15, 37	Js 19, 38
Pr 18, 10	Sl 61, 4	Is 27, 3	1 Rs 5, 5	Is 5, 1	Jr 31, 5	Is 16, 8	Ct 1, 14
Jz 21, 19	Is 16, 9	Is 16, 8	Jz 9, 27	Lv 25, 18	Dt 22, 9	Ex 22, 4	Ex 22, 4
Dt 20, 6	Dt 23, 25	Lv 19, 10	Dt 24, 21	Lv 25, 11	Is 18, 5	Ap 14, 18	Ex 23, 16

Dt 16,13-14	Sb 2, 7	Zc 8, 12	Jr 48, 33	Dt 28, 39	Ez 15, 2-5	Jz 9, 13	1 Sm 25, 18
2 Sm 16, 1	1 Sm 30, 12	1 Cr 12, 40	Os 3, 1	Dt 32, 14	Is 5, 2	Gn 49, 11	Is 63, 2
Jr 25, 30	Pr 3, 10	Jr 48, 33	Jr 13, 12	Mt 9, 17	Lc 5, 39	Is 25, 6	Js 10, 2
Jl 2, 24	Ez 27, 18	Os 14, 8	Ex 2, 3	Jz 19, 19	Js 9, 4	Js 9, 13	2 Cr 11, 11
Jó 1, 13	Jo 2, 2-3	Jo 2, 9-10	Ecl 10, 19	Est 1, 7-8	1 Cr 12, 40	2 Sm 13, 28	Ecl 2, 1-3
Ne 5, 18	Dn 1, 5	Gn 43, 34	1 Sm 25, 36	2 Sm 11, 13	1 Rs16,9-10	Is 28, 1	Is 28, 7-8
Tb 4, 15	Rm 14, 21	Pr 23,31-32	Pr 21, 17	Eclo 31, 25	Eclo 19, 2	Pr 23, 33	Dn 10, 3
Gl 5, 16	Gl 5, 19-21	1 Tm 3, 2-3	Eclo 50, 15	Nm 28, 7	Nm 28, 14	Ex 29, 40	Lv 10, 9
Ez 44, 21	Nm 6, 2-3	Jz 13, 3-4	1 Sm 1, 11	Lc 1, 15	Jr 35, 6-7	2 Cr 2, 9	Dt 18, 4
Lc 10,33-34	1 Tm 5, 23	Zc 10, 7	Pr 31, 6-7	Jr 16, 7	Mt 20,1-16	Mt21,28-32	Mt21,33-44
Jo 15, 1-2	Jo 15, 6	Os 10, 1	Sl 80, 9-10	Is 5, 2	Jr 31, 29	Eclo 24, 1	Eclo 24, 17
Sl 128, 3	Jó15,32-33	Ap 14, 8	Ap 14, 9-10	Mt26,27-28	Sl 69,22	Rt 2, 14	Pr 25, 20
Pr 10, 26	Nm 6, 3	Mt27,33-34	Mc 15, 23	Jo 19, 28	Jo 19, 29	Sl 55, 22	Jz 9, 9
Gn 8, 9	Gn 8, 11	Js 24, 13	Dt 28, 40	Jó 29, 6	Lc 21, 37	Lc 19, 37	Lc 22, 42
Mt 26, 37	Mt 26, 50	Jo 18, 1	Mt 26, 36	Tg 1, 12	Jó 14, 7	Sl 128, 3	Jó 14, 8-9
Rm 11, 16	Rm 11,17-18	Sl 52, 10	Jr 11, 16	Is 65, 22	Jó 15,32-33	Jz 9, 8	Eclo 50, 9-10
Is 17, 6	Lv 24, 2	Mq 6, 15	Jl 2, 24	Jl 1, 10	Lv 24, 2	Mt 25, 1-9	Ex 25, 32
Lv 2, 4	Lv 2, 5	Lv 2, 7	Lv 2, 15	Lv 5, 11	Ex 30,23-25	1 Sm 10, 1	1 Rs 1, 39
Sl 104, 15	Dt 33, 24	Pr 27, 9	Am 6,6	Sl 23, 5	Sl 141, 5	Sl 45, 8	Is 61, 2-3
2 Sm 14, 2	Mt 6,16-18	Est 2, 12	Jt 10, 3	Dn 13, 17	Is 1, 6	Lc 10, 34	Tg 5, 14-15
Mc 6, 13	At 9, 37	Mc 16, 1	Lc 24, 1-3	2Cor 1, 21-22	2 Rs 4, 2	Ez 16, 13	1 Rs 17, 12
Ez 46, 14	1 Sm 16, 13	2 Rs 9, 1	1 Rs 5, 25	Ez 27, 17	Os 12, 2	Lc 16, 5-6	2 Cr 2, 14
Esd 3, 7	Sl 55, 22	Sl 133, 1-2	Pr 27, 9	Ct 1, 3	Pr 24, 13	Dt 8, 8	Ex 3, 8
Dt 27, 3	Js 5, 5-6	Jr 11, 4-5	Dt 31, 20	Nm 14, 8	Eclo 11, 3	Is 7, 22	Is 7, 14-15
Jz 14, 18	2 Sm 17, 29	Ez 16, 13	Ex 16, 31	Sl 68, 3	Jt 16, 15	Is 7, 18-19	Dt 32, 13
1 Sm 14, 26	Mt 3, 4	Jz 14, 8-9	Jz 14, 14	Jz14,14-18	1 Rs 14, 3	Lv 2, 12	2 Cr 31, 4-5
Ez 27, 17	Jr 41, 8	Sl 19,10-11	Sl 119, 103	Eclo24,19-20	Eclo 49, 1-2	Pr 16, 24	Ct 4, 11
Pr 5, 3-4	Pr 25, 27	Mt 5, 13	Ez 16, 4	Cl 4, 6	Mc 9, 50	2 Cr 13, 5	Nm 18, 19
Eclo 22, 15	Sf 2, 9	Esd 4, 14	Jo 13, 21	Mt26,22-23	Lc 22, 21	Gn 14, 3	Ez 47, 11

A mesa de Deus • Os alimentos da Bíblia

2 Sm 8, 13	Lc 14, 34-35	Lv 2, 13	Ex 30, 35	2Rs 2,21-22	Jz 9, 45	Sl 107, 34	Dt 29, 22
Jr 17,6	Gn 19,24-26	Mc 9, 49	Jz 5, 25	Ex 3, 17	Ez 25, 4	1 Cor 9, 7	Dt 32,13-14
Pr 27, 27	Is 60, 16	Jl 4, 18	Gn 49, 12	Ct 4, 11	Ct 5, 12	1Cor 3, 2	Hb 5, 12
1 Pd 2, 1-2	Jz 4, 19	Pr 30, 33	Jó 29, 6	Is 7, 22	Gn 18, 8	Jó 10, 10	1 Sm 17, 18
Jo 4, 7	Gn 1, 2	Gn 1, 6	Gn 1, 9	Gn 1, 10	Gn 2, 5	Jó 36,27-31	Gn 2, 10
Gn 2, 11-14	Jó 28, 25-26	Jó 5, 10	Jó 26a, 8	Ag 1, 11	Jó 12, 15	Gn 7, 19	Jó 37, 10
Is 41, 18	Is 41, 18	Is 35, 7	Is 43, 19	Is 44, 3	Am 5, 8	Ex 2, 3	Ex 2, 10
Ex 7, 20-21	Ex 14, 22	Ne 9, 20	Is 43, 20	Ex 15,23-25	Ex 17, 6	Ne 9, 15	Sl 78, 16
Ex 17, 7	Dt 4, 16-18	Dt 8, 7	Dt 11, 11	Ex 23, 25	Zc 11, 3	Gn 32, 10	Js 3, 17
Nm 21, 17	Gn 26, 18	Gn 29, 3	Jo 4, 7	Gn 24,15-16	Gn 24, 11	1 Sm 9, 11	Gn 24,17-18
Mt 10, 42	Jó 22, 2-7	Pr 25, 25	Is 55, 1	Gn 26,19-20	Jz 5, 11	2 Rs 20, 20	2 Sm 2, 13
2 Sm 4, 12	1 Rs 22, 38	Ct 7, 5	Is 7, 3	Is 22, 9	Is 22, 11	Ne 2, 14	Ne 3, 15
Jo 9, 7	Jr 2, 13	Ap 22, 1	Sl 23, 2	Ap 21, 6	Jo 4, 14	Jo 7, 37-38	Sl 1, 3
Jr 17, 8	Ez 47, 9-10	Jó 8, 11	Jó 14, 9	Sl 105, 29	Is 1, 30	Sl 143, 6	Sl 144, 7
Sl 69, 15	Sl 93, 3	Pr 5, 15	Ef 5, 25-27	Nm 5,16-18	2 Sm 14, 14	Sl 58, 8	Is 57,20-21
Is 17, 12	Is 28, 2	Is 8, 7	Jr 47, 2	Nm 8, 6-7	Ex 29, 4	Ex 40,30-32	Hb 10,21-22
Lv 1, 9	Lv 14, 8	Lv 15, 17	Nm 19,11-12	Sl 51, 9	2 Rs 5, 14	Is 1, 15-16	Mc 1, 4-5
Jo 1, 24-27	Jo 1, 32-34	Mc 1, 11	At 19, 2-5	Ez 36, 25	Mt 28,18-20	Gl 3, 27-28	1 Cor 12,13
Rm 6, 3-4	Ef 4, 4-6	Jo 19,31-34					

4. Os animais

1Cor 15, 39	Gn 1, 11	Gn 1, 20	Gn 1, 24	Eclo 15, 14	Gn 2, 20	Gn 9, 2	Gn 2, 2
Gn 6, 19	Gn 6,19-21	Gn 9, 3	Jo 10, 11	Gn 4, 2	Gn 13, 2	1 Sm 16, 11	Ex 3, 1
Jo 10, 14	Jo 21, 16	Sl 23, 1-2	Jr 11, 19	Jo 1, 29	Pr 12, 10	Dt 22, 4	Ex 35, 26
1 Sm 17, 40	Fl 3, 2	1 Rs 14, 11	Ap 22, 15	Sl 22, 17	Is 33, 4	Nm 23, 22	Mt 3, 16
Is 22, 13	Gn 18, 7-8	Gn 27, 9-10	Lc 15, 29	Jz 15, 1	Gn 38,16-17	Pr 27, 27	Is 40, 31

Jr 8, 7	Jr 8, 7	Jó 12, 7	Lm 4, 3	Sl 102, 7-8	Sl 84, 4	Sl104,16-17	Is 34, 15
Jó 39, 27	Ct 2, 14	1 Sm 26, 20	1 Rs 5, 2-3	1 Rs 5, 9	Ex 16, 13	Is 60, 8	Mt 21, 12
Lv 1, 14	Sl 55, 7-8	Ct 1, 15	Is 59, 11	Ct 2, 12	Os 7, 11	Mt 10, 16	Mt 3, 16
Mt 10, 29	Jr 17, 11	Mt 26, 34	Mt26,74-75	Mt23,37-38	Pr 30,29-31	Jó 6, 6-7	Lc 11,9-12
Mt14,17-21	Mc 8, 5-9	Jo 21, 9-12	Ez 27, 25	Ez 27, 12	1Rs 9,27-28	Nm 34, 6	Dt 11, 24
Mt 8, 24	Mc 4,37-38	Jo 6, 1	Nm 34, 11	Lc 5, 1	Mt 4,18-21	Lc 5, 10	Ez 47,9-10
Mt 17, 27	Ez 29, 4	Is 19, 8	Lc 5, 2	Mt13,47-50	Hab1,14-15	Ne 13, 16	Sf 1, 10
Ne 3, 3	Tb 6, 3-6	Tb 6, 7-9	Jo 7, 38	Jl 1, 4	Mt 3, 4	Pr 30, 27	Dt28,38-39
Ex 10, 4-6	Jz 6, 5	Eclo43, 17b	Jó 39,19-20	Jl 2, 3-5	Pr 14, 4	Jó 40, 15	Is 11, 7
Dt 25, 4	Ex 20, 10	Ex 23, 12	Ex 21,28-29	Is 1, 3	Dt 22, 10	Mt 21, 1-2	Mt 21, 5
Est 6, 7-8	Js 11, 4	Tg 3, 3	Tg 3, 4	Gn 24, 10	1 Cr 12, 41	Jó 1, 3	Mt 3, 4
Gn 32, 14-16	Mt 23, 24	Mt 19, 24	Ne 3, 1	Ne 3, 3	Ne 3, 6	Ne 3, 13	Ne 2, 13
Ne 3, 15	Ne 3, 26	Ne 3, 28	Ne 3, 29	Ne 3, 31	Ne 12, 39	Ne 3, 31	Gn 27, 3-4
Jó 18, 8-10	Jr 16, 16	2 Sm 2, 18	Pr 6, 5	Sl 18,33-34	Dt 14, 4-5	Lv 17, 13	1 Rs 5, 2-3
Is 13, 14	Ct 8, 14	Ct 2, 17	Ct 7, 4	Lv 6, 2	2 Cr 29, 21	1 Rs 8, 63	Jz 6, 19-20
Lv 22, 22	Ex 12, 4-13	Ex 12, 22	Ex 12,43-46	Lv 23, 27	Lv 16,21-22	Sl 50,10-11	Ecl 3, 19-20
Is 11, 6-9	1 Sm 13, 18	Is 34, 14	Eclo 13, 18	Is 13, 22	Jr 49, 19	1 Sm 17,34-35	Jr 4, 7
Dn 6, 17	Jr 5, 6	Ez 22, 27	Gn 49, 27	Sf 3, 3	Jo 10, 12	Eclo13, 17	Lc 10, 3
At 20, 29	Mt 7, 15	Ct 4, 8	Jr 5, 6	Hab 1, 8	Os 13, 7	Ct 2, 15	Ne 3, 35
Jz 15, 4	Lc 13, 32	Lm 5, 18	Jr 9, 10	Jr 51, 37	Jr 49, 33	Sl 63, 10-11	Is 35, 7
Jr 10, 22	Jr 14, 6	Mq 1, 8	2 Rs 2, 24	2 Sm 17, 8	Jó 40,15-24	Sl104,25-26	Jó 41,7-16
Jó41, 18-20	2 Cr 20, 16	Ap 12, 3-4	Ap 12, 7-8	1 Mc 2, 58	2 Rs2,11-13	Ap 9, 3-4	Ap 9, 7-10
Ap 9, 6	Jl 1, 6-7	Dn 7, 2-7	Ap 13, 1-4	Ap13,11-18			

5. As plantas

Gn 1, 30	Dn 3, 76	Ecl 3, 1-2	Lv 26, 4	Ez 17, 5	Lc 10, 2-3	Pr 14, 4	Gn 26, 12	
Jl 1, 11	Pr 6, 6-8	Pr 28, 19	Ex 23, 16	Ez 23, 16	Dt 14, 22	Eclo 6,18-19	Os 8, 7	
Mc 4,26-29	Dn 4, 22	Sb 16, 12	Sl 51, 9	Jo 19,39-40	Dt 11, 15	Jó 40, 15	Jó 5, 25	
Ct 4, 14	Ecl 12, 5	2 Rs 6, 25	Nm 11, 5	Nm 24, 6	Pr 7, 16-17	Jo 19, 39	Lc 11, 42	
Ex 30,23-25	Is 43, 24	Jr 6, 20	Ex 30, 23	Ap18,12-13	Ex 30, 24	Jó 31, 40a	Ex 16, 31	
Is 28, 25	Mt 23, 23	Ex 30, 34	Eco 24,14-15	1 Rs 5, 13	Lv 14, 3	Nm19, 9-18	Ex 12, 22	
Hb 9,19-20	Jo 19, 29	Lc 11, 42	2Cr 31, 5	Ex 25, 1-9	Nm1,21-32	Ne10,33-40	Ex 30, 1	
Lv 5, 11	Nm 5, 15	Nm 7, 32	Mt 2, 11	Jó 8, 11	Is 35, 7	Ex 2, 3	Ex 35, 25	
Ex 26, 1	Ex 26, 31	Ex 28, 8	Gn41,41-42	Jz 14, 12	Jo 19, 40	Jo 20, 3-5	1 Cor 9, 25	
Ex 30, 23	Est 2, 12	Mt13,31-32	Mt 17, 20	Is 55, 12-13	Ct 1, 12	Jo 12, 3	Jo 12, 5	
Is 28,24-25	Is 28, 27	Ex 3, 2	Pr24,30-31	Jó 30, 7	Ez 4, 9	Ex 9, 32	Rt 2, 17	
Rt 1, 22	Ez 4, 12	Jo 6, 9	Rt 2, 14	1 Rs 5, 8	Nm 5, 15	2 Cr 2, 9	Os 3, 2	
Ez 4, 9	Is 28, 25	Is 18, 4	2 Rs 7, 1	Am 8, 5	Sl 126, 5	Lv 2, 14	Lv 23,16-17	
Lv 23, 14	Sl 65, 14	Jl 1, 10-11	Mc 4, 29	Dt 23, 26	Jr 23, 28	Mt 3, 12	Mt 12, 1	
1 Sm 25,18-19	Ex 29, 1-2	1 Cor 5, 6-8	Jo 12, 24	Mt 13,24-30	Mt13,37-43	2 Sm 17,28	Jó 30, 4	
2 Sm 17, 28	Ez 4, 9	2Sm 23, 11	Gn25,29-34	Gn 2, 9	Gn 1, 29	Lv 26, 3	Ez 34,26-27	
Lv 27, 30	Lv19, 23-25	Dt 26, 2	Eclo24,12-18	Sb 16, 26	Eclo 24, 19	Ez 31, 2-11	Dn 4, 7-9	
Dn 4, 11-12	Dn 4, 19	Dn 4, 22	Dn 4, 23	Sl 1, 3	Jr 17, 8	Is 65, 22	Gn 2, 15-17	
Gn 3, 22	Ap 2, 7	Mt 3, 10	Mt 7,16-20	Mt 12, 33	Lc 6, 43-45	Ex 37,20-21	Nm 17, 20	
Hb 9, 4	Jr 1, 11-12	Is 55, 10-11	1Mc 6,33-34	1 Cr 14, 13-15	Lc 17, 6	Ez 27, 6	Gn 35, 4	
Dt 11, 30	Jz 4, 11	Gn 18, 1	Is 44, 14	Os 4, 13	Am 2, 9	Is 6, 13	2 Sm 18, 9	
1 Rs 5, 13	Ez 27, 5	Ct 1, 17	2 Sm 5, 11	2 Sm 7, 2	1 Rs 5, 20	1 Rs5,22-23	1 Rs 6, 9-10	
1 Rs 6, 15	1 Rs 6, 18	1 Rs 6, 20	1 Rs 6, 36	1 Rs 7, 1-7	Esd 3, 7	1 Rs 10, 27	Jz 9, 8-15	

Ez 31, 2-3	Zc 11, 1-2	Jó 40,16-17	Is 41,19-20	2Rs14,9-10	Ez 17, 3-4	Ez 17,22-23	Sl 92, 13
Sl104,16-17	Sl 148, 7-9	Nm 19, 6	Is 60, 13	Os 14, 9	Eclo 50, 10	Ez 27, 6	Gn 6, 14
Zc 11, 1-2	1 Rs 5, 24	1 Rs 6, 15	1 Rs 6, 34	Is 14, 7-8	Eclo 24, 13	Gn 3, 7	Dt 8, 8
Nm 13, 23	Pr 27, 18	Lc 13, 6-9	Mt 24, 32	Ct 2, 13	Is 28, 4	Mq 7, 1	Na 3, 12
Ap 6, 13	1 Sm 25, 18	1 Sm 30, 12	2 Rs 20, 7	2 Rs 20, 7	Jo 1, 48	Jr 24, 1-2	Jr 24, 3
Jr 24, 5-8	Jr 29, 17	Jr 8, 13	1 Rs 5, 5	Mt 21,19-21	Mc11,20-24	Tg 3, 11-12	Jl 1, 12
Pr 25, 11	Ct 7, 9	Ct 2, 3	Ct 7, 14	Gn 30,14-16	Nm 11, 5-6	Ct 6, 11	Nm 20, 5
1 Sm 14, 2	Ct 4, 13	Ct 8, 2	Ct 4, 3	Ex 28, 34	1 Rs 7, 18	2 Cr 3, 16	Js 15, 32
Js 19, 45	Ne 11, 29	Sl 137, 1-2	Is 44, 4	Jó 40, 22	Lv 23, 40	Ez 17, 5	Is 15, 7
1 Rs 10, 27	Lc 19, 4	1 Cr 27, 28	Is 9, 9	2 Cr 28, 15	Jz 4, 5	Ex 15, 27	Ne 8, 15
1Mc 13, 51	Ap 7, 9	Jo 12,12-13	Lv 23, 40	1, Rs 6, 29	1 Rs 6, 32	1 Rs 7, 36	2 Cr 3, 5
Ez 40, 16	1 Mc 13, 37	Sl 92, 13	Ct 7, 7-9	Gn 38, 6	Jr 17, 6	Jr 17, 8	Gn 21, 33
1 Sm 22, 6	1 Sm 31, 13	Eclo 24, 16	Os 4, 13	Jz 6, 11	Is 1, 30	1 Sm 17, 2	1 Sm 17, 4

6. Preparação dos alimentos

2 Sm13,8-9	2Mc1,31-32	Is 5, 24	1 Rs 17, 12	2 Mc 1, 19	Gn 22, 6	Gn 22, 7	Ex 35, 3
Nm15,32-33	Gn 2, 2	Ex 16, 23	Gn 2, 7	2 Tm 2, 20	Ez 24, 10	Jz 6, 20	Pr 26, 20
Mt 6, 30	Eclo 27, 5	Pr 19, 24	Br 6, 58	Lv 2, 5	1 Cr 9, 31	Lv 2, 7	Ez 24, 11
Eclo 13, 2	Mq 3, 3	Sb 13, 11	Ex 12, 34	Nm 11, 8	Is 47, 2	Lc 17, 35	Jz 16, 21
Mc 9, 42	Pr 27, 22	Dt 24, 6	Ex 16, 3	Ez 24, 3-5	Gn 18, 6	Gn 27, 14	Tb 8, 19
1 Sm 25, 18	Gn 18, 7	Gn 19, 3	Gn 27, 31	Lv 8, 31	Jz 6, 19	Rt 2, 14	Dn 14, 27
Dn 14, 33	1Sm 9,23-24	Ez24,10-11	Ez 24, 6	Ez 24,12-13			

7. Refeição

Gn 43, 31	Hb 13, 2	Gn 40, 20	Gn29,22-23	Jz 9, 27	Gn 43, 16	Lc 14, 15	Pr 15, 15
Ex21, 23-24	Lc16,19-21	Ap 3, 20	Mt 22, 11	Mc 7, 3-4	Gn 18, 4	Jo 2, 6	Sl 23, 5
Lc 14, 8-11	1 Sm 9, 22	Eclo 31, 16	Lc 10, 8	Eclo 31, 22	Eclo37,29-30	Eclo 31, 19	Eclo31, 21
Eclo 31, 25	Eclo 31, 27	Eclo 9, 9	Eclo 31, 12	Eclo 32, 9	Eclo 31, 14	Eclo 31, 31	Eclo 6, 5
Eclo 31, 17	Eclo 32, 11	Eclo 32, 1	Eclo 32, 2	Eclo 32, 3	Eclo 32, 8	Eclo 32, 8	Eclo37, 20
Pr 15, 17	Dt 8, 10	Eclo 32, 2	2Sm 17, 28	Rt 2, 14	Ex 16, 8	1 Rs 17, 6	Jo 11, 9
Gn 31, 54	Mc 14, 20	Pr 19, 24	Js 5, 2-3	Gn 22, 6	Ez 5, 1	Ex 27, 3	1Sm2,13-14
Ex 26, 14	Eclo 29, 26	Hb 11, 9	Jr 35, 9-10	Eclo 38, 24	Lc 5, 17	1 Cr 27, 32	Ne 5, 17-18
1 Rs 5, 2-3	Eclo31,23-24	Ecl 10, 17	Ecl 2, 10	Ecl 11, 9	1 Rs 10, 21	1 Rs 10,4-5	Est 7, 8
1 Rs 7, 1	2 Sm 9, 7	Am 6,4	Mt 22, 3	Lc 14, 1	Lc 14, 12	Mt 22, 3-10	1 Rs 6, 14
Nm 11, 16	1 Rs 5, 31	1 Rs 5, 15	1 Rs 5, 32	1Rs 7,48-50	Ex 25,10-12	1 Rs 8, 9	Js 4, 11
1 Sm 3, 3	Ex 25, 22	Sl 132, 8	1 Rs 10, 20	Dn 5, 1-2	Dn 5, 4	Dn 2, 26	Dn 5, 25
Est 1, 1	Est 1, 4	Est 1, 5	Est 1, 7	Est 1, 8	Est 1, 11	Est 1, 12	Est 1, 19
Est 2, 17	Est 2, 18	Jó 1, 3	Jó 1, 8	Jó 1, 2	Jó 1, 4	Jó 1, 5	Jó 1, 20-21
Tg 5, 11	Mc 6, 21	Mc 6, 18	Mc 6,22-25	Mc 6, 28	At 12, 23	Is 22, 13	Am 6, 6
2Mc15,39	Ct 8, 2	Sl 75, 9	Ct 8, 2	Is 5, 22	Sl 69, 13	Ct 8, 2	Ex 32, 6
Eclo 32, 5	Is 5, 12	2 Sm 19, 36					

8. À mesa com Jesus

Lc 22, 8	Mt 2, 1	Mt 2, 13	Mt 2, 14	Mt 2, 22	Lc 2, 40	Jo 18, 5	Mc 6, 3
Lc 4, 16-18	Mc 1, 22	Jo 18, 20	Mt 4, 23	Lc 3, 13	Mt 22, 30	Mt 22, 23	Mt 3, 7

Mc12,38-40	Lc 16, 14	2 Rs 17, 24	Dt 11, 29	Lc 3, 23	Mc 1, 4	At 11, 16	Mt 11, 11
Mt 11, 10	Mc 1, 17	Lc 6, 13	Mt 10, 2-4	Lc 5, 27	Lc 6, 15	Mt 8, 19	Lc 10, 1
Mt 10, 6	Mt 10, 8	Mt 10, 9	Lc 4, 44	Mc 4, 33	Mc 4, 12	Mt 7, 24-27	Mt11,16-19
Mt 12,43-45	Mt 13, 3-9	Mt13,24-30	Mt13,31-32	Mt 13, 33	Mt13,44-46	Mt13,47-50	Mt13,51-52
Mt18,23-35	Mt 20,1-16	Mt21,28-32	Mt21,33-44	Mt 22,1-14	Mt24,32-36	Mt24,42-43	Mt24,45-51
Mt25, 1-13	Mt25,14-30	Mc 4, 1-9	Mc4,26-29	Mc 7,14-23	Mc 12,1-9	Mc13,28-32	Mc13,33-37
Lc5,33-35	Lc 5, 36	Lc 5, 37	Lc7,40-43	Lc 8, 4-8	Lc10,29-37	Lc 11, 5-8	Lc12, 16-21
Lc 13, 6-9	Lc 14,7-11	Lc14,15-24	Lc14,28-30	Lc14,31-32	Lc 15, 3-7	Lc 15,8-10	Lc15,11-32
Lc16, 1-9	Lc16,19-31	Lc 17,7-10	Lc 18, 2-5	Lc 18,9-14	Lc19,12-27	Jo 10, 1-6	Jo 15, 1-8
Lc 4, 40	Mt 9,27-29	Mc 8,22-26	Mc10,46-52	Lc 18,35-43	Jo 9, 1-7	Mt 8, 14-15	Mt 9, 20-22
Lc 8, 43-48	Mt 8, 1-4	Lc 5,12-16	Lc 17,11-19	Mt 12, 9-14	Lc 6, 6-11	Mt 9,32-34	Mc 7,31-37
Mc 7,31-37	Mt 8, 16-17	Mt 8,28-34	Mt 9, 32-34	Mt12,22-28	Mt15,22-28	Lc 11,14-22	Mt17,14-20
Lc 9, 37-43	Mt 8, 5-13	Mt 9, 2-8	Mc 2, 3-12	Lc 5, 17-25	Lc 7, 22	Mt 8,23-27	Lc 8, 22-25
Mt14,24-33	Mc 6,45-52	Jo 6,16-21	Mt14,13-21	Mt15,32-37	Mc 6,30-42	Mc 8, 1-10	Lc 9, 13-17
Jo 6, 5-13	Jo 2, 1-12	Gn 2, 18	Gn 29, 9	Nm 27, 8	Jo 8, 4-7	Lc 8, 1	Lc 8, 2-3
Mt 27, 56	Mc 15,40-41	At16,12-15	At 17, 34	Rm 16, 1	Rm 16, 6	Rm 16, 7	Rm 16, 12
Rm 16, 12	Rm 16, 13	Rm 16, 15	1Cor 1, 11	Fp 4, 2-3	Cl 4, 15	2 Tm 4, 19	2 Tm 1, 5
2 Tm 4, 21	Fm 1, 2	Mt 21, 12	Mc 11, 17	Jo 2, 16	Mt 9, 35	Mt 26, 55	Mc 1, 21
Mc 4, 1	Mc 5, 2-12	Lc 5, 3	Lc24,13-16	Lc 19, 47	Jo 3, 1-2	Mt 5, 5	Mc 6, 34
Lc 6, 35	Mt 5, 7	Lc 12, 34	Mt 6, 2	Mt 19, 23	Mc 8, 8	Jo 15, 15	Mt 5, 44
Lc 6, 37	Lc 6, 37	Lc 13, 27	Mt 10, 26	Mt 12, 35	Mt18,21-22	Lc 6, 29	Mt 22, 39
Mt 7, 12	Lc 5, 32	At 2, 46-47	Mt 11, 19	Lc 12, 1	Lc 7, 49	Lc 13, 31	Jo 3, 1-2
Jo 12, 3	Lc 7, 36-47	Mt26, 6-13	Mc 14, 39	Lc 7, 36-50	Jo 12, 1-8	Lc 11,37-54	Mc 7, 2
Mt 15, 2-3	Mt 15, 8-9	Mt 15, 14	Lc 14, 1-6	Mt 12, 1-7	Mc 2, 27	Lc 5, 29	Mt 9, 11-13
Mt 9, 14-15	Lc 19, 2-9	Jo 4, 5-9	Jo 4, 10-42	Jo 11, 17	Lc 10,38-42	Lc 22, 8	Lc 22, 9-20

Jo 6, 56	Jo 13, 2-18	Jo 13,21-30	Mt 26, 48	Mt 10, 4	Mc 3, 19	Lc 6, 16	Jo 6, 71
Mt 26, 47	Mc 14, 43	Lc 22, 52	Jo 18, 3	Mt 26, 57	Mt 26,59-60	Jo 18,33-34	Jo 18, 38
Jo 19, 1	Jo 19, 6	Jo 19, 16	Jo 19,17-18	Mt 27, 37	Jo 19, 19	Jo 19,28-30	Jo 19,38-42
Rm 8, 21	Jo 21, 4-15	Jo 21, 17					

Anexo II: Pesos e medidas

| Sb 11, 20 | Lv 27, 16 | 1 Sm 14, 14 | | | | | |

Este livro foi composto na tipografia Electra LT Std,
em corpo 12/16, e impresso em papel off-white
na Bartira Gráfica.